立信会计系列精品教材

国家级特色专业教材
上海市会计学教育高地重点建设项目

# 《成本会计学》
# 学习指导书

(第三版)

主编 陈云
副主编 杨鲁

LIXIN ACCOUNTING PUBLISHING HOUSE

图书在版编目(CIP)数据

《成本会计学》学习指导书／陈云主编. —3版
. —上海：立信会计出版社，2023.12
立信会计系列精品教材
ISBN 978-7-5429-7483-9

Ⅰ.①成… Ⅱ.①陈… Ⅲ.①成本会计-自学参考资料 Ⅳ.①F234.2

中国国家版本馆CIP数据核字(2023)第247789号

责任编辑　　余　榕
助理编辑　　窦乔伊
美术编辑　　吴博闻

《成本会计学》学习指导书(第三版)
CHENGBEN KUAIJIXUE XUEXI ZHIDAOSHU

| | |
|---|---|
| 出版发行 | 立信会计出版社 |
| 地　　址 | 上海市中山西路2230号　　邮政编码　200235 |
| 电　　话 | (021)64411389　　　　　　传　真　(021)64411325 |
| 网　　址 | www.lixinaph.com　　　　　电子邮箱　lixinaph2019@126.com |
| 网上书店 | http://lixin.jd.com　　　　　http://lxkjcbs.tmall.com |
| 经　　销 | 各地新华书店 |
| 印　　刷 | 常熟市人民印刷有限公司 |
| 开　　本 | 710毫米×960毫米　　1/16 |
| 印　　张 | 17.25 |
| 字　　数 | 358千字 |
| 版　　次 | 2023年12月第3版 |
| 印　　次 | 2023年12月第1次 |
| 书　　号 | ISBN 978-7-5429-7483-9/F |
| 定　　价 | 39.00元 |

如有印订差错，请与本社联系调换

# 第三版前言

本书系"立信会计系列精品教材"《成本会计学》的配套学习指导书,是继 2016 年 1 月 2 版 1 次印刷之后的修订再版。本书自 2012 年 6 月出版以来,在各界读者对本书建议的基础上,经过不断修改与加工,深受广大财经类院校师生的普遍好评。2015 年 5 月,《成本会计学》《成本会计学学习指导书》一起获得"上海普通高校优秀教材奖"称号。

主编陈云在从事成本会计研究方向的教学与科研的 40 余年中,带领编写团队获得了丰硕成果,如由其主持的"产学研引领创新人才培养,开创成本会计课程教学改革新局面"教研项目,荣获由上海市教育委员会颁发的"2017 年上海市高等教育教学成果奖二等奖";由其主持的"成本会计课程立体化教学资源建设"教研项目,荣获由上海立信会计金融学院颁发的"2017 年校级教学成果奖一等奖"。这些教学与科研研究成果,不断地融入了教材的编写、修订工作中,确保了教材质量的不断完善与提高,从而更适合财经类院校师生使用。

本书在内容结构上与主教材《成本会计学》(第五版)相一致,各章按照概要解析、背景资料、复习思考题与练习题、案例分析题四部分进行编写。为便于学生把握教材的重点及难点,拓宽专业知识视野,方便课余的知识巩固与自我测试,本书最后附了五套模拟试卷及其参考答案。

本次修订,一方面,是为了响应广大使用者的信息反馈要求,力求内容新颖与准确;另一方面,是为了保持与主教材《成本会计学》(第五版)的同步,全面贯彻我国财政部印发的《企业产品成本核算制度》的基本精神。与此同时,本书在编写团队成员安排上作了适度调整,吸纳年轻有为的高学历、高职称教师,对全书各章节的内容,再次进行了深入与细致的修改与充实,力求精益求精。

本书由陈云担任主编,杨鲁担任副主编;其中,第一、第二、第三、第十一、第十五、第十六、第十七、第二十章由陈云编写;第四、第十、第十二章由杨鲁编写;第五、第十九章由汪猛编写;第六、第七、第十八章由刘睿洁编写;第十三、第十四章由肖琳编写;第八、第九章由白莉编写。本次修订首先由主编陈云组织并提出具体要求,其次由各章编写人员分工撰写与修订,最后由主编陈云总纂定稿。

在本书编写与修订过程中，参考了诸多专家及学者的研究成果。在此，一并表示感谢！

由于编写人员水平有限，书中如有疏漏、错谬之处，欢迎读者批评指正，以便再版时修正。

陈　云

2023 年 11 月

# 第二版前言

本书系"立信会计系列精品教材"《成本会计学》的配套学习指导书,是继2012年6月1版1次印刷之后的修订再版。本书近年来受到广大财经类院校师生的普遍好评,2015年5月荣获"上海普通高校优秀教材奖"称号。

本书在内容结构上与主教材《成本会计学》(第四版)相一致,各章按照概要解析、背景资料、复习思考题与练习题、案例分析题四部分进行编写。为便于学生把握教材的重点及难点,拓展专业知识视野,方便课余的知识巩固与自我测试,本书最后附了五套模拟试卷及其参考答案。

本次修订,一方面,是为了响应广大使用者的信息反馈要求,力求内容新颖与准确;另一方面,是为了保持与主教材《成本会计学》(第四版)的同步,全面贯彻我国财政部颁发的《企业产品成本核算制度》的基本精神。

本书由陈云任主编,负责制定修订要求及目标,并负责全书的审核与定稿;由刘睿洁任副主编,协助主编工作。本次修订编写人员有所变动,变动后的编写分工为:第一、第二、第三、第十一、第十五、第十六、第十七、第二十章由陈云编写;第六、第七、第十八章由刘睿洁编写;第四、第十、第十二章由杨鲁编写;第十三、第十四章由肖琳编写;第八、第九章由白莉编写;第五章由周陈莲编写;第十九章由胡启宏编写。

在本书修订与编写过程中,参考了诸多专家及学者的研究成果,在此,一并表示感谢!

由于编写人员水平有限,书中疏漏错谬之处在所难免,欢迎读者批评指正。

陈 云

2016年1月

# 前　　言

　　本书是"立信会计系列精品教材"《成本会计学》的配套学习指导书。其目的是针对学生进行有效的学习指导、巩固所学知识、开阔专业视野。本书在内容结构上与《成本会计学》相一致，分20章，各章按概要解析、背景资料、复习思考题与练习题以及案例分析题四部分进行编写。概要解析部分，是教材中重点、难点的简要分析，便于从总体上把握核心的内容；背景资料部分，是为了反映最新的学术动态，拓宽学生的知识视野；复习思考题与练习题部分，编入与教材类型相同的复习思考题与练习题，练习题包括单项选择题、多项选择题、判断题与业务题四种类型，旨在方便学生课外自学、巩固所学的专业知识；案例分析题部分，旨在培养学生的分析性思维与提高学生的综合判断能力。为便于学生的复习与自习，练习题都附有参考答案；为便于学生测试自己对"成本会计学"课程知识的掌握程度，本书最后附了五套模拟试卷及其参考答案。

　　本书由陈云任主编，负责拟定编写大纲、设计体例和确定内容结构，并负责撰写、修改和定稿；由刘睿洁、付君任副主编。编写分工为：第一、第二、第三、第十一、第十五、第十七、第十八章及模拟试题由陈云编写；第六、第七、第十九章由刘睿洁编写；第十、第十二、第十六章由付君编写；第十三、第十四章由肖琳编写；第八、第九章由白莉编写；第四章由郭思永编写；第五章由周陈莲编写；第二十章由胡启鸿编写。

　　由于编写人员水平有限，书中疏漏错谬之处在所难免，欢迎读者批评指正，以便再版时修订。

陈　云

2012年6月

# 目 录

第一章 总论 ·············································································· 1
  一、概要解析 ········································································ 1
    (一) 成本的理论构成 ···························································· 1
    (二) 成本会计的工作环节 ······················································ 1
    (三) 成本会计工作的组织 ······················································ 2
    (四) 成本会计制度 ······························································· 3
  二、背景资料 ········································································ 4
    (一) 现代成本管理的特点 ······················································ 4
    (二) 现代成本管理体系 ························································ 4
  三、复习思考题与练习题 ························································ 5
    复习思考题 ········································································ 5
    练习题 ·············································································· 6
  四、案例分析题 ····································································· 8

第二章 成本核算原理 ································································ 10
  一、概要解析 ········································································ 10
    (一) 成本核算的基本假设 ······················································ 10
    (二) 成本核算的原则 ···························································· 11
    (三) 成本会计的对象 ···························································· 11
    (四) 降低成本的意义和途径 ··················································· 12
  二、背景资料 ········································································ 12
  三、复习思考题与练习题 ························································ 14
    复习思考题 ········································································ 14
    练习题 ·············································································· 14
  四、案例分析题 ····································································· 16

第三章 成本核算概述 ································································ 18
  一、概要解析 ········································································ 18

（一）成本会计的基础工作 …………………………………………………… 18
　　（二）耗费和成本的分类 …………………………………………………… 18
　　（三）成本核算的基本要求 ………………………………………………… 19
　　（四）企业成本费用核算的一般程序 ……………………………………… 19
　　（五）企业成本费用核算的账簿设置 ……………………………………… 20
　二、背景资料 …………………………………………………………………… 22
　　（一）广义成本的分类 ……………………………………………………… 22
　　（二）新企业会计准则下成本费用开支范围的变化 ……………………… 23
　三、复习思考题与练习题 ……………………………………………………… 26
　　复习思考题 …………………………………………………………………… 26
　　练习题 ………………………………………………………………………… 26
　四、案例分析题 ………………………………………………………………… 29

**第四章　要素耗费的核算** ……………………………………………………… 30
　一、概要解析 …………………………………………………………………… 30
　　（一）要素耗费核算概述 …………………………………………………… 30
　　（二）材料费的核算 ………………………………………………………… 30
　　（三）职工薪酬的核算 ……………………………………………………… 30
　　（四）外购燃料和动力费的核算 …………………………………………… 31
　　（五）折旧费的核算 ………………………………………………………… 31
　　（六）利息费、税金和其他支出的核算 …………………………………… 31
　二、背景资料 …………………………………………………………………… 31
　三、复习思考题与练习题 ……………………………………………………… 32
　　复习思考题 …………………………………………………………………… 32
　　练习题 ………………………………………………………………………… 32
　四、案例分析题 ………………………………………………………………… 36

**第五章　辅助生产费的核算** …………………………………………………… 37
　一、概要解析 …………………………………………………………………… 37
　　（一）辅助生产费的归集 …………………………………………………… 37
　　（二）辅助生产费的分配 …………………………………………………… 37
　二、背景资料 …………………………………………………………………… 38
　　（一）直接分配法 …………………………………………………………… 38
　　（二）阶梯分配法 …………………………………………………………… 38

（三）交互分配法 ·················································· 38
 三、复习思考题与练习题 ·················································· 39
  复习思考题 ································································ 39
  练习题 ······································································ 40
 四、案例分析题 ······························································ 45

## 第六章　制造费的核算 ·················································· 46
 一、概要解析 ································································ 46
  （一）制造费的含义及内容 ············································ 46
  （二）制造费的归集与分配 ············································ 46
 二、背景资料 ································································ 47
  （一）制造费分配与作业成本法 ······································ 47
  （二）计划分配率法 ···················································· 48
 三、复习思考题与练习题 ·················································· 49
  复习思考题 ································································ 49
  练习题 ······································································ 49
 四、案例分析题 ······························································ 52

## 第七章　生产损失的核算 ·················································· 53
 一、概要解析 ································································ 53
  （一）生产损失与非生产损失 ········································· 53
  （二）废品与废品损失 ·················································· 53
  （三）停工损失 ··························································· 54
 二、背景资料 ································································ 54
 三、复习思考题与练习题 ·················································· 55
  复习思考题 ································································ 55
  练习题 ······································································ 55
 四、案例分析题 ······························································ 58

## 第八章　完工产品成本的计算与结转 ·································· 59
 一、概要解析 ································································ 59
  （一）在产品数量的核算 ··············································· 59
  （二）生产耗费在完工产品与在产品之间的分配 ················· 59
 二、背景资料 ································································ 61

（一）我国与西方国家在计算约当产量时的不同观念 …………………………… 61
  （二）期初在产品成本对本期完工产品的不同影响 …………………………… 62
  （三）我国与西方国家对成本项目的设置不同 ………………………………… 62
 三、复习思考题与练习题 ……………………………………………………………… 62
  复习思考题 …………………………………………………………………………… 62
  练习题 ………………………………………………………………………………… 63
 四、案例分析题 ………………………………………………………………………… 69

## 第九章　产品成本计算的品种法 …………………………………………………… 71
 一、概要解析 …………………………………………………………………………… 71
  （一）成本计算方法的选择 ………………………………………………………… 71
  （二）品种法 ………………………………………………………………………… 72
 二、背景资料 …………………………………………………………………………… 72
 三、复习思考题与练习题 ……………………………………………………………… 73
  复习思考题 …………………………………………………………………………… 73
  练习题 ………………………………………………………………………………… 74
 四、案例分析题 ………………………………………………………………………… 79

## 第十章　产品成本计算的分批法 …………………………………………………… 81
 一、概要解析 …………………………………………………………………………… 81
  （一）分批法的特点 ………………………………………………………………… 81
  （二）分批法应用的两个关键点 …………………………………………………… 81
  （三）简化分批法与一般分批法的区别 …………………………………………… 81
 二、背景资料 …………………………………………………………………………… 82
 三、复习思考题与练习题 ……………………………………………………………… 82
  复习思考题 …………………………………………………………………………… 82
  练习题 ………………………………………………………………………………… 82
 四、案例分析题 ………………………………………………………………………… 87

## 第十一章　产品成本计算的分步法 ………………………………………………… 88
 一、概要解析 …………………………………………………………………………… 88
  （一）分步法的基本特征 …………………………………………………………… 88
  （二）逐步结转分步法 ……………………………………………………………… 88
  （三）平行结转分步法 ……………………………………………………………… 90

二、背景资料 ································································· 91
   （一）平行结转和逐步结转相结合的分步法 ····························· 91
   （二）分步法与定额法相结合 ··············································· 92
   （三）逐步结转分步法下在产品成本的计算 ······························ 92
三、复习思考题与练习题 ···················································· 93
   复习思考题 ····································································· 93
   练习题 ············································································ 93
四、案例分析题 ································································· 99

## 第十二章 产品成本计算的分类法 ··································· 102
一、概要解析 ···································································· 102
   （一）分类法的内涵和计算程序 ··········································· 102
   （二）联产品、副产品和等级产品的成本计算 ························· 102
二、背景资料 ···································································· 103
三、复习思考题与练习题 ···················································· 103
   复习思考题 ····································································· 103
   练习题 ············································································ 104
四、案例分析题 ································································· 107

## 第十三章 产品成本计算的定额法 ··································· 109
一、概要解析 ···································································· 109
   （一）定额法的特点 ·························································· 109
   （二）定额成本的制定 ······················································· 109
   （三）脱离定额差异的计算 ················································· 109
   （四）定额变动差异的计算 ················································· 110
   （五）定额法的优缺点 ······················································· 110
二、背景资料 ···································································· 110
   （一）定额比例法不可取代定额法 ········································ 110
   （二）定额法与标准成本法的比较 ········································ 111
三、复习思考题与练习题 ···················································· 112
   复习思考题 ····································································· 112
   练习题 ············································································ 112
四、案例分析题 ································································· 117

## 第十四章 标准成本法 …… 118

### 一、概要解析 …… 118
#### （一）标准成本的概念 …… 118
#### （二）标准成本的种类 …… 118
#### （三）标准成本的制定 …… 118
#### （四）标准成本差异的计算 …… 119
#### （五）标准成本法的账务处理 …… 121

### 二、背景资料 …… 121
#### （一）标准成本制度下是否计算产品的实际成本 …… 121
#### （二）企业处理各种成本差异的方法 …… 122

### 三、复习思考题与练习题 …… 122
**复习思考题** …… 122
**练习题** …… 122

### 四、案例分析题 …… 127

## 第十五章 产品成本计算的作业成本法 …… 128

### 一、概要解析 …… 128
#### （一）作业成本计算法的计算步骤 …… 128
#### （二）作业成本计算法的重大突破 …… 128
#### （三）作业成本计算法适用的企业 …… 129
#### （四）实施作业成本计算法应注意的问题 …… 129

### 二、背景资料 …… 130
#### （一）成本动因的分类 …… 130
#### （二）选择成本动因应考虑的因素 …… 131
#### （三）成本动因的具体分析 …… 131

### 三、复习思考题与练习题 …… 135
**复习思考题** …… 135
**练习题** …… 135

### 四、案例分析题 …… 137

## 第十六章 各种成本计算方法的实际应用 …… 142

### 一、概要解析 …… 142
#### （一）一家企业的各个车间可以同时采用几种成本计算方法 …… 142
#### （二）一家企业或一个车间的各种产品可以同时采用几种成本计算方法 …… 142

（三）几种产品成本计算方法的结合应用 …………………………… 142
　二、背景资料 ……………………………………………………………… 143
　　　（一）分步与分类结合——分步分类法 ………………………………… 143
　　　（二）逐步结转与平行结转相结合的分步法 …………………………… 143
　三、复习思考题与练习题 ………………………………………………… 144
　　　复习思考题 ……………………………………………………………… 144
　　　练习题 …………………………………………………………………… 144
　四、案例分析题 …………………………………………………………… 146

## 第十七章　其他主要行业的成本核算 …………………………………… 148
　一、概要解析 ……………………………………………………………… 148
　　　（一）交通运输企业的成本核算 ………………………………………… 148
　　　（二）房地产开发企业的成本核算 ……………………………………… 149
　　　（三）旅游饮食服务企业的成本核算 …………………………………… 149
　　　（四）商业贸易企业的成本核算 ………………………………………… 150
　　　（五）施工企业的成本核算 ……………………………………………… 151
　　　（六）物流企业的成本核算 ……………………………………………… 152
　二、背景资料 ……………………………………………………………… 155
　　　（一）金融企业成本核算的特点 ………………………………………… 155
　　　（二）保险企业成本核算的特点 ………………………………………… 155
　三、复习思考题与练习题 ………………………………………………… 156
　　　复习思考题 ……………………………………………………………… 156
　　　练习题 …………………………………………………………………… 156
　四、案例分析题 …………………………………………………………… 160

## 第十八章　工业企业的成本报表 ………………………………………… 161
　一、概要解析 ……………………………………………………………… 161
　　　（一）成本报表的分类 …………………………………………………… 161
　　　（二）成本报表的编制 …………………………………………………… 161
　二、背景资料 ……………………………………………………………… 162
　三、复习思考题与练习题 ………………………………………………… 163
　　　复习思考题 ……………………………………………………………… 163
　　　练习题 …………………………………………………………………… 163
　四、案例分析题 …………………………………………………………… 166

## 第十九章 工业企业的成本计划与分析 ............ 167
### 一、概要解析 ............ 167
#### （一）成本计划的目的和内容 ............ 167
#### （二）成本计划的编制原则 ............ 167
#### （三）成本计划的编制程序 ............ 167
#### （四）成本计划的编制方法 ............ 168
#### （五）成本分析的目的和内容 ............ 170
#### （六）成本分析的一般方法及其注意点 ............ 170
#### （七）全部产品成本分析 ............ 171
#### （八）主要产品单位成本分析 ............ 171
### 二、背景资料 ............ 175
### 三、复习思考题与练习题 ............ 177
#### 复习思考题 ............ 177
#### 练习题 ............ 177
### 四、案例分析题 ............ 187

## 第二十章 专项成本会计 ............ 188
### 一、概要解析 ............ 188
#### （一）环境成本的定义 ............ 188
#### （二）环境成本的界定 ............ 188
#### （三）人力资源成本会计的特点 ............ 189
#### （四）质量成本会计理论透视——不足或过剩 ............ 190
### 二、背景资料 ............ 190
#### （一）我国环境成本会计发展过程中出现的问题 ............ 190
#### （二）完善我国环境成本会计体系的措施 ............ 192
#### （三）人力资源成本的构成 ............ 193
#### （四）质量成本统计核算与质量成本会计核算的区别 ............ 194
#### （五）传统的大批量生产模式与精益生产模式在管理思想上的差异 ............ 194
### 三、复习思考题与练习题 ............ 195
#### 复习思考题 ............ 195
#### 练习题 ............ 195
### 四、案例分析题 ............ 197

目　录

**模拟试卷** ·············································································· 204
　　试卷一 ············································································ 204
　　试卷二 ············································································ 209
　　试卷三 ············································································ 215
　　试卷四 ············································································ 220
　　试卷五 ············································································ 225

**各章练习题参考答案** ······················································ 232

**模拟试卷参考答案** ·························································· 246

# 第一章 总 论

## 一、概要解析

### (一) 成本的理论构成

有关企业的成本构成问题,可将马克思在《哥达纲领批判》一书中阐述的两条基本原理作为其成本构成经济内涵的直接理论依据。

第一,"劳动不是一切财富的源泉"。这是因为企业在生产经营活动中,劳动者必须与生产资料相结合,才能创造物质财富,而且生产资料和活劳动,作为生产经营活动的基本生产要素是缺一不可的,这就说明成本的构成不仅应当包含活劳动报酬的价值(V),与此同时,还应当包含生产资料的转移价值(C),这样,企业才能补偿自身在生产经营中物化劳动和活劳动的全部耗费,这是其在简单再生产的基础上持续经营的基本前提。

第二,不能实行"不折不扣"的劳动所得,要"有折有扣"。这里一方面是为了发展社会生产力,确保全社会科学技术的进步和提高劳动者素质等方面的资金筹集;另一方面是也为了满足社会分工的需要,有条件地在全社会范围内允许一部分人脱离直接生产领域去从事文化、教育、科研、卫生、国防、行政管理等项工作。这就说明在企业成本构成中的活劳动创造的价值,不能是其创造的全部价值,而只能是必要活劳动耗费(V)的价值。

产品的价值是由三个部分组成的:① 已耗费的生产资料转移的价值(C)。② 劳动者为自己劳动所创造的价值(V)。③ 劳动者为社会劳动所创造的价值(M)。从理论上讲,上述的前两个部分即(C+V)是商品价值中的补偿部分,它构成商品的理论成本。

综上所述,理论上的产品成本就是指生产经营过程中所耗费的生产资料转移的价值和劳动者为自己劳动所创造的价值的货币表现。

成本在经济管理工作中的作用表现在:成本是企业补偿生产耗费、确定纯收入的基本尺度,成本是企业有效决策的重要依据,成本是企业产品定价的基础,成本是综合反映企业管理工作质量的重要指标,成本是影响企业经营成果的关键因素。

### (二) 成本会计的工作环节

成本会计的工作环节是对成本会计管理工作的具体描述。它具体包括以下内容:

(1) 成本预测。成本预测是根据相关信息(包括历史资料、可能的变化趋势等)，通过一定的方法，对未来的成本状况及趋势作出的科学测算。

(2) 成本决策。成本决策是指根据相关信息，运用特有的方法，在若干个预测的方案中选择最优方案的行为。成本决策可以是在一种产品生产或一项劳务提供所确定的若干成本预测方案中，选择综合成本最低的方案。

(3) 成本计划。成本计划是指根据成本预测、决策后确定的计划期生产经营任务，通过一定的程序，运用特定的方法，具体测算出产品生产成本或提供劳务各项目在计划期的要求发生数额的行为。它是日常成本控制的具体标准，也是定期进行成本分析与考核的基本依据。

(4) 成本控制。成本控制一般是指根据预定目标，对成本费用耗费数额进行审核、比较，以便及时发现偏差，采取措施，确保经营活动按既定目标进行的过程。

(5) 成本核算。成本核算是指对日常生产经营过程中发生的成本费用进行归集、登记和分配，并进行有关的账务处理，最后求得各成本计算对象或各劳务对象的总成本及单位成本的过程。

(6) 成本分析。成本分析一般是根据日常成本核算的实际成本数据与有关标准数据(如本期计划成本、定额成本、标准成本)或历史数据(如上年同期实际成本、本企业历史最低成本、国内外最低成本)等进行比较，以便客观地了解企业目前所处的成本状态和在同行业中的成本管理水平，确定成本超支或节约额。

(7) 成本考核。成本考核是在成本比较的基础上，定期对各责任部门成本指标实际完成情况进行的总结和评价。

综上所述，成本会计的各个环节，是一个不可分割、相互依赖的大系统。在这个大系统中，一般计划期开始之前事先要进行成本预测、成本决策及成本计划的制订，确定成本目标；事中在成本核算的同时，不断地实施成本控制；事后定期进行成本分析和成本考核，这样就完成了一个系统的循环。

**（三）成本会计工作的组织**

成本会计工作的组织一般应包括成本会计机构的设置和其他职能部门的相关成本工作等内容。

1. 成本会计机构的设置

企业的成本会计机构是指组织、领导并从事企业的成本会计工作的职能部门或组织，是企业会计机构的组成部分。一般说来，大中型企业应在专设的会计部门中，单独设置成本会计机构，而在规模较小、会计人员不多的企业，可在会计部门中指定专人负责成本会计工作。另外，在有关生产车间和生产班组中，也可根据工作需要配备专职或兼职的成本会计人员。企业内部各级成本会计机构之间的组织分工有集中工作和分散工作两种基本方式。

# 第一章 总　　论

所谓集中工作方式，是指成本会计的主要工作集中在厂部成本会计机构进行的工作方式。在这种方式下，凭证的审核和整理、耗费的归集和分配、成本的计算和结转以及成本计划的制订、成本分析考核等，都集中由厂部成本会计机构来完成，车间或其他部门的成本会计机构及人员只负责原始记录和原始凭证的填制，并对它们进行初步的审核、整理和汇总。在这种情况下，企业的各车间、部门一般只配备专职或兼职的成本核算员，不单独设置成本会计机构。

所谓分散工作方式，是指把成本会计的主要工作，分别下放给各车间、各部门的成本会计机构或成本核算员，厂部会计机构只根据下面各车间、各部门上报的成本计算资料进行全厂成本的汇总核算，并对全厂成本进行综合的计划、控制、分析和考核的工作方式。这种工作方式的特点正好与集中工作方式相反。

2. 其他职能部门的相关成本工作

根据成本责任制的原则，企业的其他职能部门都应对企业成本承担一定的责任。

(1) 企业的技术开发及工艺管理部门负责制定有关物资消耗定额，从产品设计和工艺技术上确保合理利用社会资源，确保低成本、高质量、高效率。

(2) 企业的生产部门负责制定各车间的生产定额，编制生产计划，组织均衡生产，力求充分、合理地利用生产环节的人、财、物等基本资源，提高工时利用率，减少生产资金的占用。

(3) 企业的质检部门负责全面的质量管理，确保不断提高优质品率、合格品率、减少次品率和废品率。

(4) 企业的物流管理部门负责制定物资储备定额，控制物资的消耗，合理组织物资的采购、运输，减少流通环节的耗费。

(5) 企业的设备管理部门负责制定设备利用定额，提高设备的完好率和利用率，降低设备修理、减少维护保养费用。

(6) 企业的动力部门负责水、电、气消耗定额的制定和管理，在保证生产需要的前提下，努力控制能源消耗。

(7) 企业的人力资源部门负责劳动力的合理配置，制定劳动定额，提高工时利用率和劳动生产率，控制职工薪酬的支出，节约劳动保护费用的开支。

**(四) 成本会计制度**

成本会计制度是组织和处理成本会计工作的规范，是会计法规和制度的重要组成部分。企业在制定成本会计制度时，应符合国家颁布的《中华人民共和国会计法》《企业会计准则》和《企业会计制度》等有关规定，满足企业内部管理和战略成本管理的需要，适应企业的生产特点和管理要求，确保及时全面地提供成本管理信息。

成本会计制度的内容一般包括以下几个方面：① 关于成本预测决策的制度。② 关于定额成本、计划成本和标准成本制定的制度。③ 关于战略成本管理的制度。

④ 关于成本核算的制度。⑤ 关于成本控制的制度。⑥ 关于责任成本的制度。⑦ 关于企业内部结算价格和内部结算办法的规定。⑧ 关于成本指标完成的奖惩制度。⑨ 关于成本报表的制度。⑩ 关于成本分析的制度。⑪ 其他有关成本会计的制度。

## 二、背景资料

### (一) 现代成本管理的特点

1. 目标成本预测

目标成本是指一定时期内产品要达到的成本水平，是成本管理工作的奋斗目标。由于产品成本变动受设计、工艺水平、生产周期、经营管理计划安排和企业经营环境变化等多种因素的影响，目标成本预测就是分析研究各项因素与成本的依存关系，利用大量数据，采用一定的方法，对企业一定时期的成本目标、成本水平进行测算、分析和预见。

2. 成本企划

成本企划是影响全世界成本管理发展的重要模式。成本企划又称目标成本计算、成本设计，其关键在于产品设计阶段，事先限定产品的制造成本和期间成本，从生产产品的上游确定成本允许开支限度，把传统成本管理的立足点从生产制造阶段转移到设计构思阶段。

日本实行成本企划管理至今已有四十余年的历史，首由日本丰田汽车企业创始，称为战略性成本管理。在设计阶段结合应用价值工程，开发新车型和更新旧车型，确保了目标利润的实现。1973年第一次世界石油危机时，丰田汽车公司为满足政府规定的排气标准，应用成本企划的管理模式更趋成熟。在日本，这种成本管理模式已经在汽车制造、电机、机械制造、电子仪表、冶金、化工、纺织食品等行业中推广。现在，成本企划已经成为影响全世界成本管理的重要模式。

成本企划管理的流程，是以目标成本为中心的。从设计新产品的目标成本开始，到设计图纸上实现降低成本目标为止，是管理流程的中心环节。在流程中，产品开发设计一般可分为四个阶段：构想设计、基本设计、详细设计、工序设计。通过目标成本的设定—分解—达成—再设定—再分解……直到使工序设计成本达到目标成本的要求。

### (二) 现代成本管理体系

现代成本管理体系分为下面五个环节。

1. 搞好成本预测，确定目标成本

成本预测是企业在市场调查、品种预测、销售预测、价格预测等一系列预测的基础上，研究企业外部环境和内部因素与成本的依存关系，测算一定时期的成本目标、成本水平和预见成本变化趋势，使成本管理工作更加符合社会主义市场经济发展的要求。成本预测是成本计划的基础,是编制成本计划事前必不可少的分析阶段。根据成本预测的结果和经营计划指标的要求,企业可以确定计划年度成本目标,并将其纳入企业多目标经营管理体系。

2. 做好年度成本计划,确定和落实年度降低成本措施

企业成本计划是企业综合经营计划的重要专业计划之一。企业成本计划是适应市场需求,以提高企业和社会效益为中心,重点反映企业内部条件与外部经营环境的协调发展,以实现成本目标,组织企业供、产、销、资金等方面的平衡,从而规范企业的生产经营活动。成本计划应编制滚动计划、弹性计划、单独应变计划和降低成本的措施计划。

3. 实行成本控制,加强成本的日常管理

成本控制是在产品成本形成过程中对成本的主体管理工作。成本控制作为一个管理环节,不仅促使实际成本符合成本目标、成本计划和定额,而且自始至终以改进工作为手段,以降低成本为目标。成本日常控制的重点有三:一是控制高于或低于废品率的差异;二是控制计时工资的生产效益差异;三是控制材料、能源消耗量差异。在采购材料、销售产品时,利用期货交易套期保值功能,可以实施成本控制。

4. 准确及时地核算产品成本,保证成本指标的真实性和可比性

成本核算的方法决定于企业生产工艺过程的特点与管理的要求。正确核算产品成本,必须严格遵守国家规定的成本开支范围和各项费用开支标准。根据《企业会计准则》,销售费用、管理费用、财务费用等不再计入成本,而直接体现在当期损益。另外,企业应逐步推行责任质量成本核算,把质量成本核算纳入企业责任会计体系,以杜绝质量损失。

5. 认真开展成本分析和成本考核工作

企业应定期开展成本分析工作,不断总结降低成本的经验,深入挖掘降低成本的潜力,推动企业向社会提供质优价廉的产品,以提高企业的竞争力。成本分析应以单位产品成本分析为重点,分析产品产量、质量变动对成本的影响,材料、能源消耗定额差异,以及技术经济指标变动对成本的影响等。

## 三、复习思考题与练习题

**复习思考题**

1. 马克思政治经济学的哪些理论为市场经济条件下的成本内涵奠定了理论基础?

2. 马克思《哥达纲领批判》一书中可作为企业成本构成经济内涵的两条基本原理是什么?

3. 在市场经济条件下,独立核算的经济组织有哪些基本特征?

4. 随着会计管理职能的不断扩大,管理成本引入了哪些新的概念?
5. 成本会计工作的组织原则应包括哪些内容?
6. 企业内部成本会计机构设置的集中工作方式的特点有哪些?

## 练 习 题

### (一) 单项选择题

1. 在产品价值的组成部分中,M 是指( )。
   A. 劳动者为自己劳动所创造的价值
   B. 已耗费的生产资料转移的价值
   C. 劳动者为社会劳动所创造的价值
   D. 劳动者创造的全部价值

2. 按照成本会计发展的历程,早期成本会计阶段是指( )。
   A. 1945 年以后　　　　　　　　B. 1921—1945 年
   C. 1880—1920 年　　　　　　　D. 1949 年以后

3. 按照成本会计发展的历程,近代成本会计阶段是指( )。
   A. 1945 年以后　　　　　　　　B. 1921—1945 年
   C. 1880—1920 年　　　　　　　D. 1949 年以后

4. 按照成本会计发展的历程,现代成本会计阶段是指( )。
   A. 1945 年以后　　　　　　　　B. 1921—1945 年
   C. 1880—1920 年　　　　　　　D. 1949 年以后

5. 按照马克思对企业成本与价值的理论阐述,理论上的产品价值是指( )。
   A. C　　　　B. C+V　　　　C. C+V+M　　　　D. C+M

6. 根据相关信息,通过一定的方法,对未来的成本状况及趋势所作出的科学测算是成本会计工作环节中的( )。
   A. 成本决策　　B. 成本预测　　C. 成本控制　　D. 成本核算

7. 对企业日常生产经营耗费进行归集、登记和分配,并求得各成本计算对象总成本及单位成本的过程是成本会计工作环节中的( )。
   A. 成本决策　　B. 成本预测　　C. 成本控制　　D. 成本核算

8. 根据企业预定目标,对耗费进行审核、比较,以便及时发现偏差、采取措施,确保经营活动按既定目标进行的过程,是成本会计工作环节中的( )。
   A. 成本决策　　B. 成本预测　　C. 成本控制　　D. 成本核算

9. 根据相关信息,运用特有的方法,在若干个预测方案中,选择最优方案的行为是成本会计工作环节中的( )。
   A. 成本决策　　B. 成本预测　　C. 成本控制　　D. 成本核算

10. 负责制定设备定额,力求提高设备完好率、利用率的企业职能部门是( )。
　　A. 技术开发及工艺部门　　　　B. 质检部门
　　C. 设备管理部门　　　　　　　D. 人力资源部门

(二) 多项选择题

1. 马克思在政治经济学中( )理论为市场经济条件下的企业成本经济内涵奠定了坚实的基础。
　　A. 劳动价值　　　　　　　　　B. 剩余价值
　　C. 企业再生产　　　　　　　　D. "三个代表"及科学发展观

2. 下列各项中,属于管理成本的概念范畴的有( )。
　　A. 差别成本及质量成本　　　　B. 机会成本
　　C. 制造成本　　　　　　　　　D. 战略成本及环境成本

3. 现代成本会计阶段的主要标志有( )。
　　A. 开展成本的预测和决策　　　B. 实行目标成本计算
　　C. 实行责任成本计算　　　　　D. 作业成本计算法的提出和应用

4. 现代成本会计阶段,在成本会计理论体系上形成了( )的三分局面。
　　A. 财务会计　　　　　　　　　B. 成本会计
　　C. 管理会计　　　　　　　　　D. 政府与非营利组织会计

5. 成本会计工作的组织一般应包括的内容有( )。
　　A. 成本会计机构的设置　　　　B. 成本会计人员的配备
　　C. 成本会计制度的制定　　　　D. 企业投资筹资的决策

6. 迈克尔·波特所阐述的现代市场经济条件下的三种基本竞争战略包括( )。
　　A. 成本领先战略　　　　　　　B. 差异化战略
　　C. 评估战略　　　　　　　　　D. 目标集聚战略

7. 在企业成本会计集中工作方式下,集中在厂部成本会计机构进行的工作有( )。
　　A. 凭证审核与整理　　　　　　B. 耗费的归集与分配
　　C. 原始记录和原始凭证的填制　D. 成本的计算与结转

8. 成本分析一般包括本期实际成本与( )的比较。
　　A. 上期同期实际成本　　　　　B. 本期计划成本
　　C. 本期定额成本　　　　　　　D. 本企业历史最低成本

9. 在成本会计发展过程中,近期成本会计阶段代表性的成本会计名著包括( )。
　　A. 尼科尔森(Nicholson)所著的《成本会计》

B. 陀耳(Dohr)所著的《成本会计原理与实务》
C. 梅特卡夫(Metcalfe)所著的《制造成本》
D. 加克(Careke)所著的《工厂会计》
10. 战略成本管理的范围包括（　　）。
A. 价值链分析　B. 战略定位　　C. 分散战略　　D. 成本动因分析

### (三) 判断题

1. 早期成本会计阶段，成本会计仅限于对生产过程的生产消耗进行系统的归集和计算，因此成本会计也称记录型成本会计。（　　）
2. 美国尼科尔森与罗尔巴克合著的《成本会计》被称为第一本成本会计著作。（　　）
3. 近代成本会计阶段就在开展成本预测与决策、实行目标成本计算的基础上形成了新型的注重管理的经营型成本会计。（　　）
4. 全面质量管理对企业绩效衡量的指标中，包含产品可靠度、服务的及时性等非货币性指标。（　　）
5. 基准管理是指确定的基准是一个动态的、不断改进和提高的过程，把降低成本看作是永无止境的比赛。（　　）
6. 成本企划是指在产品的策划、开发中，根据用户需求设定相应的目标，希冀同时达成这些目标的综合性利润管理活动。（　　）
7. 成本控制是指事中和事后对成本耗费的审核、比较与管理的活动过程。（　　）

## 四、案例分析题

张丽在某制造业企业财务部门就职2年，一直从事出纳工作。有一天，财务负责人要她转岗，到成本会计岗位上去轮岗，她就请教她的好朋友杨善，成本会计岗位的工作内容有哪些呢？杨善给了她如下回答：

（1）审核公司各项成本的支出，进行成本核算、费用管理、成本分析，并定期编制成本分析报表。

（2）每月末进行费用分配，及时与生产、销售部门核对在产品、产成品并将差异原因上报。

（3）接受核对每日车间、门市部传递的销售单据并签字确认。

（4）进行有关成本管理工作，主要做好成本的核算和控制。负责成本的汇总、决算工作。

（5）协助出纳员及时清理和收回代收货款工作。

（6）协助各部门进行成本经济核算，并分解下达成本、费用、计划指标。收集有关信息和数据，进行有关盈亏预测工作。

(7) 评估成本方案,及时改进成本核算方法。
(8) 负责审核公司的各项原始单据及主持财务部门的日常工作。
(9) 保管好成本计算资料并按月装订,定期归档。
要求:根据以上资料,请回答以下问题:
(1) 杨善的回答确切吗?
(2) 若不够确切,你是怎么认为的?

# 第二章 成本核算原理

## 一、概要解析

### (一) 成本核算的基本假设

所谓成本核算的基本假设,就是对经济活动中的那些不确定的因素或状况所作出的逻辑性的推理判断和方法上的认定。

有关成本核算的基本假设主要如下。

1. **资金耗费与资金回收持续性的假设**

一般来说,资金耗费与资金回收持续性的假设是指企业投入的各种生产要素和垫付的各类资金,都能在其价值实现即转让其使用价值的过程中得以收回。提出这一假设的目的在于,当有关资产被耗费时,就可以根据其受益的期限,贯彻受益的原则,将其耗费的总额分别计入其受益期间。也正是有了这个基本假设,固定资产才得以以折旧费的形式分期计入,跨期费用才得以按月平均分摊。

但是,当企业被兼并、拍卖、解散或宣告破产时,企业的资金耗费与资金回收持续性的假定将不复存在,就应改为按清算拍卖的规则进行有关的会计处理了。

2. **资产计价多重标准的假设**

当企业在日常经营过程中耗费资产时,资产转移价值的确定方法往往有多种,如固定资产折旧的计提方法与发出材料成本的计价方法等多种方法。这就要求企业的成本核算人员根据企业的实际,作出职业的判断,从中选择一种较为接近实际的方法,这种方法一经选定,就意味着采用这种方法的计算结果是客观的。为了确保会计指标的可比性,在短期内,企业对同一资产所采用的计价标准或方法应保持不变。

3. **共同耗费分配标准的假设**

共同耗费分配标准的假设是指在生产经营过程中由两种以上的成本计算对象共同受益的各项耗费,按一定的分配标准在各个成本计算对象之间确定的比例所分摊的数额是真实可信。例如,工业企业同一生产车间多品种生产发生的制造费、人工费等,其分配标准有多种,就需根据因果关系选择一种。尽管分配结果与各成本计算对象的实际不可能完全吻合,但也认为按此假设所分配的耗费其计算结果是真实的。

4. **成本计算周期的假设**

成本计算周期的假设是指根据不同企业的生产经营特点和成本管理要求,所确定的企业每间隔多长时间总结计算一次总成本（单位成本），并假定在该计算期内，每单位生产成本是相等的。

### (二) 成本核算的原则

1. 分期核算原则

在实际工作中，产品的成本计算期因各个企业生产组织、生产工艺和管理要求的不同，可以分别采用按月总结计算一次或者按企业每个生产周期总结计算一次的方式。但成本分期核算与报告的周期应该始终与会计年度的分月、分季和分年度保持一致。

2. 一致性原则

一致性原则是指成本核算所采用的方法前后各期应保持一致，以便各期的成本信息具有可比性。当然，一致性原则并不是说所采用的成本计算方法就永远不变，也不能改变，如果采用原方法的环境和条件发生了根本性的变化，就应该研究采用更为贴切的新的有关方法。但在年度财务报告中，要将因有关方法改变所影响的成本数或利润数加以说明，保证信息的充分披露。

3. 配比性原则

配比性原则是指收入和成本在期间上的配比和成本在各个受益对象之间的配比。期间配比是指何时受益何时负担，受益对象的配比是指资产价值形成过程的配比，即谁受益谁负担，如同一生产车间几种产品共同耗费的制造费，也要按各个产品的受益程度分配计入各产品的制造成本。

4. 可靠性原则

可靠性原则是指成本核算指标应真实、正确。真实是指已入账的所有成本及耗费，实属客观发生过的经济事实或者有确凿证据表明已显现的跌价和减值，无虚构和秘密计提现象；正确是指在耗费分配计入的过程中，始终在贯彻着受益原则，而且是严格按受益程度分配的，尤其要注意的是所选择的分配标准与所发生的耗费之间应存在着合乎逻辑的因果关系。

5. 合法性原则

合法性原则是指计入成本费用的耗费，都必须符合国家有关法律、法令和制度等的规定，不得虚列和多计成本。

6. 成本—效益原则

成本—效益原则是指在决定是否采取某种举措时要进行所得与所费的比较，当所得大于所费时就为之；反之，当所得小于所费时就不为之。

### (三) 成本会计的对象

成本会计的对象是指成本会计反映和监督的内容，成本所包括的内容也就是成本会计应该反映和监督的内容。成本会计的对象可分为成本核算的对象与成本管理的对象两大类。

1. 成本核算的对象

成本核算的对象是以一定期间和空间范围为条件而存在的成本核算实体,而且企业的任何经营成果都是在一定的时空范围产生的,因而,成本核算对象应由以下三个基本要素组成:

(1) 成本核算实体。成本核算实体是指承担耗费的企业经营成果的实物形式。对于生产性企业而言,成本计算实体可以划分为某品名产品、某批次产品或某类别产品等。对于劳务性的企业而言,而只能根据劳务的性质确定。如运输企业的客运和货运、旅游企业的不同旅游路线等。

(2) 成本核算期。成本核算期是指归集、登记和分配耗费的时间范围,也就是每间隔多长时间总结计算一次成本,生产性企业一般应按企业生产的特点,分别按产品的生产周期或日历月份作为成本计算期;而劳务性企业一般均以日历月份作为成本计算期。

(3) 成本核算空间。成本核算空间是指企业生产耗费发生,并能组织企业成本核算的地点(部门、单位或车间)。生产性企业的成本核算空间可划分为全厂或各生产步骤、生产班组;而劳务性企业一般可划分为企业的各部门和各单位。

2. 成本管理的对象

在成本会计的诸环节中,成本预测、成本决策、成本计划、成本控制、成本分析和成本考核各环节的工作重点和中心在于成本管理(当然,成本核算过程也是要进行管理和控制的),在成本管理的过程中,还会涉及变动成本、固定成本、机会成本、差别成本、沉没成本、可控成本和不可控成本等内容。

**(四) 降低成本的意义和途径**

成本指标是一个综合性的经济指标,而且是企业各种指标中最重要的指标之一,它牵涉到企业的各个职能部门及个人,因而降低产品成本具有十分重要的意义。

降低产品成本,可以节约社会资源,促进人类社会的可持续发展;可以在全社会降低产品价格,是提高企业竞争能力的有效手段;可以提高企业与社会的经济效益,实现多赢。

降低成本的途径主要有:实行全员成本管理和全过程的成本控制;增强员工的成本意识,提高其总体素质;采取有效措施,不断提高劳动生产率;降低材料成本,不断降低劳动对象的消耗;实行成本节省和成本避免。

## 二、背景资料

有关成本核算中的假设问题,若将其再细化,学术界还有多种说法,比如江西财经大学会计学院李金泉老师在"正确认识成本核算中的假设"一文中认为:成本核算中的假设包括以下内容。

## 第二章 成本核算原理

1. 生产费用与期间费用列支范围的假设

生产费用与期间费用列支范围的假设是指假定会计准则(制度)对生产费用和期间费用所规定的列支范围是完全合理的,是符合产品成本和期间费用理论列支范围的假设。明确及认识生产费用与期间费用列支范围假设,对于正确理解产品成本和当期损益的真实性、准确性,正确分析和应用产品成本信息,具有十分重要的作用。从我国现行会计制度规定的计入产品成本和期间费用的列支范围来看,由于期间费用中包含了较多的与产品生产有关的费用,即使企业在实务中严格按照制度的规定来划分生产费用与期间费用,企业核算出来的产品成本还是不太真实的,产品成本被低估,而期间费用被高估。这也是我国企业的销售毛利率远高于国外同行业企业的销售毛利率,而我国企业的利润又低于国外同行业企业的利润的原因之一。

2. 固定资产折旧年限及净残值的假设

固定资产使用年限及净残值的假设是指企业在计算折旧费用时,固定资产使用年限的长短及净残值数额的大小是人为假设(估计)的。明确这一假设有两方面的作用:一是由于使用年限和净残值是估计的,与未来的实际发生数不一定相符,由此形成的会计信息的准确性会受到一定影响;二是同一行业的同一类固定资产的使用年限及净残值,不同企业或不同人员的估计是有偏差的,由此形成的会计信息的可比性会受到影响。为了尽可能消除或缩小这一假设对会计信息准确性或可比性的影响,与此假设相类似的假设还有部分无形资产、递延资产及低值易耗品摊销的假设等。

3. 领用原材料、自制半成品等存货成本流转的假设

采用某种存货成本的假设,在期末存货与发出存货之间分配成本,就产生了不同的存货成本分配方法,即发出存货的计价方法。在领用原材料、自制半成品等存货不采用或不能采用逐项辨认时,人们提出了先进先出、后进先出或加权平均的实物与成本流转假设,并在这些假设的基础上建立相应的先进先出法、后进先出法和加权平均法等存货计价方法。由于存在上述假设,在相同环境下,不同企业可以选用不同的成本流转假设来确定领用原材料、自制半成品等的成本,从而对产品成本的真实性和可比性造成影响。

4. 间接费用(共同费用)在不同成本计算对象之间分配时,选用的分配依据与费用因果关系的假设

在生产费用归集、分配和产品成本计算过程中,有许多间接费用(共同费用)在不同成本计算对象之间分配的程序,而且间接费用的分配标准(依据)是人为确定的,并且都是假定这些分配标准与分配的费用之间有直接的因果关系,进而有等比例关系。但该假设与实际往往是有出入的,从而造成产品成本的真实性受到影响。尤其是生产工时与制造费用之间的因果关系出入较大。例如,制造费用中质量检验费、物料搬运费、生产调整准备费、设备维修费及车间管理费用等,与生产工时或机器工件就没

有因果关系。在先进制造环境下,许多人工已被机器取代,直接人工成本大大下降,制造费用大幅度上升。产品成本结构如此重大的变化,使得生产工时、机器工时等数量分配标准与制造费用的相关性大幅降低。解决这一问题的基本途径是缩小制造费用的分配范围,由全厂(车间)统一分配改为由若干个"成本库"分别进行分配;增加分配标准,由单一标准(生产工时或机器工时)分配改为多标准分配,即按制造费用发生的多种成本动因进行分配,即采用能提供相对准确产品成本信息的作业成本计算法。

5. 在产品估价的假设

在按月计算产品成本、期末有在产品的情况下,为了求出产品成本,需要根据在产品的结存情况提出种种假设,并在这些假设的基础上,再建立各种费用在完工产品与月末在产品之间的分配方法,如约当产量比例法、定额比例法、在产品按年初数固定计算法、在产品按定额成本估价法等。

由于上述种种假设的存在,产品成本核算结果的真实性和准确性及可比性受到一定的影响。但不能认为成本核算是"假账真算",因为从整个生产经营费用发生额和据以核算的成本费用总额来看,应该是真实的,之所以要假设,主要是由于成本核算中存在不确定因素,只要能根据合理的假设,运用正确的资产计价和费用分配方法,成本核算的结果相对来说还是可信的、真实的。

## 三、复习思考题与练习题

### 复习思考题

1. 成本核算的配比性原则的基本含义是什么?
2. 成本核算的对象一般应包括哪三个基本要素?
3. 广义的成本核算对象对本期利润影响程度一样吗?
4. 如何理解降低产品成本的企业与社会的双赢?

### 练 习 题

**(一) 单项选择题**

1. 成本核算所采用的方法应保持前后各期的一致,以便各期的成本信息具有可比性的成本核算原则是(　　)。

　　A. 分期核算原则　　　　　　B. 一致性原则
　　C. 配比性原则　　　　　　　D. 可靠性原则

2. 企业成本费用的核算必须符合国家有关法律、法令和制度等规定,不得虚列和人为降低成本的成本核算原则是(　　)。

　　A. 合法性原则　　　　　　　B. 成本效益原则
　　C. 可靠性原则　　　　　　　D. 分期核算原则

3. 在成本核算中,所规定的归集、登记和分配耗费的时间范围一般称为(　　)。

A. 成本核算空间　　　　　　B. 成本核算期
C. 成本核算实体　　　　　　D. 成本核算对象

4. 在成本核算中,以一定期间和空间范围为条件而存在的成本核算实体一般称为(　　)。

A. 成本核算空间　　　　　　B. 成本核算期
C. 成本核算实体　　　　　　D. 成本核算对象

5. 通过降低消耗、减少损失或通过扩大生产规模和提高劳动效率来降低产品成本,一般将其称为(　　)。

A. 成本避免　　B. 成本节省　　C. 成本规划　　D. 成本预测

6. 从预防的角度出发,运用管理会计中的"零基预算"原理来挖掘降低成本的潜力,一般将其称为(　　)。

A. 成本避免　　B. 成本节省　　C. 成本规划　　D. 成本预测

7. 在企业管理方案决策时,往往要将所得与所费加以比较,一般只有在所得大于所费的条件下,才予为之的原则,称为(　　)。

A. 合法性原则　　　　　　　B. 成本—效益原则
C. 一致性原则　　　　　　　D. 可靠性原则

(二) 多项选择题

1. 在企业会计核算中,采用的资产计价标准通常有(　　)。

A. 实际成本　　B. 公允价值　　C. 重置成本　　D. 变现价值

2. 共同耗费在各受益对象之间分配时,采用的分配标准通常有(　　)。

A. 定额消耗量　　B. 定额成本　　C. 产品售价　　D. 产品重量

3. 根据企业不同生产经营的特点和成本管理要求,成本计算周期一般按(　　)计算。

A. 日历月份　　B. 生产周期　　C. 生产批量　　D. 生产步骤

4. 企业发生的期间费用,按现行规定应包括(　　)。

A. 管理费用　　B. 财务费用　　C. 销售费用　　D. 制造费用

5. 企业成本的全过程控制,一般包括(　　)控制。

A. 产品设计成本　　　　　　B. 材料物资的采购成本
C. 产品的加工制作成本　　　D. 产品的销售及售后服务成本

6. 降低产品成本的途径,通常主要包括(　　)。

A. 提高劳动生产率　　　　　B. 降低劳动手段的耗费
C. 降低劳动对象的耗费　　　D. 降低劳动力的耗费

7. 降低产品成本的意义,主要表现在(　　)。

A. 可促使降低产品价格　　　B. 可提高企业与社会的经济效益

C. 可提高企业的竞争能力　　D. 可促进人类社会的可持续发展

(三) 判断题

1. 公允价值可用于任何资产的计量。（　）
2. 任何企业的成本计算周期都是与生产周期一致的。（　）
3. 无论企业按月份，还是按生产周期计算产品成本，会计报告期与日历年度、季度、月份总是一致的。（　）
4. 成本管理的对象也涵盖了成本核算的对象。（　）
5. 任何商品的定价，都是以成本来确定的。（　）
6. 依据成本—效益原则，任何所得小于所费的支出都是不可取的。（　）
7. 基于成本控制和企业管理要求的不同，成本核算空间可以是全厂，也可以是各生产步骤，或者各生产班组。（　）

## 四、案例分析题

有关成本核算的原则，在不同行业有着不同的表达。

例如，医院成本核算的基本原则，有的学者认为包括确定成本核算对象时，坚持主细次简的原则；控制成本开支范围时，坚持实事求是的原则；归集耗费时，坚持权责发生制的原则；耗费分配时，坚持谁受益谁负担的原则；对所有者资产保全的原则；会计核算稳健的原则；会计核算配比的原则；经营者风险的原则。

项目成本核算的原则，有的学者归纳为确认原则、分期核算原则、相关性原则、可比性原则、一贯性原则、实际成本原则、及时性原则、配比原则、权责发生制原则、谨慎原则、重要性原则以及明晰性原则等。

农产品成本核算原则，有的学者认为最重要的是社会水平原则和市场价值原则。

社会水平原则是指农产品成本核算必须保证代表性，必须反映社会平均水平。农产品成本调查主要采用典型调查和重点调查方法，加之我国农户数量异常庞大，调查样本数据占总样本比例很小，每一个调查样本的成本数据是否有代表性，对总体水平都会产生较大影响。在农产品成本调查的每一项具体工作中，都要认真把握社会水平原则，分析样本设置是否具有代表性，分析每一项数据是否反映了当地的一般水平，并作出相应的修订或调整，只有这样，才能保证调查数据的质量。

市场价值原则是指各项投入品的费用和产出物的价值应当参照市场价格进行核算。在社会主义市场经济条件下，一切生产活动的绩效最终都要交给市场评定。在核算成本收益指标时，不但通过市场购买或出售的农产品、农业生产资料、劳动等要按照实际交易价格计算，而且自产自用或尚未出售的产品、自产的生产资料、无偿或低价得到的生产资料、他人无偿提供的劳动等一般也要按照可比的市场价格计算。坚持市场价值原则，既是市场经济本身的要求，又有利于简化成本核算工作。

要求:根据以上所述,请回答以下问题:
(1) 为什么对不同行业,学者归纳出的成本核算原则会有不同?
(2) 不同行业成本核算原则的差异是如何产生的?
(3) 不同行业成本核算的差异之间是矛盾对立的关系吗?

# 第三章 成本核算概述

## 一、概要解析

### (一) 成本会计的基础工作

1. 建立定额管理制度

定额是指企业在生产经营活动中对经济活动在数量和质量上应达到的水平所规定的目标和限额。与成本有关的定额一般包括物资消耗定额、固定资产利用定额、劳动生产定额、耗费定额、质量定额等。

2. 健全物资的计量、验收、领发和清查制度

企业要对不同的计量对象配备相应的计量器具,并建立计量仪器和器具的管理与定期检验制度以保证计量仪器和器具始终处于良好状态。提货人员当发现数量短缺、重量不足或破损时,应查明原因并要求鉴证。剩余物资要及时退库,库存物资和在产品要定期盘点,做到账实相符。

3. 制定合理的凭证传递流程,建立原始记录制度

原始记录是企业在生产经营活动发生之时,记载业务事项实际情况的书面凭证。原始记录的种类很多,与成本有关的原始记录主要有材料物资消耗记录、设备使用记录、人事工资记录、产品生产记录等。

4. 建立、健全各项规章制度

规章制度是各职能部门及其员工行为的准绳,是实施有效的成本控制的保证。一般来说,与成本控制有关的规章制度包括计量验收制度、岗位责任制度、质量检验制度、物资盘存制度、材料收发领用制度、设备管理与维修制度和考勤制度等。各种规章制度还要不断地修订和完善。

### (二) 耗费和成本的分类

1. 耗费的分类

耗费可以按不同的标准分类,其中最基本的是按耗费的经济内容和经济用途的分类。

(1) 耗费按经济内容分类。企业的生产经营过程也是物化劳动和活劳动的耗费过程。按其经济内容分类,主要包括外购材料、外购燃料、外购动力、职工薪酬、折旧费、利息费、税金等耗费要素。以上各要素称为耗费要素,按照耗费要素反映的耗费称为要素耗费。

(2) 耗费按经济用途分类。耗费按经济用途分类,首先划分为应计入成本的耗费和不应计入成本的耗费两部分;在分清应计入成本的耗费与不应计入成本的耗费基础上,为了具体反映成本构成情况,还需将应计入成本的耗费再进一步划分为若干个项目,即成本项目,如直接材料、直接人工、燃料和动力、制造费等。

对于上述成本项目,企业可以根据本单位的具体情况和成本管理的要求,对成本项目进行适当调整。在规定或调整成本项目时,应从企业成本管理的要求和成本效益原则出发,一般来说,对那些在成本中占比重较大、管理上需要定期比较和分析的内容就单设为一个成本项目;对那些在成本中所占比重较小、耗费又较为稳定、管理上不要求定期考核分析的内容就可集中在综合性的成本项目中,以简化核算。

2. 成本的分类

按成本在经济工作中的作用分类,可分为财务成本和管理成本;按企业劳动成果来划分,可以将企业成本划分为生产性成本与劳务性成本;按生产耗费在企业成本中的存在形式划分,可分为单要素成本和综合性成本;按生产耗费计入企业成本的方式分类,可分为直接成本和间接成本;按成本与业务量的依存关系分类,可分为变动成本、固定成本和混合成本。

(三) 成本核算的基本要求

为了充分发挥成本核算的作用,在成本核算工作中,应做到以下几点。

1. 遵守国家规定的成本开支范围和费用开支标准

成本开支范围是为了加强成本管理,确保成本能正确地反映和计量企业的生产经营耗费状况,根据企业成本的经济内容和成本管理要求,由国家统一规定的。费用开支标准是对某些费用开支的数额、比例所作出的具体规定。

2. 正确划分各种耗费的界限

为了正确计算企业成本和损益,必须正确划分以下六个方面的费用界限:

(1) 正确划分生产经营耗费与非生产经营耗费的界限。

(2) 正确划分生产成本(或劳务成本)与期间费用的界限。

(3) 正确划分各个月份的耗费界限。

(4) 正确划分各种产品(或劳务)的成本界限。

(5) 正确划分单项目成本和综合项目成本的界限。

(6) 正确划分完工产品(或劳务)与在产品(或尚未完工劳务)的成本界限。

(四) 企业成本费用核算的一般程序

企业成本费用核算的一般程序是指对企业在生产经营过程中发生的各项耗费,按照成本费用核算的基本要求,逐步进行归集和分配,计算并转出完工产品成本和期间费用的基本过程。企业成本费用核算的一般程序可概括如下:

(1) 审核各项耗费,进行要素耗费的初次分配。

(2) 生产成本的分配。

(3) 待摊费用和预提费用的分配。

(4) 辅助生产成本的分配。

(5) 制造费用的分配。

(6) 废品损失和停工损失的分配。

(7) 完工产品和月末在产品之间的成本分配。

(8) 已销售产品生产成本的结转。

(9) 期间费用的结转。期末,应将所归集的期间费用全数转入"本年利润"账户。

**(五) 企业成本费用核算的账簿设置**

实际上,企业成本费用的核算是按确定的成本计算对象和受益的不同部门,对各种耗费划分的过程,也是将不同耗费记入不同会计账户的过程。

为了进行产品成本的总分类核算,应设立"生产成本"总账账户,并在其下设"基本生产""辅助生产"两个二级账户。为了简化账簿的级次,也可以不设"生产成本"总账账户,直接设置"基本生产成本""辅助生产成本"两个总账账户。本书采用这种方式来组织成本核算。

1. "基本生产成本"账户

基本生产是指为完成企业主要生产目的而进行的商品产品生产,"基本生产成本"账户是为了归集基本生产部门制造过程的全部耗费,计算完工产品成本而专设的账户。制造过程的全部耗费记入该账户的借方;转出完工产品成本记入该账户的贷方;该账户的余额在借方,表示期末在产品成本的实际资金占用。

2. "辅助生产成本"账户

辅助生产是指为整个企业服务而进行的其他产品生产和劳务供应(如机械行业的工具、模具、修理用备件的制造,修理、运输、供水、供电等劳务的提供)。辅助生产产品生产的目的,主要不是对外销售,而是供企业内部使用。辅助生产过程发生的全部耗费记"辅助生产成本"账户的借方;转出完工产品成本或分配转出的劳务耗费记入该账户的贷方;该账户的余额在借方,表示辅助生产在产品的成本(劳务成本一般无余额)。

"辅助生产成本"账户的明细账簿应按辅助生产车间和生产的其他产品品名或不同劳务设置,账中分设专栏或专行进行登记。

3. "劳务成本"账户

"劳务成本"账户核算企业对外提供劳务活动而发生的各项耗费。发生的全部耗费记入该账户的借方;转出的完工劳务成本记入该账户的贷方;该账户的余额在借方,表示尚未完工劳务的成本。

"劳务成本"账户应按劳务成本的计算对象建立明细账,账中应按成本项目分设专栏或专行登记有关内容。

## 4. "制造费用"账户

"制造费用"账户核算企业为生产产品而发生的各项间接耗费和未专设成本项目的直接耗费。发生的间接耗费记入该账户的借方;分配转出记入该账户的贷方;该账户月末一般无余额。

"制造费用"账户应按不同的车间设置明细账,账内按耗费的内容设专栏进行明细核算。

## 5. "废品损失"账户

需要单独核算废品损失的企业,应设置"废品损失"账户。不可修复废品的生产成本和可修复废品的修复费用记入该账户的借方;废品残料收回的价值、应收的赔款以及转出的废品净损失记入该账户的贷方;该账户月末应无余额。

"废品损失"账户应按产品品种建立明细账,账内按各成本项目设置专栏或专行进行明细核算。

## 6. "销售费用"账户

"销售费用"账户核算企业为销售产品而发生的各项耗费。发生的耗费记入该账户的借方;期末将发生的耗费全部转出记入该账户的贷方;期末结转后该账户应无余额。

"销售费用"账户的明细账簿应按费用项目设置专栏,进行明细核算。

## 7. "管理费用"账户

"管理费用"账户核算行政管理部门为组织和管理生产经营活动而发生的各项耗费,发生的耗费记入该账户的借方;期末将发生的耗费全部转出记入该账户的贷方;期末结转后该账户应无余额。

"管理费用"账户的明细账簿应按费用项目设置专栏进行明细核算。

## 8. "财务费用"账户

"财务费用"账户核算企业为筹集生产经营所需的借入资金而发生的各项耗费。发生的耗费记入该账户的借方;冲减的耗费及期末将耗费全部转出记入该账户的贷方;期末结转后该账户应无余额。

## 9. "预付费用"账户

"预付费用"账户核算企业已经支付,但应由本期和以后各期的成本费用共同负担,分摊期在1年以内的各项耗费。实际支付费用时记入该账户的借方;分期摊销费用时记入该账户的贷方;该账户余额在借方,表示已付未摊的费用。

"预付费用"账户应按费用种类设置明细账,进行明细核算。

## 10. "长期待摊费用"账户

"长期待摊费用"账户核算企业已经支付,但受益期限在1年(不含1年)以上的各项耗费。实际支付费用时记入该账户的借方;分期摊销费用时记入该账户的贷方;

该账户余额在借方,表示企业尚未摊销的摊余价值。

"长期待摊费用"账户应按费用种类设置明细账簿,进行明细核算。

11."应付费用"账户

"应付费用"账户核算企业按规定在受益时预提计入成本费用但尚未实际支付的耗费。因受益预提费用时记入该账户的贷方;实际支付费用时记入该账户的借方;该账户若为贷方余额,表示已预提尚未支付的耗费;若为借方余额,则应视为待摊费用。

"应付费用"账户应按费用种类设置明细账簿,进行明细核算。

## 二、背景资料

### (一) 广义成本的分类

有关广义成本的分类,根据成本核算与成本管理的不同要求,按不同的标准,从不同的视角可以作多种分类,主要包括:

(1) 根据成本与业务量之间的关系,可分为变动成本和固定成本。

(2) 根据成本与产品之间的关系,可分为产品成本和期间费用。

(3) 根据生产费用计入产品成本的方式,可分为直接计入成本和间接计入成本。

(4) 根据成本与产品生产工艺的关系,可分为直接生产成本和间接生产成本。

(5) 根据成本与决策的关系,可分为相关成本与非相关成本。

(6) 根据成本是否可以控制,可分为可控成本与不可控成本。

(7) 根据决策方案变动时成本是否可避免,可分为可避免成本和不可避免成本。

(8) 根据费用的发生是否需支付现金等流动资产,可分为付现成本和沉没成本等。

(9) 按概念形成,可分为理论成本和应用成本。

(10) 按应用情况,可分为财务成本和管理成本。

(11) 按产生依据,可分为实际成本和估计成本。

(12) 按发生情况,可分为原始成本和重置成本。

(13) 按形成时间,可分为历史成本和未来成本。

(14) 按计量单位,可分为单位成本和总成本。

(15) 按计算依据,可分为个别成本和平均成本。

(16) 按包括的范围,可分为全部成本和部分成本。

(17) 按生产过程中的顺序关系,可分为车间成本和工厂成本。

(18) 按生产经营范围,可分为生产成本和销售成本。

(19) 按与收益的关系,可分为已耗成本和未耗成本。

(20) 按与决策的关系,可分为相关成本和非相关成本。

(21) 按与现金支出关系,可分为付现成本和沉没成本。

(22) 按与计划的关系,可分为计划成本和预计成本。

(23) 按数量变化关系,可分为边际成本、增量成本和差别成本。

(24) 按可否免除,可分为可避免成本和不可避免成本。

(25) 按可否推迟发生,可分为可递延成本和预计成本。

(26) 按发生可否加以控制,可分为可控成本与不可控成本。

(27) 按成本与业务量之间的关系性质与状态,可分为变动成本和固定成本。

(28) 按成本发生与产品生产的关系,可分为直接成本和间接成本。

(29) 按产品成本的构成情况,可分为主要成本和加工成本。

为了便于进行成本管理,还可运用其他一些成本分类概念,如机会成本、责任成本、定额成本、目标成本、标准成本和社会成本等。

**(二) 新企业会计准则下成本费用开支范围的变化**

1. 关于职工薪酬个别项目的处理变化

旧《企业会计准则》规定,企业计提的工会经费、职工教育经费和企业缴纳的属于企业负担的养老保险费、待业保险费直接记入当期"管理费用"账户。有的企业将企业负担的住房公积金也直接记入当期"管理费用"账户。

新《企业会计准则第9号——职工薪酬》规定,企业应当在职工为其提供服务的会计期间,将应付的职工薪酬确认为负债,除因解除与职工的劳动关系给予的补偿外,应当根据职工提供服务的受益对象,分别下列情况处理:

(1) 应由生产产品、提供劳务负担的职工薪酬,计入产品或劳务成本。

(2) 应由在建工程、无形资产负担的职工薪酬,计入建造固定资产或无形资产成本。

(3) 上述(1)和(2)之外的其他职工薪酬,计入当期损益。企业确认因解除与职工劳动关系给予的补偿,计入当期损益。

新《企业会计准则——应用指南》指出,难以认定受益对象的非货币性福利,直接计入当期损益和应付职工薪酬。所以,企业计提的工会经费、职工教育经费和由企业负担的社会保险费、住房公积金要根据职工提供服务的受益对象计入相关资产成本和当期损益。

【例3-1】 甲企业202×年工资总额为2 000万元,其中生产车间人员为1 600万元,行政管理人员为400万元。工会经费为2%、职工教育经费为1.5%、企业负担的养老保险费为20%、失业保险费为2%、住房公积金为8%(其他社会保险费忽略不计)。

工会经费、职工教育经费、社会保险费和住房公积金,按照旧《企业会计准则》规定,直接计入当期损益(管理费用)670万元[2 000×(2%+1.5%+20%+2%+8%)=2 000×33.5%];按照新《企业会计准则》规定,应当计入当期产品成本536万元(1 600×33.5%),计入当期损益(管理费用)134万元(400×33.5%),从而导致企业按照新《企业会计准则》当期管理费用减少536万元,当期生产成本上升536万元。

## 2. 关于生产车间固定资产修理费的处理变化

旧《企业会计准则》规定,生产车间(部门)固定资产修理费记入"制造费用"账户;行政管理部门和专设销售机构固定资产修理费分别记入"管理费用"账户和"销售费用"账户。

新《企业会计准则》规定,不满足固定资产准则第四条规定确认条件的固定资产修理费等,应当在发生时计入当期损益,并在《企业会计准则——应用指南》的附录《会计科目和主要账务处理》中明确指出:企业发生的与专设销售机构相关的固定资产修理费用等后续支出,在"销售费用"账户核算;企业生产车间(部门)和行政管理部门等发生的固定资产修理费用等后续支出,在"管理费用"账户核算。"制造费用"账户与固定资产有关的费用项目是生产车间的机物料消耗、固定资产折旧等,无固定资产修理费项目。

显然,新、旧《企业会计准则》对生产车间(部门)固定资产修理费的处理不同,旧《企业会计准则》规定计入产品成本(制造费用),新《企业会计准则》规定计入当期损益(管理费用)。

有的企业为了保障机器设备的正常运转,专门设立了维修车间或在生产车间(部门)内设立了设备维修班组。例如,甲企业生产车间(部门)固定资产修理费用全年900万元,则按照新《企业会计准则》的规定,必然使企业当期管理费用相对于旧《企业会计准则》而言增加 900 万元,同时产品制造成本相对减少 900 万元,但由于产品制造成本对企业利润的影响受销售因素影响而一般较滞后,从而会使企业当期利润的计量相对减少。

新《企业会计准则》的此项规定,不仅给企业制造成本的管理、考核以及生产设备的使用与维修(包括大中小修理)责任相挂钩进行落实等带来新的挑战,同时要求会计人员恰当区分生产部门固定资产的机物料消耗(计入制造费用)和修理费(包括材料费、人工费和其他费等)之间的界限,避免人为调节制造成本与管理费用。

## 3. 关于无形资产确认与计量对成本、费用的影响变化

(1) 部分开发费用资本化。企业内部研究开发项目的支出,按照旧《企业会计准则》的规定,应当全部费用化,计入当期损益(管理费用);按照新《企业会计准则》的规定,应当区分研究阶段支出与开发阶段支出,研究阶段的支出应当于发生时计入当期损益(管理费用),对开发阶段的支出符合资本化条件的确认为无形资产,不符合资本化条件的计入当期损益(管理费用)。

【例 3-2】 甲企业内部研究开发某项生产技术当年花费 1 000 万元,其中研究阶段支出 100 万元,开发阶段支出 900 万元,其中开发阶段支出中满足资本化条件的为 700 万元。

那么,按照旧《企业会计准则》的规定,应当计入当期管理费用 1 000 万元;按照新

《企业会计准则》的规定,应当计入当期管理费用300万元(即研究阶段支出100万元+开发阶段支出不满足资本化条件的200万元),开发阶段支出中满足资本化条件的700万元确认为无形资产。

(2)对使用寿命有限的无形资产和使用寿命不确定的无形资产采用不同的会计处理。旧《企业会计准则》规定,所有无形资产均按一定的期限分期摊销计入当期损益。新《企业会计准则》规定,企业应当于取得无形资产时分析判断其使用寿命,区分使用寿命有限的无形资产和使用寿命不确定的无形资产。对使用寿命确定的无形资产按规定摊销。对使用寿命不确定的无形资产不予摊销,但应当于每年年度终了进行减值测试,在每个会计期间对其使用寿命进行复核,如果有证据表明它的使用寿命是有限的,则应当估计其使用寿命,按照使用寿命有限的无形资产进行摊销处理。

【例3-3】 甲企业年初购得或内部研究开发形成某项非专利技术,其成本为4 000万元,但无法预见其为企业带来经济利益期限。

按照旧《企业会计准则》的规定,该无形资产一般应按10年的期限进行摊销,当年应摊销计入管理费用400万元(4 000÷10);按照新《企业会计准则》规定,划分为使用寿命不确定的无形资产,假如年度终了时其使用寿命仍无法确定,且估计其可收回金额高于4 000万元,则它对企业当年损益的影响为零。

(3)无形资产的摊销处理不同。旧《企业会计准则》规定,无形资产摊销金额全部计入当期损益。但新《企业会计准则》规定,无形资产的摊销金额一般应当计入当期损益,其他会计准则另有规定的除外。《企业会计准则第6号——无形资产》应用指南指出,某项无形资产包含的经济利益通过所生产的产品或其他资产实现的,其摊销金额应当计入相关资产的成本。

【例3-4】 甲企业拥有生产某产品的专利技术当年应摊销600万元。

按照旧《企业会计准则》的规定,应当计入管理费用600万元;按照新《企业会计准则》的规定,应当计入该产品的生产成本600万元。

【例3-5】 假如甲企业在开发某项无形资产过程中使用其他专利和特许权,该专利和特许权当年应摊销200万元。

按照旧《企业会计准则》的规定,应当计入管理费用200万元;按照新《企业会计准则》的规定,应当记入"研发支出——资本化支出"账户200万元。

4. 关于借款费用确认与计量对成本、费用的影响变化

将新《企业会计准则》与旧《企业会计准则》相比,在借款费用确认与计量方面的差异给企业成本、费用带来的影响变化如下:

(1)扩大了借款费用允许资本化的资产范围。旧《企业会计准则》规定,借款费用资本化的资产范围仅限于固定资产。新《企业会计准则》规定,企业发生的借款费用,可直接归属于符合资本化条件的资产的购建或者生产的,应当予以资本化,计入

相关资产成本。符合资本化条件的资产是指需要经过相当长时间的购建或者生产活动才能达到预定可使用或者可销售状态的固定资产、投资性房地产和存货等资产。

《企业会计准则第17号——借款费用》应用指南指出,符合借款费用资本化条件的存货,主要包括企业(房地产开发)开发的用于对外出售的房地产开发产品、企业制造的用于对外出售的大型机械设备等。其中"相当长时间"是指为资产的购建或者生产所需的时间,通常为1年以上(含1年)。

【例3-6】 甲企业发生借款费用900万元,其中直接归属于固定资产500万元,归属于符合借款费用资本化条件的存货300万元,其他借款费用100万元。

按照旧《企业会计准则》的规定,应当计入当期财务费用400万元,计入固定资产成本500万元;按照新《企业会计准则》的规定,应当计入当期财务费用100万元,计入固定资产成本500万元,计入存货的制造成本300万元。

(2)一般借款的利息费用符合条件的可予以资本化。旧《企业会计准则》规定,只有专门借款所发生的借款费用才可资本化,其他借款所发生的借款费用在发生时计入当期损益。新《企业会计准则》规定,除专门借款的借款费用之外,为购建或者生产符合资本化条件的资产而占用的一般借款的借款费用也应当资本化,计入相关资产成本。

【例3-7】 甲企业某年一般借款的借款费用总额为400万元,当年购建某车间取得专门借款7 000万元,当年建造该车间发生支出8 000万元,其中占用一般流动资金借款2 000万元,假定占用该部分一般借款的利息支出为120万元可归属于建造该车间的成本。

按照旧《企业会计准则》的规定,一般借款的借款费用总额400万元全部确认为当期财务费用;按照新《企业会计准则》的规定,一般借款的借款费用400万元,其中280万元计入当期财务费用、120万元计入固定资产成本(在建工程)。

## 三、复习思考题与练习题

### 复习思考题

1. 成本核算的基础工作主要有哪些?
2. 耗费为何有不同标准的分类?
3. 什么是成本动因?有哪两个层面的成本动因?
4. 制造成本的开支范围有哪些?
5. 成本核算过程中,需要划分的界限有哪些?

### 练 习 题

(一)单项选择题

1. 以1年为一个时间区间,反映计划期内应达到的平均水平的定额,称为( )。
  A. 现行定额    B. 计划定额
  C. 经验统计定额    D. 标准定额

2. 下列各项中,反映人事薪酬记录的是( )。
  A. 领料单或限额领料单    B. 工序进程单
  C. 考勤簿    D. 成品交库单

3. 下列各项中,属于应计入管理费用的税金是( )。
  A. 房产税及印花税    B. 所得税
  C. 增值税    D. 消费税

4. 下列各项中,应反映在产品成本中"直接人工"项目的薪酬是( )。
  A. 厂部管理人员的薪酬    B. 专职销售人员的薪酬
  C. 生产车间管理人员的薪酬    D. 生产车间生产工人的薪酬

5. 按生产耗费计入企业成本的方式分类,可分为( )。
  A. 生产性成本与劳务性成本    B. 变动成本与固定成本
  C. 直接成本与间接成本    D. 单要素成本与综合性成本

6. 耗费的发生额随产量或业务量的变动而呈正比例增减变动的成本,一般称为( )。
  A. 固定成本    B. 变动成本    C. 混合成本    D. 可控成本

7. 成本按照其与损益的关系,可分为( )。
  A. 生产性成本与劳务性成本    B. 直接成本与间接成本
  C. 已耗成本与未耗成本    D. 可控成本与不可控成本

8. 下列各项中,应计入产品制造成本的项目是( )。
  A. 制造费用    B. 管理费用    C. 财务费用    D. 销售费用

9. 为便于分析和考核各个期间的耗费情况,尤其需要划分的耗费界限是( )。
  A. 生产成本和期间费用    B. 各个月份
  C. 各种产品    D. 完工产品与在产品

10. 在生产多种产品的车间,若属于劳动密集型生产,对间接成本一般采用( )。
  A. 机器工时比例    B. 直接人工小时比例
  C. 产品重量比例    D. 产品体积比例

(二)多项选择题

1. 下列各项中,属于耗费要素的有( )。
  A. 外购材料与燃料    B. 制造费用与管理费用

C. 职工薪酬与折旧费 　　　　　D. 利息、税金及其他支出

2. 下列各项中,与成本有关的原始记录包括(　　)。
   A. 领料单与限额领料单　　　B. 考勤簿及加班加点记录单
   C. 销货发票　　　　　　　　D. 材料退库单

3. 下列各项中,与成本有关的定额包括(　　)。
   A. 单位产品材料消耗定额　　B. 单位产品生产工时定额
   C. 小时制造费定额　　　　　D. 小时燃料动力费定额

4. 与成本控制有关的规章制度包括(　　)。
   A. 物资计量验收制度　　　　B. 设备管理与维修制度
   C. 物资盘存制度　　　　　　D. 干部任用制度

5. 下列各项中,属于管理费用核算内容的有(　　)。
   A. 业务招待费　　　　　　　B. 公司总部管理人员的薪酬
   C. 公司总部固定资产折旧费　D. 公司及生产车间固定资产修理费

6. 下列各项中,属于财务费用核算内容的有(　　)。
   A. 生产经营期间的短期借款利息
   B. 企业向银行及金融机构缴纳的有关手续费
   C. 基建工程的专项借款利息支出
   D. 财务部门使用固定资产的折旧费

7. 企业成本费用核算需设置和应用的会计账户有(　　)账户。
   A. "基本生产成本"　　　　　B. "制造费用"
   C. "管理费用"　　　　　　　D. "本年利润"

8. 下列各项中,属于成本会计基本概念的有(　　)。
   A. 成本汇集　　B. 成本分派　　C. 直接成本　　D. 间接成本

9. 按成本与业务量的依存关系分类,成本可分为(　　)。
   A. 变动成本　　B. 固定成本　　C. 混合成本　　D. 综合性成本

10. 按企业的劳动成果来划分,可以将企业成本划分为(　　)。
    A. 生产性成本　B. 单要素成本　C. 劳务性成本　D. 综合性成本

(三) 判断题

1. 现行定额是反映计划期内(通常为1年)应达到的平均水平的定额。(　　)
2. 凡是短期借款的利息均应记入"财务费用"账户。(　　)
3. 从本质上讲,成本的基本特征表现为成本的发生直接影响企业所有者权益的变化。(　　)
4. 劳务性企业在提供劳务过程中发生的物化劳动C中也包括劳动对象的耗费。
(　　)

5. 当成本由未耗成本转化为已耗成本时,成本才转化为"费用"纳入现实的损益核算范畴。( )

6. 计量各个成本对象对作业的要求,并用于分配各个作业成本的方法,通常称为动因追溯法中的资源动因。( )

7. 在对生产耗费划分成本项目时,是否单列为独立的一个"成本项目",是以该项耗费在产品成本中所占比重的大小以及企业管理上的要求而定。( )

8. 动因追溯法是指当一些间接成本可以通过直接追溯法进行分派时,也可以使用动因将成本分配至各成本对象的过程。( )

9. 企业在分配间接成本时,所选择的最理想的分配标准,应该是所选择的分配标准与所分配的间接成本呈因果关系。( )

10. 管理成本是基于企业计算损益及纳税所得的需要而建立的一系列专项成本。( )

## 四、案例分析题

赤诚公司有两个基本生产车间,分别生产甲、乙两种产品。为简化核算,在进行产品成本核算过程中,只将为生产产品发生的直接材料费、直接人工费按其发生地点和用途分别计入各相关产品生产成本中,其余的全部记入"管理费用"账户中。本会计期间内记入"管理费用"账户的各有关项目包括:

(1) 各生产车间机器设备折旧费用 45 000 元,其中:第一车间 20 000 元,第二车间 25 000 元;办公设备折旧费 5 000 元。

(2) 支付各生产车间管理人员工资 8 000 元,其中:第一车间和第二车间分别为 3 000 元和 5 000 元,支付厂部管理人员工资 12 000 元。

(3) 第一车间经营性租入固定资产发生租赁费 4 000 元。

(4) 本期支付水电费 8 600 元,其中第一车间和第二车间分别为 4 600 元和 300 元,其余 1 000 元为厂部耗用。

(5) 本期推销以前支付的广告费用 34 000 元。

(6) 支付各项厂部办公用品费 5 200 元。

(7) 计提坏账准备 3 000 元。

(8) 本期预提短期借款利息 2 500 元。

(9) 本期摊销印花税 1 000 元。

(10) 专设销售机构发生经费支出 15 000 元。

要求:根据上述资料,对该企业的会计处理进行评价,请回答以下问题:

(1) 这样处理符合现行的会计准则以及成本费用开支范围吗?

(2) 若不符合,有哪些不妥?应该怎么做?

# 第四章 要素耗费的核算

## 一、概要解析

### (一) 要素耗费核算概述

耗费按其经济内容的不同可分为若干要素耗费,这些要素耗费包括外购材料、外购燃料、外购动力、职工薪酬、折旧费和其他支出等。按耗费要素反映的各项消耗和按成本项目反映的产品成本之间既有联系又有区别,学习时需要注意加以区分。

各种要素耗费核算时要注意划清三个界限:一是要注意划清计入产品成本、期间费用和计入固定资产等其他资产的要素耗费的界限;二是要注意划清直接要素耗费和间接要素耗费的界限;三是要注意划清直接计入费和间接计入费的界限。

要素耗费核算的一般程序为:① 根据耗费的原始凭证,编制各种耗费分配表,并据以编制记账凭证。② 根据各种费用分配表或记账凭证登记各种产品成本明细账。③ 根据记账凭证登记有关成本总账。

### (二) 材料费的核算

材料在产品成本构成中占有重要地位,是耗费要素核算的重要内容之一。材料费的核算主要包括材料发出和材料分配的核算。材料核算不管采用实际成本法还是计划成本法,发出材料最终均应按实际成本计价。耗用的材料根据用途不同可分为直接用于产品生产的直接材料和间接用于产品生产的间接材料,直接材料通常记入"基本生产成本"账户的专设成本项目,间接材料先记入"制造费用"账户,再通过一定的分配程序转入"基本生产成本"总账及所属明细账"制造费用"成本项目。材料按计入产品成本的程序和方式可以分为直接计入材料和间接计入材料,直接计入材料直接计入某种产品的成本,间接计入材料需要采用一定的分配方法分配计入几种产品的成本。材料费常用的分配标准有产品产量、重量、体积、材料定额消耗量和定额成本等,可以根据产品的具体情况选用一种标准按相应的比例分配。

### (三) 职工薪酬的核算

企业为获得职工的服务而给予各种形式的报酬和其他相关支出总称为职工薪酬。职工薪酬的分配要按其用途进行列支,即将企业职工的工资按用途计入本期所生产的各种产品、期间费用或是所购建的固定资产等其他资产的成本。计入产品成本的职工薪酬又可分为直接耗费和间接耗费,直接耗费记入"基本生产成本"或"辅助生产成本"明细账的"直接人工"成本项目,间接耗费先记入"制造费用"账户,再按一定标准分配转入"基本生产成本"账户或"辅助生产成本"账户下的"制造费用"成本项目。基本生产车间只生产一种产品,生产工人工资属于直接计入费,直接记入该产品成本明细账的"直接人工"成本项目。基本生产车间生产多种产品时,如采用计件工资制,生产工人工资属于直接计入费;如采用计时工资制,生产工人工资属于间接计入费,需要按一定的标准分配记入各种产品成本明细账的"直接人工"成本项目。分配生产工人工资费的分配标准通常为产品的实际生产工时或定额生产工时。

**(四) 外购燃料和动力费的核算**

如果外购燃料和动力费在产品成本中所占比重较大,可以在"基本生产成本"或"辅助生产成本"明细账中专设"燃料和动力"成本项目进行核算;如果不专设"燃料和动力"成本项目,则外购燃料和动力费应先记入"制造费用"账户,通过分配记入"基本生产成本"或"辅助生产成本"账户下的"制造费用"成本项目中。

燃料费的分配与材料费的分配程序和方法相同。外购动力通常根据实际使用量在各部门间进行分配。对于基本生产车间生产产品用的外购动力,若只生产一种产品,则直接计入该产品成本;若生产多种产品,则可按各种产品的定额工时或实际工时的比例进行分配。

**(五) 折旧费的核算**

企业经营过程中发生的固定资产折旧应作为折旧费计入产品成本或期间费用。生产产品所用固定资产,虽是直接用于产品生产,但其折旧费一般属于分配工作比较复杂的间接计入费,为简化成本计算工作,没有专门设立成本项目,而是将生产车间的固定资产折旧费一起记入"制造费用"账户,行政管理部门和销售部门的固定资产折旧费,则分别记入"管理费用"和"销售费用"等账户。

**(六) 利息费、税金和其他支出的核算**

这些费用都没有专设成本项目。当费用发生时,按照费用发生的地点和用途,分别记入"制造费用""管理费用""销售费用"等账户。

## 二、背景资料

2014 年 1 月 27 日,财政部发布了修订版《企业会计准则第 9 号——职工薪酬》(财会〔2014〕8 号),并规定自 2014 年 7 月 1 日起在所有执行企业会计准则的企业范围内施行,鼓励在境外上市的企业提前执行,2006 年 2 月 25 日发布的《企业会计准则第 9 号——职工薪酬》同时废止。

新、旧准则最大的不同在于新准则首次提出了离职后福利的概念。离职后福利分为设定提存计划和设定受益计划两种类型。

(1) 设定提存计划,是指向独立的基金缴存固定费用后,企业不再承担进一步支付义务的离职后福利计划。根据新准则,养老保险和失业保险属于设定提存计划,需在"应付职工薪酬——离职后福利"明细账户中核算,而原准则下是在"应付职工薪酬——社会保险费"明细账户中核算。

(2)设定受益计划,是指除设定提存计划以外的离职后福利计划,如企业为职工提供的社会统筹外补充退休金。旧准则没有对此项业务作明确的处理规定,而在新准则中则规范了处理方法。设定受益计划的实施比较麻烦,可能需要精算师确定每期应为职工缴费的金额,会计人员的主要任务是根据精算师精算的结果来计算确定企业每期的年金费用水平,并进行相关的确认和列报。这一变动可能会对很多国有企业或国有控股企业的财务报表产生重大影响。

另外,新准则相比于旧准则的主要变动之处还有:① 对职工和职工薪酬的定义作了更全面的阐述。② 将带薪缺勤、利润分享计划、辞退福利等定义和处理方法由指南和讲解移入准则正文。③ 提出其他长期职工福利的概念和核算方法。长期职工福利是指除短期薪酬、离职后福利、辞退福利之外所有的职工薪酬,包括长期带薪缺勤、长期残疾福利、长期利润分享计划等。符合提存条件的,适用设定提存计划的准则规定,否则按设定受益计划的规定处理。

## 三、复习思考题与练习题

### 复习思考题

1. 材料费如何进行归集和分配?
2. 材料费的分配方法有哪几种?如何进行选用?
3. 发出材料的计价方法有哪几种?各自的优、缺点是什么?
4. 外购动力费如何进行分配?
5. 职工薪酬如何在各种产品之间分配?

### 练 习 题

(一) 单项选择题

1. 为了正确计算材料消耗,对于已领未用材料,应当填制( )办理退料手续。
   A. 领料单　　　　　　　　　B. 限额领料单
   C. 退料单　　　　　　　　　D. 领料登记簿

2. 下列各项中,属于产品成本项目的是( )。
   A. 折旧费　　　　　　　　　B. 税金
   C. 直接人工　　　　　　　　D. 期间费用

3. 直接人工费的分配方法是( )。
   A. 材料定额耗用量比例法　　B. 产品定量比例法
   C. 生产工时比例法　　　　　D. 定额成本计价法

4. 应计入产品成本而不能分清应由哪种产品负担的材料、人工费,应( )。

A. 不计入产品成本

B. 按一定的标准分配计入产品成本

C. 直接计入产品成本

D. 直接冲减本期损益

5. 某职工8月份生产合格品25件,料废品5件,加工失误产生废品2件,计件单价为4元,应付该职工计件工资为(　　)元。

　　A. 100　　　　B. 120　　　　C. 128　　　　D. 108

6. 在几种产品共同耗用几种材料的情况下,下列材料费的分配方法中,通常采用的方法是(　　)。

A. 定额耗用量比例分配法

B. 产品产量比例分配法

C. 产品重量比例分配法

D. 定额成本比例分配法

7. 基本生产车间管理人员的薪酬费,应记入的账户是(　　)账户。

A."基本生产成本"　　　　B."制造费用"

C."销售费用"　　　　　　D."管理费用"

8. 下列各项中,不应计入产品成本的费用是(　　)。

A. 车间厂房折旧费　　　　B. 车间机物料消耗

C. 车船税　　　　　　　　D. 有助于产品形成的辅助材料

9. 在不设"燃料和动力"成本项目的情况下,直接用于产品生产的动力费在发生时,应记入的账户是(　　)账户。

A."制造费用"　　　　　　B."管理费用"

C."销售费用"　　　　　　D."基本生产成本"

10. 核算每个职工的应得计件工资,主要依据(　　)的记录。

A. 工资卡　　　　　　　　B. 考勤

C. 产量工时　　　　　　　D. 工资单

(二) 多项选择题

1. 材料成本差异率的计算,需使用的项目有(　　)。

A. 本月收入材料成本差异

B. 月初结存材料的计划成本

C. 月初结存材料的成本差异

D. 本月收入材料的计划成本

2. 企业发出材料时,可采用的计价方法有(　　)。

A. 先进先出法　　　　　　B. 后进先出法

C. 加权平均法 D. 移动加权平均法

3. 根据《企业会计准则》的规定,下列各项中,属于职工薪酬的有( )。
   A. 企业为职工缴纳的养老保险
   B. 差旅费
   C. 失业保险
   D. 职工福利费

4. 记录生产过程中材料消耗的原始凭证有( )。
   A. 领料单 B. 限额领料单
   C. 退料单 D. 领料登记簿

5. 企业职工的计件工资可能记入( )账户的借方。
   A. "基本生产成本" B. "辅助生产成本"
   C. "制造费用" D. "管理费用"

6. 下列各项中,不属于生产费用要素的有( )。
   A. 外购燃料 B. 提取的应付职工薪酬
   C. 直接人工 D. 制造费用

7. 要素耗费中的税金,必须通过"应交税费"账户核算的税种有( )。
   A. 印花税 B. 房产税
   C. 城镇土地使用税 D. 车船税

8. 计算应付职工薪酬的原始凭证主要有( )。
   A. 考勤簿 B. 产量记录
   C. 工作通知单 D. 工作班产量记录

9. 应计提折旧的固定资产包括( )。
   A. 房屋建筑物 B. 季节性停用的设备
   C. 经营租入的设备 D. 改良期间停用的设备

10. 当企业的材料收发采用计划成本法核算时,下列各项中,正确的有( )。
    A. "材料采购"账户的借方反映采购材料的实际成本
    B. "材料成本差异"账户的贷方反映材料采购成本的节约差异
    C. 材料发出按计划成本计价
    D. "材料成本差异"账户的期末余额可能在借方,也可能在贷方

(三) 判断题

1. 材料成本差异是指材料实际买价与计划价格的差异。 ( )
2. 无论采用计时工资还是计件工资制,人工费的分配相同。 ( )
3. 当企业只生产一种产品时,生产工人工资以及福利费属于直接计入费,直接计入该种产品的成本。 ( )

4. 材料费是产品成本的重要组成部分,因此各部门领用的材料费都应计入产品成本。　　　　　　　　　　　　　　　　　　　　　　　　　(　　)

5. 在计算应付职工的计件工资时,产品的产量是指合格产品数量,而不包括因材料质量不合格造成的废品数量。　　　　　　　　　　　　　　(　　)

6. 耗费按经济内容和经济用途划分的要素耗费和成本项目所包括的内容相同。
(　　)

7. 月末,车间已领用但未用的材料,如果下月生产还需要,应办理"假退料"手续,不能计入本月的生产费用,而增加本月产品成本负担。　　　　　(　　)

8. 在采用计件工资形式下,如果是生产多种产品,则应采用一定的分配标准分配产品生产工人的薪酬费,然后再记入各种产品成本明细账的"直接人工"项目。
(　　)

9. 几种产品共同耗用的材料费,在材料消耗定额比较准确的情况下,可以按照产品的原材料定额消耗量或原材料定额成本比例分配。　　　　　(　　)

10. 用于生产、照明、取暖的动力费,应记入各种产品成本明细账的"燃料和动力"成本项目。　　　　　　　　　　　　　　　　　　　　　　(　　)

(四) 业务题

**【业务题一】**

目的:练习材料费分配方法的运用。

资料:长虹公司生产A、B两种产品,共耗用甲材料4 000千克,单价为5元,共计20 000元。A产品产量为80件,单位消耗定额为50千克;B产品产量为100件,单位消耗定额为60千克。

要求:根据上述资料,采用定额消耗量比例法,计算A、B两种产品应分配的甲材料费。

**【业务题二】**

目的:练习材料费分配方法的运用。

资料:长江公司生产甲、乙两种产品,发生共同材料费176 000元。甲、乙两种产品单位原材料消耗定额分别为10千克和30千克,产量分别为400件和200件。材料的计划单位成本为16元。

要求:根据定额成本比例法分配甲、乙两种产品的材料费。

**【业务题三】**

目的:练习职工薪酬分配方法的运用。

资料:松江公司本月应付工资总额为360 000元,其中:一线生产工人工资为240 000元,车间管理人员工资为40 000元,公司管理人员工资为60 000元,销售人员工资为20 000元。本月生产甲、乙、丙三种产品,其实际工时分别为20 000小时、

15 000小时、5 000小时。本月职工福利费计提比例为14％。

要求：

(1) 采用产品生产工时分配法分配生产工人工资及提取的福利费。

(2) 编制相关的会计分录。

**【业务题四】**

目的：练习外购燃料和动力费的分配。

资料：长虹公司生产甲、乙两种产品。本月以银行存款共支付外购电力费360 000元、外购燃料费7 150元。公司按耗电度数分配电力费，甲、乙两种产品按定额工时分配电费。各车间和部门的电表所计量的用电度数为900 000度。其中：公司管理部门用电20 000度，辅助生产车间用电80 000度，基本生产车间用电800 000度（包括车间一般耗用50 000度）。甲产品本月定额工时为50 000小时，乙产品定额工时为30 000小时。

所购燃料供基本生产车间使用，燃料费按定额燃料费用比例分配，甲产品定额燃料费用为3 000元，乙产品定额燃料费用为2 500元。

要求：

(1) 计算甲、乙产品应分配的外购燃料及动力费。

(2) 编制该月份分配外购燃料及动力费的会计分录。该公司"基本生产成本"账户和"辅助生产成本"账户下均设有"燃料及动力"成本项目。

## 四、案例分析题

某公司生产和销售A和B两种产品。该公司针对两种产品的计划和定额管理工作基础扎实，各项指标的计划完整，产品的各项消耗定额健全；生产车间的原始记录和业务统计工作较为完善；两种产品均设有"直接材料""直接人工""燃料和动力""制造费"四个成本项目；各项费用都属于间接计入费。该生产车间属于技术密集型生产部门，大型、先进设备较多，自动化程度较高。

要求：根据上述资料，请回答下列问题：

(1) 生产工人的薪酬应采用什么标准分配？请说明理由。

(2) "燃料和动力""制造费"应采用什么标准分配？请说明理由。

(3) 直接材料可采用什么标准分配？请说明理由。

# 第五章 辅助生产费的核算

## 一、概要解析

### (一) 辅助生产费的归集

辅助生产费的正确归集,是辅助生产费分配的前提,也是产品成本正确计算的基础。为了正确归集辅助生产费,企业必须设置"辅助生产成本"账户,并且一般应按车间别,以及劳务或产品别设置明细账归集辅助生产车间的耗费。

"辅助生产成本"账户一般按辅助生产车间以及提供的产品或劳务设置明细账,账内按成本项目设专栏,在核算辅助生产费时,如果辅助生产车间不对外提供商品产品,而且在辅助生产车间规模很小、制造费用很少的情况下,辅助生产车间发生的各种耗费直接记入"辅助生产成本"账户及其明细账;相反,则平时就在"辅助生产成本"账户和"制造费用——辅助生产车间"账户分别核算,期末后者再转入"辅助生产成本"账户。

辅助生产车间发生的各项耗费一般包括:

(1) 直接材料。直接材料是指辅助生产车间为提供劳务或产品而直接消耗的各种材料,包括原料及主要材料、辅助材料、外购半成品、修理用备件、包装材料和燃料等。

(2) 直接人工(或职工薪酬)。直接人工(或职工薪酬)是指辅助生产车间直接从事劳务供应或产品生产人员的职工薪酬,包括工资、奖金、津贴和补贴,以及职工福利费等。

(3) 制造费。制造费是指辅助生产车间为组织和管理生产所发生的各项耗费,包括辅助生产车间管理人员的职工薪酬,辅助生产车间厂房、机器设备等固定资产的折旧费、修理费,办公费、水电费、取暖费、租赁费、机物料消耗、财产保险费、低值易耗品摊销、劳动保护费,以及其他制造费。

### (二) 辅助生产费的分配

辅助生产费的分配,就是将归集在"辅助生产成本"账户借方的辅助生产费,采用一定的处理方法进行结转和分配。如果辅助生产车间是生产产品的,如生产工具、模具等,在这些产品完工入库时,其会计处理如同自制存货入库核算。如果辅助生产车间是提供水、电、修理等劳务的,应根据各受益单位的耗用量,在各受益单位间进行分配。

辅助生产费的分配方法主要有直接分配法、交互分配法、顺序分配法、计划成本分配法和代数分配法。

为了正确分配辅助生产费,企业应遵循以下分配原则:

(1) 谁受益谁承担。对于接受辅助生产车间提供的劳务或生产的产品的受益单位,均应负担辅助生产费。其中,凡是能够直接确认受益单位的,应直接计入各受益单位成本中;不能直接确认受益单位的,应按受益比例在各受益单位之间进行分配,受益多的多分配,受益少的少分配。

(2) 方法简便合理。辅助生产费的分配要采用既简便又合理的方法进行。为此,企业应根据辅助生产车间提供劳务的具体情况及其管理上的要求,选择合适的分配方法进行分配,既不能只求分配方法的简单而忽略了分配结果的准确,又不能只求分配结果的准确而致使分配方法过于复杂。

## 二、背景资料

许多国外组织划分为营业部门与辅助部门。营业部门(制造业中亦称生产部门)创造产品或服务中顾客可观察到的价值。辅助部门(亦称服务部门)为组织其他部门(营业部门与其他辅助部门)提供服务。辅助部门的成本分配主要有直接分配法、阶梯分配法和交互分配法三种。

### (一) 直接分配法

直接分配法(direct allocation method)亦称直接法(direct method),是分配辅助部门成本时使用最为广泛的一种方法,它将每个辅助部门的全部成本直接分配给各营业部门。

### (二) 阶梯分配法

阶梯分配法有时亦称分步分配法或顺序分配法。这一方法部分地确认其他辅助部门或本辅助部门服务的使用。这一方法要求按阶梯分配的过程将辅助部门(按顺序)排列。列于第一位的辅助部门的成本分配给其他辅助部门与营业部门。列于第二位的辅助部门的成本分配给那些还未分配成本的辅助部门和营业部门。这一过程将一直进行,直到列于最末一位的辅助部门的成本分配给了营业部门。具体有两种决定辅助部门成本分配顺序的方法:一是按辅助部门向其他辅助部门提供服务的比重进行排列;比重大的辅助部门的成本先分配,比重小的后分配。二是按辅助部门向其他辅助部门提供服务的总金额排列。在阶梯分配法下,一旦一个辅助部门的成本已被分配,那么,再也不会有别的部门的成本分配回来。

### (三) 交互分配法

交互分配法在分配成本时明确了包括所有辅助部门间的相互服务。理论上,当辅助部门间彼此提供服务时,直接分配法与阶梯分配法都不准确。交互分配法使得部门间联系能够被完全纳入成本分配时的考虑之中。交互分配法有三个步骤：步骤一，以线性过程的形式表示辅助部门的成本及相互联系。步骤二，解联立方程以求得每一部门的全部交互成本。步骤三，以使用比例为基础(按向所有部门提供的服务量计算)，将各辅助部门的全部交互成本分配给其他所有部门(包含营业部门与辅助部门)。尽管交互分配法在理论上最为完备，并不被经常使用。然而，当易获得解联立方程组的计算机软件时，采用交互分配法的额外成本是极小的，交互分配法难以被广泛采用的障碍更可能是：① 许多管理人员认为它难以理解。② 用交互分配法得出的数字与用直接分配法或阶梯分配法得出的数字在有些情况下差别很小。

## 三、复习思考题与练习题

### 复习思考题

1. 什么是辅助生产费？辅助生产费包括哪些内容？
2. 如何归集辅助生产费？
3. 辅助生产费的分配有何特点？
4. 辅助生产费的分配方法有哪几种？各种分配方法有什么优缺点？
5. 辅助生产费的分配在采用交互分配法与计划成本分配法时，确定各辅助生产车间实际耗费是否相同？它们有何区别？为什么？
6. 在什么情况下，企业可采用直接分配法分配辅助生产费？
7. 在辅助生产费的分配方法中，哪些方法是进行交互分配的？试比较其与直接分配法的适用性。
8. 你认为在辅助生产费的分配方法中，哪种方法的分配结果最为准确？为什么？
9. 辅助生产车间有哪两种类型？
10. 如何设置辅助生产成本明细账？
11. 辅助生产车间产品完工入库时，如何结转其成本？
12. 辅助生产费在分配时应遵循哪些分配原则？
13. 分配辅助生产费时，如何确定受益程度？
14. 简述各种辅助生产费的分配方法的基本特点。
15. 简述交互分配法的计算程序。
16. 在顺序分配法下，各辅助生产车间辅助生产费分配的顺序是怎样排列的？
17. 试分析顺序分配法下分配结果的正确性。
18. 简述计划成本分配法的分配步骤。
19. 在计划成本分配法下，调整分配时有哪两种方法？
20. 简述代数分配法下建立联立方程式的基本思路。

## 练 习 题

### （一）单项选择题

1. 辅助生产费直接分配法的适用条件是(　　)。
   A. 辅助生产车间相互提供劳务较多　B. 辅助生产车间相互提供劳务不多
   C. 实行会计电算化企业　　　　　　D. 未实行会计电算化企业

2. 采用一次交互分配法,各种辅助生产费分配时(　　)。
   A. 不需要计算耗费分配率　　B. 都要计算一个耗费分配率
   C. 只要计算一个耗费分配率　D. 都要计算两个耗费分配率

3. 在不设置"制造费用——辅助生产车间"明细账的方法下,对于辅助生产车间为组织和管理生产发生的制造费(　　)。
   A. 不予核算
   B. 先记入"制造费用——基本生产车间"账户
   C. 全部记入"辅助生产成本"账户
   D. BC 均可

4. 将辅助生产费直接分配给辅助生产车间以外的各受益单位的分配方法是(　　)。
   A. 直接分配法　　　　B. 顺序分配法
   C. 计划成本分配法　　D. 代数分配法

5. 下列辅助生产费的分配方法中,适宜在各辅助生产车间之间相互受益具有明显差异的企业中采用的是(　　)。
   A. 直接分配法　　B. 顺序分配法
   C. 交互分配法　　D. 代数分配法

6. 采用直接分配法,在计算耗费分配率时,计算公式的分母是(　　)。
   A. 该辅助生产车间提供劳务总量
   B. 该辅助生产车间提供给基本生产车间劳务总量
   C. 该辅助生产车间对外提供劳务总量
   D. 该辅助生产车间提供给其他辅助生产车间劳务总量

7. 采用顺序分配法,排列在后的辅助生产车间的待分配耗费为(　　)。
   A. 该辅助生产车间原发生的耗费
   B. 排列在前的辅助生产车间耗费分配转入数
   C. 该辅助生产车间原发生的耗费扣除排列在前的辅助生产车间耗费分配数
   D. 该辅助生产车间原发生的耗费加上排列在前的辅助生产车间耗费分配转入数

8. 下列有关交互分配法的表述中,不正确的是(　　)。

A. 只进行一次分配　　　　　　B. 交互分配只进行一次

C. 进行两次分配　　　　　　　D. 先进行交互分配再进行对外分配

9. 采用代数分配法分配辅助生产费时,各辅助生产车间的耗费分配率(　　)。

A. 只需要计算一次　　　　　　B. 需要计算两次

C. 需要计算两次以上　　　　　D. 不需要计算

10. 辅助生产车间的产品或劳务主要用于(　　)。

A. 辅助生产车间内部的生产和管理　B. 企业产品的生产和管理

C. 对外销售　　　　　　　　　D. 工程建设

## (二) 多项选择题

1. 发生辅助生产费进行归集时,可能借记的账户有(　　)账户。

A. "辅助生产成本"　　　　　　B. "基本生产成本"

C. "其他业务成本"　　　　　　D. "制造费用"

E. "管理费用"

2. 对于提供运输、修理等劳务发生的辅助生产费,在受益单位之间进行分配时,可能借记的账户有(　　)账户。

A. "辅助生产成本"　　　　　　B. "基本生产成本"

C. "制造费用——基本生产车间"　D. "管理费用"

E. "在建工程"

3. 在辅助生产费的分配方法中,交互分配法的特点有(　　)。

A. 计算结果较直接分配法准确

B. 计算工作量较直接分配法大

C. 与计划成本分配比较,便于分析考核

D. 与直接分配法比较,核算更简便

E. 与直接分配法比较,分配更及时

4. 下列各项中,需要进行交互分配的有(　　)。

A. 交互分配法　　　　　　　　B. 计划成本分配法

C. 直接分配法　　　　　　　　D. 比例分配法

E. 代数分配法

5. 下列各项中,不属于将辅助生产费直接分配给辅助生产车间以外的各受益单位的分配方法的有(　　)。

A. 计划成本分配法　　　　　　B. 代数分配法

C. 直接分配法　　　　　　　　D. 顺序分配法

E. 交互分配法

6. 辅助生产费分配采用计划成本分配法下,如果按计划成本分配的耗费总额为

45 400元,辅助生产车间实际耗费为44 500元,则以下对其差额900元的处理中,正确的有（　　）。

  A. 借记"辅助生产成本"账户900元

  B. 贷记"辅助生产成本"账户900元

  C. 红字贷记"辅助生产成本"账户900元

  D. 借记"管理费用"账户900元

  E. 红字借记"管理费用"账户900元

7. 辅助生产费分配的直接分配法的特点有（　　）。

  A. 耗费分配率只需要计算一次

  B. 待分配耗费总额等于各辅助生产车间发生的耗费总额

  C. 不考虑辅助生产车间之间相互提供劳务或产品

  D. 耗费分配对象是包括辅助生产车间在内的所有受益单位

  E. 耗费分配对象是除辅助生产车间之外的各受益单位

8. 下列有关辅助生产费分配的交互分配法的表述中,不正确的有（　　）。

  A. 耗费分配率需要计算二次

  B. 交互分配只进行一次

  C. 第二次分配时某辅助生产车间的待分配费用一定大于该车间自身发生的耗费

  D. 第二次分配时某辅助生产车间的待分配费用一定等于该车间自身发生的耗费

  E. 第二次分配时某辅助生产车间的待分配费用一定小于该车间自身发生的耗费

9. 下列有关采用顺序分配法分配辅助生产费的表述中,正确的有（　　）。

  A. 各辅助生产车间的耗费只需分配一次即可完成

  B. 各辅助生产车间耗费归集全面

  C. 排列在后的辅助生产车间不负担排列在前的辅助生产车间耗费

  D. 分配结果的正确性受排列顺序的影响

  E. 排列先后顺序取决于受益数量的多少

10. 下列有关辅助生产费分配的代数分配法的表述中,正确的有（　　）。

  A. 需要计算各辅助生产车间的实际单位成本

  B. 辅助生产车间耗费分配率只需计算一次即可完成

  C. 辅助生产车间较多时计算较复杂

  D. 适宜于辅助生产车间不多且相互提供劳务也不多的企业

  E. 必须建立二元一次联立方程

## (三) 判断题

1. 提供水、电的辅助生产车间,在各受益单位之间分配的辅助生产费,是指该辅助生产车间本期发生的耗费。( )

2. 无论企业的辅助生产车间类型如何,都应设置"辅助生产成本"账户进行核算。( )

3. "辅助生产成本"明细账只需按照辅助生产车间分别设置,并且"辅助生产成本"明细账月末均无余额。( )

4. 辅助生产车间和基本生产车间都生产或提供各自的产品或劳务,故两者都必须进行生产成本的归集和分配。( )

5. 辅助生产费在期末时应全部分配计入基本生产成本,构成企业产品成本的一部分。( )

6. 采用直接分配法分配辅助生产费时,应扣除已被其他辅助生产车间耗用产品或劳务的耗用后,直接分配给除辅助生产车间之外的受益单位。( )

7. 采用计划成本分配法分配辅助生产费时,计算出的辅助生产车间实际发生的耗费并非真正"纯粹"的实际耗费。( )

8. 采用代数分配法分配某辅助生产车间发生的耗费时,无论是在辅助生产车间之间的交互分配,还是对辅助生产车间以外的受益单位的分配,均采用同一种分配率进行分配。( )

9. 采用交互分配法分配辅助生产费时,对外分配的辅助生产费应该是交互分配前的耗费加上交互分配时分配转入的耗费。( )

10. 采用计划成本分配法分配辅助生产费时,辅助生产的成本差异为简化处理可以全部计入管理费用。( )

## (四) 业务题

**【业务题一】**

目的:练习辅助生产费分配的直接分配法。

资料:某制造企业辅助生产车间的制造费不通过"制造费用"账户核算。该企业设有运输和机修两个辅助生产车间,相互之间提供劳务数量不多。202×年8月,运输车间耗费19 200元,共提供劳务3 300吨千米(其中:机修车间100吨千米,基本生产车间第一车间1 400吨千米,基本生产车间第二车间1 000吨千米,企业行政管理部门800吨千米);机修车间耗费39 600元,共提供劳务1 618小时(其中:运输车间34小时,基本生产车间第一车间730小时,基本生产车间第二车间600小时,企业行政管理部门254小时)。

要求:根据上述资料,采用直接分配法分配辅助生产费,并编制有关的会计分录。

【业务题二】

目的：练习辅助生产费分配的交互分配法。

资料：某制造企业设有运输和机修两个辅助生产车间，相互之间提供劳务。202×年8月，运输车间发生的生产耗费为 48 000 元，共运输 9 600 吨千米（其中：机修车间 1 600 吨千米，基本生产车间 5 600 吨千米，企业行政管理部门 2 400 吨千米）；机修车间发生的生产耗费为 94 000 元，共修理 4 700 小时（其中：运输车间 700 小时，基本生产车间 2 600 小时，企业行政管理部门 1 400 小时）。辅助生产车间不设置"制造费用"账户。

要求：根据上述资料，采用交互分配法分配辅助生产费，并编制有关的会计分录。

【业务题三】

目的：练习辅助生产费分配的计划成本分配法。

资料：某制造企业有运输和机修两个辅助生产车间，相互之间提供劳务。202×年8月，运输车间发生的生产耗费为 50 400 元，共运输 12 000 吨千米（其中：机修车间 1 000 吨千米，基本生产车间 8 000 吨千米，企业行政管理部门 3 000 吨千米），计划单位成本为 5.50 元；机修车间发生的生产耗费为 126 960 元，共修理 6 000 小时（其中：运输车间 700 小时，基本生产车间 3 500 小时，企业行政管理部门 1 800 小时），计划单位成本为 22 元。辅助生产车间不设置"制造费用"账户，辅助生产成本差异全部计入管理费用。

要求：根据上述资料，采用计划成本分配法分配辅助生产费，并编制有关的会计分录。

【业务题四】

目的：练习辅助生产费分配的代数分配法。

资料：某制造企业设有运输和机修两个辅助生产车间，相互之间提供劳务。202×年8月，运输车间发生的生产耗费为 31 050 元，提供劳务总量为 11 000 吨千米（其中：机修车间 800 吨千米，基本生产车间 6 000 吨千米，企业行政管理部门 4 200 吨千米）；机修车间发生的生产耗费为 98 900 元，共修理 5 000 小时（其中：运输车间 900 小时，基本生产车间 2 400 小时，企业行政管理部门 1 700 小时）。辅助生产车间不设置"制造费用"账户。

要求：采用代数分配法列式计算运输和机修的单位成本，并编制有关的会计分录。

【业务题五】

目的：练习辅助生产费分配的顺序分配法。

资料：某制造企业设有运输和机修两个辅助生产车间，相互之间提供劳务，但运输车间受益相对较少。202×年8月,运输车间发生的生产耗费为34 700元,提供劳务总量为10 000吨千米(其中:机修车间1 000吨千米,基本生产车间5 000吨千米,企业行政管理部门4 000吨千米);机修车间发生的生产耗费为92 000元,共修理4 000小时(其中:运输车间800小时,基本生产车间2 000小时,企业行政管理部门1 200小时)。辅助生产车间不设置"制造费用"账户。

要求:采用顺序分配法分配辅助生产费,并编制有关的会计分录。

### 四、案例分析题

某公司设有供电、供水两个辅助生产车间,相互之间提供劳务,采用交互分配法分配辅助生产费。202×年8月,供电车间发生的生产耗费为52 500元,供电84 000度(其中:供水车间耗用4 000度、甲产品耗用28 800度、乙产品耗用27 600度、基本生产车间第一车间一般耗用5 800度、基本生产车间第二车间一般耗用5 600度、企业行政管理部门耗用12 200度);供水车间发生的生产耗费为15 040元,供水4 700吨(其中:供电车间耗用700吨、甲产品耗用1 500吨、乙产品耗用1 200吨、基本生产车间第一车间一般耗用500吨、基本生产车间第二车间一般耗用300吨、企业行政管理部门耗用5 000吨)。辅助生产车间不设置"制造费用"账户。

如果该公司自202×年10月起将辅助生产费分配方法由交互分配法改为按计划成本分配法(假定供电车间计划单位成本为0.65元/度、供水车间计划单位成本为4元/吨、成本差异额直接转入"管理费用"账户)。

要求:

(1) 分别计算在交互分配法下供电车间和供水车间耗费分配的交互分配率和对外分配率。

(2) 分别计算在计划成本分配法下供电车间和供水车间的成本差异。

(3) 计算上述分配方法的改变影响甲产品、乙产品、各基本生产车间,以及行政管理部门负担各辅助生产车间生产耗费变动(增加或减少)的数额。

# 第六章 制造费的核算

## 一、概要解析

### (一) 制造费的含义及内容

制造费是产品成本的重要组成部分,它是指制造企业各生产车间为生产产品所发生的不能直接计入各成本计算对象的间接生产耗费,以及没有专设成本项目的直接生产耗费。一般来说,制造费是除直接材料和直接人工以外的其余一切生产成本,包括以下三方面内容。

1. 间接用于产品生产的耗费

这部分耗费与产品生产间接相关,如机物料消耗,辅助人员的工资及福利费,车间生产用房屋及建筑物的折旧费、租赁费和保险费,车间照明费、取暖费、运输费、劳动保护费,以及季节性生产和固定资产季节性修理期间的停工损失等。

2. 直接用于产品生产的耗费

这些耗费是指虽然与产品生产直接相关,但管理上不要求或不便于单独核算,因而没有专设成本项目的耗费,如机器设备的折旧费、租赁费和保险费,生产用低值易耗品的摊销和修理费,设计制图费和试验检验费,未专设成本项目的生产用燃料和动力耗费等。

3. 生产车间组织管理生产而发生的耗费

这些耗费虽然具有管理费用的性质,但由于生产车间是企业从事生产活动的单位,它的管理活动与生产关系密切,也作为制造费核算。这些耗费有:车间管理人员工资及福利费,车间管理用房屋和设备的折旧费、租赁费和保险费,车间管理用具摊销,车间管理用的照明费、水费、取暖费、差旅费和办公费等。

归入制造费的内容都属于间接计入耗费,其发生时一般无法直接判定它所归属的成本计算对象,因而不能直接计入所生产的产品成本,而须按耗费发生的地点先行归集,期末(通常为月终)时再采用一定的方法在各成本计算对象间进行分配,计入各成本计算对象的成本。

### (二) 制造费的归集与分配

制造费通过"制造费用"账户进行归集和分配。"制造费用"账户借方归集实际发生的制造费,贷方登记分配转出的制造费。例如,生产车间发生机物料消耗,借记"制造费用"账户,贷记"原材料"账户;发生生产车间管理人员的工资等职工薪酬,借记"制造费用"账户,贷记"应付职工薪酬"账户;生产车间计提固定资产折旧,借记"制造费用"账户,贷记"累计折旧"账户。将制造费用分配计入有关产品成本,借记"生产成本(基本生产成本、辅助生产成本)"账户,贷记"制造费用"账户。制造费分配完成后,"制造费用"账户没有余额(制造费采用计划分配率法分配的除外)。

和其他费用分配一样,制造费分配的关键是选择合适的分配标准,企业应根据各生产车间制造费的特性和生产特点选定恰当的分配标准。制造费的分配标准应具有以下特性:

(1) 共有性,即应承担制造费的产品都具有该分配标准的资料。

(2) 比例性,即分配标准与制造费之间存在客观的因果比例关系,分配标准的数量与制造费总额有较密切的依存关系。

(3) 易得性,即各产品所耗用分配标准的资料较易取得。

(4) 可计量性,即各产品所耗用标准的数量可以客观地进行计量。

(5) 稳定性,即使用的分配标准相对稳定,不宜经常变动。

制造费的分配标准一般有:

(1) 生产工人工时,即各产品所耗的生产工人工时数,可以是实际工时,也可以是定额工时。

(2) 生产工人薪酬,即各产品所耗用的直接人工成本。

(3) 机器工时,即各产品所消耗的机器工时数,可以是实际工时,也可以是定额工时。

(4) 直接材料成本或数量,即各产品所耗用的直接材料成本或数量。

(5) 直接成本,即各产品所耗用的直接材料成本和直接人工成本之和。

此外,制造费还可采用计划分配率法进行分配。年度开始前应按制造费全年预算数和全年预计产量的定额标准,确定计划分配率。采用这种分配方法,无论各月实际发生的制造费为多少,每月各种产品成本中的制造费都按年度计划分配率分配,并需要将所分配的制造费与实际发生的制造费之间的差额在年末进行调整。这种方法的优点是,能及时分配制造费用,尽早提供成本信息,以及解决季节性生产企业制造费负担水平波动的问题。

### 二、背景资料

#### (一) 制造费分配与作业成本法

传统的成本计算方法把产品生产成本分为直接材料、直接人工和制造费三个成本项目,对于除直接材料和直接人工之外的生产耗费都列入制造费统一分配,一般选择一个或几个具有共性的分配标准分配计入产品成本,分配标准主要有生产工人工时、机器工时、生产工人工资、直接材料成本等。在传统成本计算方法形成的时期,产品生产的机械化水平不高,制造费所占比重较小,并且产品生产一般为大量大批生产，在这种情况下，传统成本计算方法较为合理。随着科学技术的发展，单位产品成本中直接材料和直接人工比例下降，制造费则大幅度地上升。20 世纪 70 年代以来，许多企业采用高度自动化的生产技术，以满足客户对个性化强、变化快、品种多、批量小的产品需求。随着自动化技术的产生与发展，生产过程中劳动力的投入逐渐减少，机器设备的投入逐渐增多。因而，制造费占产品生产成本的比例大幅度上升。在这种情况下，要求把成本核算的重点从直接材料和直接人工转移到制造费的合理分配上，以便提高产品成本计算的正确性和成本控制的有效性。

作业成本法（activity-based costing method，ABC method）就是在这种需求下产生的。其理论基础是：产品消耗作业，作业消耗资源并导致成本的发生。作业成本法在成本计算方法上突破了传统方法的束缚，使成本核算深入到作业层面，并且计入产品成本的内容不再局限于生产车间范围内发生的耗费。它以作业为单位归集消耗的资源，并把作业（或称作业成本池）的成本按动因分配到产品。

资源是成本的源泉包括人工、材料、机器设备的消耗、生产维持成本（如后勤、辅助人员工资等间接耗费），以及生产过程以外的成本。作业可以理解为企业生产经营过程中导致资源耗费的一系列基本活动。例如，在生产车间，其作业可包括整理原材料、产品检验、一系列加工作业等，这些作业直接导致资源消耗。为了完成产品，则会导致一系列作业的消耗。作业可以看作是连接产品与资源的纽带，产品是最终的成本计算对象，处于"中介"地位的作业也是成本计算对象。作业与产品之间有着更为紧密和直接的联系。

作业成本计算法的计算程序按两个阶段进行。第一阶段，把作业消耗的资源所含的价值按受益作业的不同分配到各个作业成本池；第二阶段，根据产品消耗作业的情况，把在各作业成本池中归集的成本按照受益产品的不同分配至各产品成本。整个成本计算程序可以概括为：归集、分配和再分配。选用的作业数越多，计算的产品成本相对来说就越准确，但计量成本也越高。

在作业成本计算中涉及的成本动因（即分配标准）有资源动因和作业动因。资源消耗量与作业间的关系称为资源动因，资源动因联系着资源和作业，它把生产耗费分配到作业。作业动因是分配作业成本到产品的标准，反映了产品对作业消耗的关系。

按"作业消耗资源""产品消耗作业"的两个阶段方式的归集步骤和选用成本动因作为分配标准，改变了传统成本计算方法的"大一统"和"简单化"程式。细化了成本的归集与分配程序，使产品成本的计算更为准确和合理。传统成本计算方法直接根据资源消耗计算产品成本，缺少作业这个中间环节，尤其把众多性质不同的耗费归为制造费集中分配，其精确度和合理性显然要大打折扣。

（二）计划分配率法

在采用计划分配率法的情况下，所分配的制造费与实际发生的数额之间总会存在一定的差额,需要对其进行调整。在一般情况下,月末不调整而是逐月累计,到年终时集中调整。调整的方法可以不同。一种方法是按各产品全年已承担的制造费总额的比例进行调整,将全年累计的差额调整计入 12 月产品的生产成本。另一种方法是将前 11 个月累计的差额并入 12 月制造费实际发生额中,然后改用实际分配率进行分配。若季节性生产企业制造费全年实际发生数与分配数的差额,属于为下一年开工生产作准备的,可留待下一年分配。

如果需要提供中期财务报告,需要把"制造费用"账户的余额列于中期资产负债表中。在实施 2006 年颁布的《企业会计准则》之前,"制造费用"账户的借方余额,列入"待摊费用"账户;贷方余额,列入"预提费用"账户。在 2006 年颁布的《企业会计准则》中,取消了"预提费用"和"待摊费用"两个账户。

西方国家在中期报告中对于"制造费用"账户余额的处理,一般有两种方法:一是作为销售成本的调整数,列入利润表;二是作为存货的调整项目或作为递延项目的借项或贷项,列入资产负债表。作为递延项目的借项和贷项就类似于我国原先记入"预提费用"账户和"待摊费用"账户的处理。我国 2006 年颁布的《企业会计准则第 32 号——中期财务报告》第 13 条规定:"企业在会计年度中不均衡发生的费用,应当在发生时予以确认和计量,不应在中期财务报告中预提或者待摊,但在会计年度末允许预提和待摊的除外。"这样处理能防止人为操控利润。"制造费用"账户属于成本类账户,计入制造费的耗费属于产品的生产成本。所分配的制造费与实际发生的制造费的差异,类似于产品的计划成本和实际成本的差异。基于以上因素,可以在编制中期财务报告时,将"制造费用"账户的余额记入存货成本,借方余额调增存货成本,贷方余额调减存货成本。还可以将余额按照报告期间生产和销售的比例,分配调整中期报告的存货成本和销售成本。

## 三、复习思考题与练习题

### 复习思考题

1. 制造费中包含的内容很多,可否将不同的内容归类且不同的类别采用不同的分配标准?
2. 归入制造费的耗费与计入生产成本或计入管理费用的耗费有什么差异?
3. 简述制造费的计划分配率法的特点和适用范围。

### 练 习 题

（一）单项选择题

1. 生产车间用于组织和管理生产的耗费应记入( )账户。

  A. "制造费用"      B. "管理费用"

  C. "基本生产成本"     D. "销售费用"

2. 基本生产车间机器设备的折旧费应记入（　　）账户的借方。
   A. "累计折旧"　　B. "管理费用"　　C. "制造费用"　　D. "基本生产成本"
3. 下列各项中，不属于制造费的是（　　）。
   A. 车间机物料消耗　　　　　　B. 融资租入固定资产的租赁费
   C. 劳动保护费　　　　　　　　D. 季节性停工损失
4. 下列各项中，错误的是（　　）。
   A. 在只生产一种产品的车间中，制造费直接计入产品成本
   B. 制造费应按产品品种开设明细账
   C. 制造费应按车间开设明细账
   D. 制造费应从该账户贷方转至"基本生产成本"账户借方
5. 按机器工时比例分配制造费适用于（　　）。
   A. 季节性生产的车间
   B. 机械化程度较高的车间
   C. 工时定额比较准确的车间
   D. 各种产品生产的机械化程度相差不多的车间
6. 生产多种产品的车间在核算制造费时，下列各项中，既属于直接生产耗费，又属于间接计入耗费的是（　　）。
   A. 产品生产人员的计件工资　　B. 车间管理人员的工资及福利费
   C. 机器设备的折旧费　　　　　D. 直接用于某种产品生产的材料费用

（二）多项选择题

1. 下列各项中，应计入制造费的有（　　）。
   A. 直接生产耗费　　　　　　　B. 直接计入耗费
   C. 间接生产耗费　　　　　　　D. 间接计入耗费
2. 制造费包括（　　）。
   A. 间接用于产品生产的耗费
   B. 直接用于产品生产但没有专设成本项目的耗费
   C. 车间内组织和管理生产的耗费
   D. 企业行政管理耗费
3. 没有专设成本项目的直接生产耗费包括（　　）。
   A. 机器设备的折旧费和保险费
   B. 生产用低值易耗品的摊销和修理费
   C. 设计制图费和试验检验费
   D. 未专设成本项目的生产用燃料和动力耗费
4. 生产车间内（　　）的薪酬应记入"制造费用"账户。

A. 生产人员  B. 技术人员  C. 检验人员  D. 管理人员

5. （　　）账户中归集的是制造企业的产品生产成本。

A. "生产成本"  B. "制造费用"  C. "管理费用"  D. "销售费用"

6. 工业企业制造费的分配可以（　　）。

A. 按车间分别进行分配  B. 在企业范围内统一分配
C. 按班组分别进行分配  D. 在所有车间范围内统一进行分配

### (三) 判断题

1. "制造费用"账户若有余额，只能在借方。（　　）
2. 制造车间发生的机器设备修理费用应记入"制造费用"账户核算。（　　）
3. 制造费按年度计划分配率分配法仅适用于机械化程度较高的季节性生产企业。（　　）
4. 采用计划分配率分配制造费时，"制造费用"账户月末如有借方余额，在编制资产负债表时，应将其列入"存货"项目进行反映。（　　）
5. 采用计划分配率分配制造费时，"制造费用"账户月末如有贷方余额，在编制资产负债表时，应将其列入负债进行反映。（　　）
6. "制造费用"账户属于费用类账户。（　　）
7. 融资租赁费属于制造费。（　　）
8. 制造费应在整个企业范围内集中分配。（　　）
9. "制造费用"账户可按生产车间设置明细账户。（　　）
10. "制造费用"账户属于成本类账户。（　　）

### (四) 业务题

**【业务题一】**

目的：练习年度计划分配率的计算。

资料：某季节性生产企业，按年度计划分配率分配法分配制造费用。预计某年制造费用计划总额为520 000元。全年各种产品的计划产量为：甲产品2 000件，乙产品4 000件。单件产品的工时定额为：甲产品5小时，乙产品4小时。

要求：按定额工时计算制造费用年度计划分配率。

**【业务题二】**

目的：练习制造费的分配。

资料：某企业某基本生产车间生产甲、乙、丙三种产品，202×年10月，三种产品耗用的生产工人工时分别为1 500小时、3 500小时、3 000小时，耗用的机器工时分别为3 200小时、1 100小时、2 700小时。本月该车间共发生制造费28 000元。

要求：

(1) 根据上述资料，分别按生产工人工时比例分配法和机器工时比例法分配制造费。

(2) 分析两种分配方法在该车间的适用性。

**【业务题三】**

目的：练习计划分配率法。

资料：某企业基本生产车间某年制造费用计划发生额为 234 000 元，全年各种产品的计划产量为：甲产品 19 000 件，乙产品 6 000 件，丙产品 8 000 件。单件产品工时定额为：甲产品 5 小时，乙产品 8 小时，丙产品 6.5 小时。当年 12 月实际发生的制造费用为 20 500 元，当月实际产量为：甲产品 1 800 件，乙产品 500 件，丙产品 500 件。当年 1～11 月制造费用实际发生额累计为 225 500 元，累计已分配额为 220 500 元，其中：甲产品已分配 133 200 元，乙产品已分配 43 200 元，丙产品已分配 44 100 元。

要求：

(1) 按年度计划分配率分配 12 月份的制造费用，并计算当年年末追加分配的情况。

(2) 根据计算结果编制会计分录。

**【业务题四】**

目的：练习制造费的分配。

资料：某企业基本生产车间生产甲、乙、丙三种产品。某月发生制造费总额为 161 500 元，甲、乙、丙三种产品该月实际耗费生产工人工时分别为 1 000 小时、400 小时、600 小时。

要求：以生产工人工时为标准分配制造费，并编制相关会计分录。

## 四、案例分析题

甲公司为皮具生产企业，其基本生产车间生产 A、B 两种皮具，A 种皮具主要为熟练的工人手工生产，B 种皮具主要为机器加工生产。本月基本生产车间共发生制造费 280 000 元。根据以往记录，基本生产车间制造费中 60% 为折旧费等与机器设备有关的费用。本月 A、B 两种产品相关耗费和产量资料见表 6-1。

表 6-1　　　　　　　　　相关资料表

| 项　目 | A 产品 | B 产品 |
| --- | --- | --- |
| 直接材料（元） | 58 000 | 82 000 |
| 生产工人工时（小时） | 700 | 300 |
| 机器工时（小时） | 1 000 | 4 000 |
| 产量（件） | 100 | 300 |

要求：采用多种标准分配本月发生的制造费用，比较不同结果之间的差异，分析甲公司基本生产车间最适宜的分配方法。

# 第七章 生产损失的核算

## 一、概要解析

### (一) 生产损失与非生产损失

损失是指制造企业在生产经营过程中发生的无法得到补偿的各种耗费。制造企业发生的损失分为生产损失和非生产损失。生产损失是指在产品生产过程中或生产原因而发生的各种损失。这类损失与产品生产直接相关,应计入产品成本。非生产损失是指企业管理不善、不可抗力或其他原因造成的损失。非生产损失与产品生产无关,不应计入产品成本,而应计入期间费用或营业外支出。根据产生的原因不同,生产损失一般分为废品损失和停工损失。

不同的企业生产损失发生的频率、金额不同,对产品成本的影响程度不同。如果生产损失偶尔发生,金额较小,对生产成本影响不大,则生产损失没有必要单独核算,列入正常成本项目,增加正常成本项目的单位成本;反之,就需要设置相应的账户和成本项目单独核算生产损失。

### (二) 废品与废品损失

废品是指由于生产原因造成的质量不符合规定,不能按照原定用途使用或者需要加工修理后才能使用的在产品、半成品和产成品。废品按其毁损程度和经济上是否有修复价值分为可修复废品和不可修复废品。可修复废品是指技术上可以修复,且所需修复耗费在经济上合算的废品。不可修复废品是指技术上不可以修复或者技术上可以修复但所花费的修复耗费在经济上不合算的废品。

废品损失是指不可修复废品的报废损失和可修复废品在修复过程中产生的超过合格产品正常成本的耗费。具体来说,不可修复废品的报废损失是指不可修复废品的生产成本扣除回收的废品残料价值和应收过失单位或个人赔款后的净损失。可修复废品损失是指可修复废品在返修过程中发生的修复耗费扣除应收过失单位或个人赔款后的损失。

以下三种情况造成的损失不作为废品损失核算:① 可以降价出售的次品,其降价损失没有增加成本,只是减少了收入,在计算销售损益时体现。② 产成品入库后,由于保管不善等原因而损坏变质的损失,是管理原因造成的,应作为管理费用处理。③ 实行包退、包修、包换(三包)的企业在产品出售以后发现的废品,其损失也不作为废品损失处理,可根据实际情况计入销售费用或管理费用。

单独核算废品损失的企业应设置"废品损失"账户,"基本生产成本"明细账中应设置"废品损失"成本项目。"废品损失"账户的借方反映可修复废品的修复耗费以及不可修复废品已经消耗的生产成本;贷方反映不可修复废品回收的残料价值、应收责任方或保险公司的赔款,以及废品净损失的分配结转额。废品损失应分配转由当月同种产品或同类产品负担。废品损失一般全部由当月同种或同类完工产品负担,月末在产品不负担废品损失。分配结转后,"废品损失"账户月末没有余额。

不单独核算生产中废品损失的企业,不需要设置"废品损失"账户和"废品损失"成本项目。不可修复废品报废以前发生的生产成本与合格产品生产成本一起归集核算,不需要将不可修复废品生产成本从合格产品的生产成本中结转出来。可修复废品发生的修复耗费直接归由当月同种产品负担。回收的残料价值和应收赔款直接冲减当月同种产品成本。

(三) 停工损失

停工损失是指生产车间在停工期间发生的各项成本。根据发生的原因不同,停工损失可结转至营业外支出、制造费用或基本生产成本。

需要单独核算停工损失的企业应设置"停工损失"账户,"基本生产成本"明细账中应设置"停工损失"成本项目。"停工损失"账户的借方归集停工期间发生应计入停工损失的各种耗费,贷方登记应收的赔款以及分配结转的停工净损失。自然灾害等不可抗力造成的停工损失,计入营业外支出;计划减产、季节性生产、固定资产季节性修理期间的停工损失,计入制造费用;停电、待料、机器设备发生故障等原因导致的停工损失,作为生产成本的"停工损失"项目,计入产品成本。结转后,"停工损失"账户月末没有余额。但在生产车间发生全月停工的情况下,"停工损失"账户月末有借方余额,待停工结束后再结转,由以后生产的产品负担。

## 二、背景资料

从理论上严格来讲,成本是为了获得某种目的而作出的价值牺牲。如果相关的目的没有达到,则不应该将价值牺牲(即耗费),计入成本。但是在会计实务中,通常核算生产损失,并将生产损失列入产品成本,一个主要的原因是因为生产损失的准确反映,可以引起有关人员重视,进而采取措施尽量降低生产损失。另外,有些生产损失是生产技术逐步完善过程中不可避免的,将其列入产品成本符合成本的含义。在生产损失的处理中,对于停工损失的处理存在争议。

制造企业停工分为计划内停工和计划外停工。计划内停工是因计划减产、季节性生产和固定资产计划性大修理造成的停工;计划外停工是因原材料供应不足、停电、机器设备故障和自然灾害等各种事故或不可预测的因素而造成的停工。停工的时间有长有短,停工的范围从单台机器、整条生产线、一个车间到整个企业不等。

对于停工期间耗费的处理,应按照成本费用和损失的理论含义进行。对于不能带来经济利益流入的计划外停工,停工期间的耗费即为损失,应计入营业外支出。但是进一步分析的话,有观点认为应把管理原因(如原材料供应不足)造成的停工损失,计入管理费用,以突出管理方面的责任。还有观点认为管理原因造成的停工损失主要是生产部门发生的耗费,将其列作管理费用可能会同其他经营管理费用混淆,因此应将其列入产品成本,计入专门的停工损失项目,也能突出管理方面的责任。而对于计划内停工,很大程度上是正常生产过程的组成部分,如固定资产的计划大修理,这种情况下的停工是为了保证生产正常进行必不可少的阶段,因此这种情况下的停工耗费应作为制造费用,计入产品成本,并且可以采用待摊或预提的方式,将其计入正常生产经营期间的制造费用。

对于停工损失核算的空间范围还存在争议。主要争议点集中在停工损失是否应包括停工期间所发生的管理费用等,即:停工损失是停工的生产部门所发生的耗费,还是应包括生产部门停工所导致的其他耗费。目前,停工损失的核算均以停工的生产部门(生产车间或车间内的某个班组)作为核算的空间范围,不包括在此期间行政管理部门发生的相关费用。有观点认为企业生产与经营活动的内在统一性,企业管理部门发生耗费的补偿在很大程度上取决于企业的生产,而且大多数停工也是因管理方面的原因所致,因此,停工期间发生的有关管理费用,实质上已构成了停工损失。

## 三、复习思考题与练习题

### 复习思考题

1. 请解释为什么将生产损失计入产品成本。
2. 说明生产损失包含的内容。

### 练 习 题

**(一) 单项选择题**

1. 计算出来的废品损失应( )。
   A. 分配计入当月同种合格品的成本中
   B. 分配计入当月各种合格品的成本中
   C. 直接计入当月的制造费用
   D. 直接计入当月的管理费用
2. "废品损失"账户月末( )。
   A. 如果有余额,余额一定在贷方　　B. 如果有余额,余额一定在借方
   C. 一定没有余额　　　　　　　　　D. 可能有借方或贷方余额
3. "废品损失"账户核算的内容之一是( )。
   A. 产品销售后的修理费用

B. 生产过程中发现的不可修复废品的生产成本

C. 出售不合格品的降价损失

D. 库存产品因水灾而变质的损失

4. 结转不可修复废品的生产成本时,应编制的会计分录是(　　)。

　　A. 借:废品损失　　　　　　　B. 借:废品损失
　　　　贷:原材料等　　　　　　　　　贷:基本生产成本
　　C. 借:其他应收款　　　　　　D. 借:基本生产成本
　　　　贷:废品损失　　　　　　　　　贷:废品损失

5. 可修复废品的废品损失是指(　　)。

　　A. 返修前发生的原材料费用

　　B. 返修前发生的制造费用

　　C. 返修中发生的修复费用

　　D. 返修前发生的生产费用加上返修后发生的修理费用

**(二) 多项选择题**

1. 下列各项中,应该计入产品成本的停工损失有(　　)。

　　A. 由自然灾害引起的非正常停工损失

　　B. 季节性停工期间的停工损失

　　C. 固定资产修理期间的停工损失

　　D. 非季节性停工损失

2. 企业发生的不可修复废品损失不会使企业(　　)。

　　A. 产品总成本降低　　　　　　B. 产品总成本提高
　　C. 产品单位成本提高　　　　　D. 产品单位成本降低

3. "废品损失"账户应按(　　)设立明细账。

　　A. 产品品种　　B. 废品种类　　C. 车间　　D. 责任人

4. 季节性生产停工期间的停工损失可(　　)。

　　A. 计入制造费用

　　B. 可采用待摊或预提的方法计入开工期间的制造费用

　　C. 计入销售费用

　　D. 计入管理费用

5. "停工损失"账户借方的对应账户可能是(　　)账户。

　　A. "原材料"　　　　　　　　B. "应付职工薪酬"
　　C. "制造费用"　　　　　　　D. "管理费用"

**(三) 判断题**

1. 可修复废品是指经过修理可以使用的废品。　　　　　　　　　　(　　)

第七章　生产损失的核算

2. 废品损失既可作为一个会计账户,又可以作为一个成本项目。　　　(　)
3. 废品损失和停工损失账户月末都没有余额。　　　(　)
4. 某种产品产生废品后,均会使该种产品的总成本提高。　　　(　)
5. 不单独核算废品损失的企业,可修复废品在返修过程中发生的各种费用都计入制造费用。　　　(　)
6. 不可修复废品是指没有办法修理的废品。　　　(　)
7. 产成品入库后,保管不善等原因而损坏变质的损失,应作为废品损失处理。　　　(　)
8. "废品损失"账户应按车间设立明细账,账内按产品品种分设专户,并按费用项目分设专栏或专行进行明细核算。　　　(　)
9. "废品损失"账户是为了归集和分配废品损失而设立的,该账户期末应该有借方余额。　　　(　)
10. 不可修复废品的生产成本,可按废品的实际耗费计算,也可按废品的定额耗费计算。　　　(　)

(四) 业务题

【业务题一】

目的:练习停工损失的核算。

资料:某企业第一基本生产车间生产丙产品。202×年8月,停工期间发生的耗费有:直接人工8 500元,制造费9 500元。

要求:假设因季节性生产停工,请计算停工损失。

【业务题二】

目的:练习废品损失的计算和处理。

资料:某公司各种费用分配表中列示甲产品可修复废品的修复费用为:原材料2 100元,生产工人薪酬1 900元,制造费1 300元。不可修复废品的生产成本按定额成本计价。不可修复废品的定额成本资料为:不可修复废品5件;每件原材料耗费定额100元;每件定额工时20小时。每小时人工薪酬为8元,制造费为5元。可修复废品和不可修复废品的残料价值共250元,作为辅助材料入库;应由过失人赔款200元。废品净损失由当月同种产品成本负担。

要求:

(1) 计算甲产品不可修复废品的生产成本。

(2) 计算甲产品的废品净损失。

【业务题三】

目的:练习不可修复废品损失的核算(按实际成本)。

资料:某生产车间生产乙产品本月投产300件,完工验收入库发现废品8件。

57

乙产品成本明细账所记合格品和废品的全部耗费为：原材料 12 000 元,燃料和动力 10 800 元,职工薪酬 22 500 元,制造费 7 200 元。原材料是生产开始时一次投入。废品残料入库作价 50 元。

要求：计算不可修复废品的生产成本和废品净损失。

**【业务题四】**

目的：练习不可修复废品损失的核算（按定额成本）。

资料：某生产车间本月在丁产品生产过程中发现不可修复废品 10 件,按所耗定额耗费计算不可修复废品的生产成本。单件原材料费用定额为 50 元,已完成的定额工时共计 150 小时,每小时的耗费定额为：燃料和动力 5 元,职工薪酬 18 元,制造费 12 元。不可修复废品的残料作价 800 元以辅助材料入库,应由过失人赔款 500 元。废品净损失由当月同种产品成本负担。

要求：计算不可修复废品的生产成本及废品净损失。

## 四、案例分析题

某服装生产企业,其基本生产车间本月发生如下事项：机器设备例行停工检修两天；由于生产工人操作不慎,发生火灾,事故处理过程中停工 5 天；由于等待原材料供应停工 1 天；由于生产设备故障停工 1 天。

要求：分析基本生产车间在这几次停工过程中的损失应该如何处理？

# 第八章 完工产品成本的计算与结转

## 一、概要解析

### (一) 在产品数量的核算

在产品是指处于生产过程中尚未完工的产品。其具体含义有狭义和广义之分。

狭义的在产品是指某一车间或某一生产步骤正在加工中的零部件、半成品和正在返修的废品。广义的在产品是指从产品整个生产流程来看,尚未最后验收入库的所有在产品、半成品和产成品,包括正在某一车间或步骤正在加工中的零部件和半成品、已经完成一个或几个生产步骤但还需继续加工的半成品、尚未验收入库的产品,以及正在返修或等待返修的废品等。

在产品的数量和完工产品数量之间存在如下关系:

$$月初在产品数量 + 本月投产数量 = 本月完工产品数量 + 月末在产品数量$$

### (二) 生产耗费在完工产品与在产品之间的分配

在实际工作中,生产总耗费在完工产品与在产品之间分配时,企业应根据月末结存在产品数量的多少、月末在产品数量变化的大小、月末在产品价值的大小、在产品成本中各项耗费比重的大小,以及定额管理基础工作的好坏等具体条件,采用适当的方法将生产耗费在完工产品和在产品之间进行分配。生产耗费在完工产品和在产品间分配的具体方法有七种。

1. 在产品不计算成本法

各月末在产品均不负担生产耗费,每月所发生的生产耗费即为当月完工产品成本。

2. 在产品成本固定按年初数计算法

年内各月(1～11月)月末在产品成本都按年初在产品成本计算,固定不变,因此1～11月每月发生的生产耗费即为当月该种完工产品的成本;年末应计算在产品的实际成本,并将算出的年末在产品成本作为下一年度1～11月各月固定的月初和月末在产品成本。

3. 在产品成本按所耗原材料费计算法

月末在产品只负担其所耗用的原材料费,产品的加工费全部由完工产品负担。

4. 在产品成本按定额成本计算法

月末在产品按其定额成本计价,则完工产品成本为本月生产耗费之和减去在产品定额成本。其计算公式如下:

完工产品成本＝月初在产品定额成本＋本月生产耗费－月末在产品成本

其中:月末在产品成本＝月末在产品数量×在产品单位定额成本

5. 在产品成本按完工产品成本计算法

在产品视同完工产品,按两者的数量比例分配原材料费和各项加工费。

6. 约当产量比例法

约当产量比例法是指按照完工产品数量与月末在产品约当产量的比例分配生产耗费,计算完工产品成本与月末在产品成本的方法。其计算公式如下:

在产品约当产量＝在产品数量×在产品投料程度或加工程度

(1) 在产品投料程度的确定。在产品投料程度的确定与生产该产品时原材料的投料方式有关。不同投料方式下在产品投料程度的确定见表 8-1。

表 8-1　　　　　不同投料方式下在产品投料程度的确定

| 投 料 方 式 | 各工序月末在产品投料程度 |
| --- | --- |
| 1. 原材料在生产开始一次投入 | 100% |
| 2. 原材料分阶段在各道工序开始时一次投入 | $\dfrac{\text{至本工序为止的累计材料消耗定额}}{\text{完工产品材料消耗定额}}$ |
| 3. 原材料在生产过程中逐步投入,且与生产工时投入程度基本一致 | 在产品加工程度 |
| 4. 原材料逐步投入,且与生产工时投入程度不一致 | $\dfrac{\text{至上道工序为止的累计材料消耗定额}+\text{本道工序材料消耗定额}\times 50\%}{\text{完工产品材料消耗定额}}$ |

(2) 在产品加工程度的确定。在产品加工程度的确定与产品生产进度的均衡性有关。不同生产进度下在产品加工程度的确定见表 8-2。

约当产量比例法具体运用时有加权平均法和先进先出法两种方法。

加权平均法是指将期初在产品成本和本期生产耗费之和,按本月完工产品数量和月末在产品约当产量的比例进行分配,计算本月完工产品成本和月末在产品成本的方法。

### 第八章 完工产品成本的计算与结转

**表 8-2　　　不同生产进度下在产品加工程度的确定**

| 生 产 进 度 | 各工序月末在产品加工程度 |
|---|---|
| 1. 生产进度较均衡,各工序月末在产品数量相差不多 | 50% |
| 2. 生产进度不均衡,各工序在产品数量相差较大 | $\dfrac{\text{前面各道工序累计工时定额} + \text{本道工序工时定额}}{\text{完工产品工时定额}} \times 50\%$ |

先进先出法是仅将本月发生的生产耗费,按本月完工产品约当量和月末在产品约当量的比例进行分配,而月初在产品成本则全部计入本月完工产品成本之中的方法。此处应注意,本月完工产品中包括了月初在产品的数量。其计算公式如下:

$$\text{本月完工产品约当量} = \text{月初在产品数量} \times (1 - \text{月初在产品完工率}) + \text{本月投产本月完工产品数量}$$

7. 定额比例法

定额比例法是指按完工产品与月末在产品的定额耗用量或定额成本的比例分配生产耗费,计算完工产品成本和月末在产品成本的一种方法。其中,原材料费通常按材料的定额耗用量或定额成本比例分配;对于直接人工、制造费等加工费项目,通常按定额工时或各项定额成本的比例分配。

## 二、背景资料

### (一) 我国与西方国家在计算约当产量时的不同观念

约当产量是由于成本核算的需要,在期末按照产品的完工程度或约当系数折算的观念产出。因为其与产品数量的含义不同,故两者通常并不相等(仅在完工 100% 时两者相等)。

我国约当产量的计算采用的是"产出"观念,即本期的约当产量等于完工转出的产成品实际数量与期末在产品按照完工程度折算成产成品数量的合计数;西方国家企业计算约当产量采用的是"投入"观念,即本期的约当产量等于将期初的在产品按照本期的加工程度折算成产成品的数量,加上本期投产并完工转出的产成品实际数量,再加上期末在产品按照完工程度折算成的产成品数量。虽然不同的方法下约当产量的最终计算结果是一致的,但两者的计算观念存在着明显的不同。用公式"期初在产品数量+本期投产数量=本期完工数量+期末在产品数量"去考察可以发现,我国的"产出"观念侧重于等式右边的综合,而西方国家企业的"投入"观念则侧重于等式左边的分析。

## （二）期初在产品成本对本期完工产品的不同影响

我国企业在进行完工产品成本计算时，较多地采用加权平均法，即不需要将本期成本和期初存货成本加以区分，而是把月初在产品成本和本期发生的生产耗费作为一个整体，按照一定的比例在完工产品和月末在产品之间进行分配。这种做法符合我国传统的整体观，便于理解和计算，对成本核算人员的要求也不高。

而西方国家企业在计算本期完工产成品（半成品）成本的具体操作中更倾向于采用先进先出法，在计算约当产量和单位成本时，对本期和前期成本进行严格区分，它们认为会计期间结束时生产出来的存货是第一个被加工和被转出到下一会计期间的。另外为了便于控制，上一会计期间的数据最好尽快处理掉，不要影响以后的成本计算。而采用传统的加权平均法结转成本，则可能导致以后的会计期间不断受到以前会计期间数据的干扰，不利于单位成本的计算和比较分析。

采用先进先出法，便于考察成本的发生细节，有利于企业成本控制和业绩评价，是一种细节观的体现。但是，先进先出法也存在一个问题，即计算过于精细。另外在连续生产过程中，也无法做到先进先出的正确核算，除非增加大量的统计人员和时间。所以，实际上成本会计师都是采用修正的先进先出法，即将上一步骤转入的在产品视为一个整体，计算出平均单位成本，并以此进行成本的结转。

## （三）我国与西方国家对成本项目的设置不同

我国在成本核算中，通常将制造成本按照产品的价值构成进行详细区分，通过设置"直接材料""直接人工""制造费用"三个项目来体现生产过程中的相关耗费，前两者分别反映可以确定成本归属的材料投入和人员投入，后者则指为生产产品所发生的各种间接费用。

而西方国家普遍仅使用"直接材料"和"加工成本"两个项目来反映生产耗费，其依据是两者在生产过程中的投入方式不同：材料的投入一般是不连续的，通常在生产中的特定时点投入，如开工时投料50%，在生产进行一半时投料30%，完工前投料20%；加工成本（相当于我国直接人工和制造费用的合计数）在生产中的投入可以近似看成均匀的。而计时工资本来就是时间的一次函数，计件工资在大批量生产时，通过边际转换的思想也可以看成时间的一次函数；间接制造费用虽无法明确成本归属，但变动部分以产量为媒介和时间发生着一次线性关系，而且在连续、系列的统一生产中，将固定部分视为时间的直线函数也是无可厚非的。

## 三、复习思考题与练习题

### 复习思考题

1. 在产品的数量核算对计算完工产品成本具有什么意义？

## 第八章 完工产品成本的计算与结转

2. 如果企业采用的成本计算方法是在产品成本固定按年初数计算法,则企业 12 月的完工产品成本与其他月份是否相同? 如果不同,应如何确定 12 月的产品成本?

3. 什么情况下,企业可以采用在产品成本按所耗原材料费计算法计算产品成本?

4. 什么情况下,企业可以采用在产品按完工产品成本计算法计算产品成本?

5. 同一情况下,采用在产品按定额成本计算法和采用定额比例法的计算结果可能会有不同吗? 如果有,分析这种差异产生的原因。

6. 企业应如何确定每月直接材料费的约当产量?

7. 企业应如何确定每月直接人工费和制造费的约当产量?

8. 完工产品和在产品在期末资产负债表上应如何列示?

## 练 习 题

### (一) 单项选择题

1. 在产品按固定成本计价法,适用于( )的产品。
   A. 各月末在产品数量很小
   B. 各月末在产品数量较大
   C. 各月末在产品数量变化较大
   D. 各月末在产品数量虽大,但各月之间变化不大

2. 完工产品与在产品之间分配费用的在产品按所耗原材料费用计价法适用于( )的产品。
   A. 各月末在产品数量较大
   B. 各月末在产品数量变化较大
   C. 原材料费用在产品成本中比重较大
   D. 以上三项条件同时具备

3. 某产品分三道工序生产,且生产进度较为均衡。投料方式是:第一、第二道工序分别均衡投入 50%,第三道工序不投料,假定三道工序期末在产品数量分别为 10 件、30 件、20 件,定额工时分别为 3 小时、5 小时、2 小时,则第二道工序计算材料费的约当量为( )件。
   A. 30.0    B. 25.0    C. 16.5    D. 22.5

4. 甲产品由两道工序组成,采用在产品按定额成本计价法分配计算完工产品和月末在产品费用。各道工序的工时定额为:第一道工序 32 小时,第二道工序 12 小时。第二道工序在产品的累计工时定额为( )小时。
   A. 16    B. 38    C. 44    D. 22

5. 在产品完工率为( )与完工产品工时定额的比率。

A. 所在工序工时定额

B. 所在工序工时定额的一半

C. 所在工序累计工时定额

D. 上道工序累计工时定额与所在工序工时定额一半的合计数

6. 原材料于各道工序开始一次投入的情况下，分配原材料费用的在产品完工率，为原材料的（　　）与完工产品消耗定额的比率。

A. 所在工序消耗定额

B. 所在工序累计消耗定额

C. 所在工序累计消耗定额的一半

D. 上一道工序累计消耗定额与所在工序消耗定额之半的合计数

7. 原材料于各道工序开始一次投入的情况下，各工序月末在产品材料定额成本等于本工序在产品数量乘以（　　），再乘以计划单价。

A. 本工序消耗定额

B. 本工序累计消耗定额

C. 本工序在产品投料程度

D. 上一道工序累计消耗定额与所在工序消耗定额之半的合计数

8. 某产品为生产开始一次投料，某月初其在产品数量为10件，其直接材料成本为3 050元，本月投产200件，发生原材料耗费为40 000元，月末完工产品数量为180件。按先进先出法计算，本月完工产品材料成本为（　　）元。

A. 36 900　　　　B. 37 050　　　　C. 34 000　　　　D. 39 050

9. 某产品为生产开始一次投料，某月初其在产品数量为10件，其直接材料成本为3 050元，本月投产200件，发生原材料耗费为40 000元，月末完工产品数量为180件。按加权平均法计算，本月完工产品材料成本为（　　）元。

A. 36 900　　　　B. 37 050　　　　C. 34 000　　　　D. 39 050

10. 在产品发生盘亏，转销之前应贷记的账户是（　　）账户。

A. "在产品" 　　　　　　　　　B. "待处理财产损溢"

C. "基本生产成本" 　　　　　　D. "自制半成品"

（二）多项选择题

1. 下列各项中，属于广义的在产品的有（　　）。

A. 正在加工中的产品

B. 已加工完一个工序，等待进一步加工的产品

C. 等待验收入库的产品

D. 等待返修的产品

2. 下列各项中，属于生产耗费在完工产品和在产品间分配方法的有（　　）。

A. 约当产量比例法　　　　　　B. 定额比例法
C. 年度计划分配率法　　　　　D. 直接分配法

3. 下列有关在产品按年初固定数计算法的表述中,正确的有(　　)。
   A. 适用于各月在产品数量较少的产品
   B. 适用于各月在产品数量较多但各月间数量变化不大的产品
   C. 1～11月各月在产品成本相等
   D. 全年各月在产品成本相等

4. 下列有关完工率的表述中,正确的有(　　)。
   A. 在生产较均衡的情况下,所有在产品的加工率均可视为50%
   B. 在材料随生产进度均衡投入的情况下,所有在产品的投料率可视为50%
   C. 在材料均衡投入但投料进度与加工进度不一致情况下,某工序投料率为上一道工序累计材料消耗定额与所在工序消耗定额之半的合计数
   D. 在材料均衡投入且投料进度与加工进度一致情况下,某工序投料率等于该工序加工率

5. 在产品成本按完工产品成本计算法适用于(　　)的产品。
   A. 等待验收入库　　　　　　B. 等待返修
   C. 等待包装　　　　　　　　D. 生产开始一次投料

6. 下列有关定额比例法的表述中,正确的有(　　)。
   A. 直接材料费应该按照材料消耗定额的比例分配
   B. 直接人工费和制造费应该按照工时消耗定额的比例分配
   C. 直接材料费应该按照材料定额消耗量的比例或材料定额成本的比例分配
   D. 直接人工费和制造费应该按照定额工时或直接人工、制造费定额成本的比例分配

7. 约当产量比例法适用的情况有(　　)。
   A. 月末在产品数量较大
   B. 各月末在产品数量变化较大
   C. 各月末在产品数量变化较小
   D. 产品成本中原材料费用和工资等加工费用的比重相差不大

8. 在产品成本按定额成本计价法适用的情况有(　　)。
   A. 各项消耗定额比较准确、稳定　　B. 各月末在产品数量较大
   C. 各月末在产品数量变化较大　　　D. 各月末在产品数量变化不大

9. 完工产品与在产品之间分配费用的定额比例法适用于(　　)的产品。
   A. 各项消耗定额比较准确、稳定　　B. 各月末在产品数量较大
   C. 各月末在产品数量变化较大　　　D. 各月末在产品数量变化不大

10. 结转某工序(含最后一道工序),完工产品成本可能借记的账户有( )账户。

　　A."库存商品"　　　　　　　　B."低值易耗品"
　　C."原材料"　　　　　　　　　D."生产成本"

### (三) 判断题

1. 在产品盘盈时,应按盘盈在产品的成本借记"库存商品"账户,贷记"待处理财产损溢"账户。　　　　　　　　　　　　　　　　　　　　　　　　　　( )
2. 各月末的在产品数量变化不大的产品,可以不计算月末在产品成本。　( )
3. 在产品按其所耗原材料费用计价时,在产品所耗其他费用全部由完工产品成本负担。　　　　　　　　　　　　　　　　　　　　　　　　　　　( )
4. 当在产品成本按年初固定数计算时,各月末在产品成本相等,每月发生的生产耗费等于该月完工产品成本。　　　　　　　　　　　　　　　　　　( )
5. 当原材料投料进度与产品加工进度一致时,在产品的投料程度与加工程度相等。　　　　　　　　　　　　　　　　　　　　　　　　　　　　　( )
6. 当原材料于各道工序开始一次投入时,最后一道工序在产品的投料程度为100%。　　　　　　　　　　　　　　　　　　　　　　　　　　　　　　( )
7. 当生产进度较均衡时,所有在产品的加工程度均可按50%计算。　( )
8. 采用约当产量比例法时应将月初在产品成本和本月发生生产耗费之和按完工产品数量和月末在产品约当量的比例在完工产品和在产品间进行分配。　( )
9. 当企业定额管理基础较好,各项定额数据较为准确稳定,各月在产品数量变化较大时,在产品成本应采用按定额成本计算法。　　　　　　　　　　　( )
10. 在产品的日常核算主要是数量核算,主要根据实地盘点的结果,不需要进行日常账簿记录。　　　　　　　　　　　　　　　　　　　　　　　　( )

### (四) 业务题

**【业务题一】**

目的:练习完工产品和在产品的成本计算。

资料:某企业生产轮胎,各月在产品数量较为均匀,基本维持在100只左右,因此完工产品成本的计算采用在产品成本固定按年初数计算法。某年年初的在产品成本为20 000元,当年12月末,在产品数量实地盘点的结果为125只,该批在产品单位定额成本为180元每只。已知12月实际投入的生产耗费为100 000元。

要求:分别计算12月份完工产品和月末在产品的成本。

**【业务题二】**

目的:练习在产品成本按所耗原材料成本计价法的计算。

资料:某企业生产甲产品,原材料在生产开始时一次投入,产品成本中原材料费

## 第八章 完工产品成本的计算与结转

所占比重很大,月末在产品按所耗原材料成本计价,每月对月初在产品和本月投产产品进行随机加工。某月月初在产品成本为5 000元,该月发生生产耗费为:原材料85 000元,直接人工4 200元,制造费用5 600元。该月完工产品1 100件,月末在产品400件。

要求:分配计算当月甲产品的完工产品成本和月末在产品成本。

【业务题三】

目的:练习在产品成本按所耗原材料成本计价法的计算。

资料:某企业生产甲产品,原材料在生产开始时一次投入,产品成本中原材料费所占比重很大,月末在产品按所耗原材料成本计价,某月月初在产品数量为100件,成本为6 000元,且月初在产品在本月全部完工。该月发生生产耗费为原材料92 040元,直接人工4 200元,制造费用5 600元。该月完工产品1 200件,月末在产品316件。

要求:分配计算当月甲产品的完工产品成本和月末在产品成本。

【业务题四】

目的:练习在产品成本按所耗原材料成本计价法的计算。

资料:某企业分三道工序生产甲产品,所耗原材料在各道工序开始时一次投入。各道工序材料消耗定额分别为5千克、3千克、2千克,各道工序工时定额分别为3小时、2小时、1小时,产品成本中原材料费占比重较大,月末在产品按所耗原材料成本计价。某月月初在产品成本为23 608元。该月份发生生产耗费如下:原材料57 320元、直接人工8 000元、制造费10 200元。本月完工产品700件(不区分本月投产和上月转入),各道工序月末在产品的数量分别为90件、60件、50件。

要求:分配计算该甲产品当月完工产品成本和月末在产品成本。

【业务题五】

目的:练习在产品成本按定额成本计算法的计算。

资料:某企业生产甲产品,材料于生产开始时一次投入。成本计算采用在产品成本按定额成本计算法。某月生产耗费合计数为:直接材料费98 000元,加工费153 000元;本月完工产品440件,月末在产品100件,加工程度达50%。单位产品定额直接材料费用为200元,定额加工费率为300元。

要求:

(1) 计算本月所发生的定额总成本。

(2) 计算本月完工产品和月末在产品的成本。

(3) 说明完工产品成本与其定额成本之间的关系。

【业务题六】

目的:练习在产品成本按定额成本计算法的计算。

资料:某企业分三道工序生产甲产品,所耗原材料在各道工序开始时一次投入。

各道工序材料消耗定额分别为5千克、3千克、2千克,材料计划单价为每千克30元;各道工序工时定额分别为6小时、2小时、2小时,每小时加工费率分别为直接人工10元,制造费20元。成本计算采用在产品成本按定额成本计算法。某月月初在产品成本为:原材料13 608元;直接人工13 500元,制造费17 600元;该月发生生产耗费如下:原材料97 320元、直接人工78 000元、制造费89 200元。本月完工产品700件,各道工序月末在产品的数量分别为90件、60件、50件,在产品在每道工序的完工率按50%计算。

要求:计算本月甲产品完工产品成本和月末在产品成本。

**【业务题七】**

目的:练习定额比例法。

资料:某企业分三道工序生产甲产品,所耗原材料在各道工序开始时一次投入。各道工序材料消耗定额分别为5千克、3千克、2千克,材料计划单价为每千克30元;各道工序工时定额分别为6小时、2小时、2小时,每小时加工费率分别为直接人工10元,制造费20元。成本计算采用定额比例法计算。某月月初在产品成本为:原材料45 320元,直接人工5 260元,制造费8 960元;该月发生生产耗费如下:原材料157 000元、直接人工68 000元、制造费79 200元。本月完工产品700件,各道工序月末在产品的数量分别为90件、60件、50件,在产品在每道工序的完工率按50%计算。

要求:采用定额比例法(定额成本的比例),计算本月完工产品和在产品成本。

**【业务题八】**

目的:练习约当产量比例法。

资料:某企业生产甲产品,原材料在生产开始时一次投入,某月月初在产品数量为100件,完工程度为60%。月初在产品成本中直接材料、直接人工、制造费用分别为6 500元、7 300元、5 900元,且月初在产品在本月全部完工。本月发生生产耗费为原材料92 040元,直接人工64 900元,制造费用90 860元。该月完工产品1 200件,月末在产品316件,月末在产品完工程度为50%。

要求:采用约当产量比例法,分配计算本月完工产品成本和月末在产品成本。

**【业务题九】**

目的:练习约当产量比例法。

资料:某企业生产甲产品,原材料随加工过程陆续投入,某月月初在产品数量为100件,完工程度为60%。月初在产品成本中直接材料、直接人工、制造费用分别为5 736元、7 074元、8 274元,本月发生生产耗费为原材料92 040元,直接人工64 900元,制造费用90 860元。该月完工产品1 200件,月末在产品316件,月末在产品完工程度为50%。

要求：采用约当产量比例法，按加权平均法分配计算本月完工产品成本和月末在产品成本。

**【业务题十】**

目的：练习约当产量法。

资料：某企业分三道工序生产甲产品，所耗原材料在各道工序陆续均衡投入。各道工序材料消耗定额分别为5千克、3千克、2千克；各道工序工时定额分别为6小时、2小时、2小时。某月初其在产品成本为：原材料45 320元，直接人工5 260元，制造费8 960元；该月发生生产耗费如下：原材料157 000元、直接人工68 000元、制造费79 200元。某月初其各工序在产品数量分别为50件、30件、20件，本月完工产品700件，各道工序月末在产品的数量分别为90件、60件、50件，在产品在每道工序的完工率按50%计算。

要求：

（1）采用加权平均法，按约当产量的比例分配计算本月完工产品和月末在产品成本。

（2）采用先进先出法，按约当产量的比例分配计算本月完工产品和月末在产品成本。

## 四、案例分析题

**【案例分析题一】**

某企业生产A、B、C、D、E、F六种产品。202×年8月，该企业的具体生产情况如下：

（1）A产品各月末在产品数量很小且生产稳定。本月初在产品成本为0，本月发生生产费用20 000元。

（2）B产品各月末在产品数量较多但各月之间在产品数量变化较小。本月月初在产品成本为3 000元，本月发生生产费用30 000元。

（3）C产品月末在产品已完工，但还没有验收入库。本月完工产品数量为800件，在产品数量为200件，月初在产品成本和本月生产费用之和为20 000元。

（4）D产品各月末在产品数量较大，各月在产品数量变化也较大，但原材料在成本中所占比重较高。已知本月完工产品3 000件，月末在产品1 000件，材料于生产开始一次投入。本月月初在产品成本为8 000元，本月发生生产费用为：直接材料32 000元，直接人工2 000元，制造费用3 000元。

（5）E产品各类消耗定额资料比较准确且各月末在产品数量变化较小。本月月初在产品成本为10 000元，本月发生生产费用50 000元，已经本月完工产品的定额总成本为40 000元，月末在产品定额总成本为15 000元。

(6) F产品各类消耗定额资料比较准确但各月之间月末在产品数量变化较大。本月月初在产品成本为 16 000 元,本月发生生产费用 50 000 元,已知本月完工产品的定额总成本为 40 000 元,月末在产品定额总成本为 20 000 元。

要求:根据已知条件,分别确定 A、B、C、D、E、F 六种产品最适用的完工产品成本计算方法,并按该方法分别计算确定上述六种产品 5 月份的完工产品成本。

【案例分析题二】

某企业某月月末在产品数量为 600 件(其中第一、第二、第三道工序分别为 100 件、200 件、300 件);单位产品材料消耗定额 1 000 元(其中第一、第二、第三道工序分别为 500 元、300 元、200 元);单位产品工时定额 100 小时(其中第一、第二、第三道工序分别为 20 小时、30 小时、50 小时),各工序在产品在本工序的完工程度均为 50%。

要求:

(1) 若原材料在每个工序内按其消耗定额分批均衡投入,计算分配材料费时在产品的约当产量。

(2) 若原材料在每道工序生产开始时一次投入,计算分配材料费时在产品的约当产量。

(3) 计算分配加工费项目时在产品的约当产量。

# 第九章 产品成本计算的品种法

## 一、概要解析

### (一) 成本计算方法的选择

企业成本计算方法的选择主要与企业的生产类型有关,同时受企业管理要求的影响。

工业企业的生产类型按工艺过程分类,可以分为简单生产(即单步骤生产)和复杂生产(即多步骤生产)的企业;按组织特点分类,可以分为大量生产、成批生产和单件生产的企业。

不同类型的生产企业应选择不同的成本计算方法计算产品成本。生产类型对产品成本计算方法的影响主要体现在三个方面,即:成本计算对象、成本计算期、生产耗费在完工产品和在产品之间的分配,此三者又可以理解为构成成本计算方法的要素。同时,企业的成本管理要求也对企业成本计算方法的选择有一定制约。

1. 生产类型和管理要求对成本计算对象的影响

在大量大批单步骤生产的企业和大量大批多步骤生产但管理上不要求分步骤计算产品成本的企业,一般以产品的品种作为成本计算对象;在大量大批多步骤生产并且管理上要求按步骤计算产品成本的企业,一般以各加工步骤的产品作为成本计算对象;在单件小批生产的企业中,一般以客户的订单为依据,结合管理要求按调整后的生产批号作为成本计算对象。

2. 生产类型和管理要求对成本计算期的影响

一般应以会计报告期或产品的生产周期作为产品成本计算期。在大量大批生产的企业,适合以会计报告期(即日历月份)作为产品成本计算期;而在单件小批生产的企业,若产品生产周期较长,则应以产品的生产周期作为成本计算期。

3. 生产类型和管理要求对期末在产品计价的影响

在一般情况下,生产周期很短的单步骤生产不存在在产品计价问题,当月发生的生产耗费即为当月完工产品成本;大量大批多步骤生产则需要采用适当的方法,将产品成本总耗费在完工产品与在产品之间进行划分;单件小批多步骤生产完工时所归集的生产耗费全部为完工产品成本,尚未完工时,全部为在产品成本。

在构成成本计算方法的各要素中,成本计算对象是决定性因素。因此,适应各种类型企业生产的特点和管理的要求,以三种不同的成本计算对象(即品种、步骤、批别)为根据,有三种基本的成本计算方法:品种法、分步法、分批法。此外,产品成本计算还有一些辅助方法,如分类法、定额法。

三种基本成本计算方法的适用范围见表9-1。

表9-1　　　　　三种基本成本计算方法的适用范围

| 产品成本计算方法(对象) | 生产组织 | 工艺过程和管理要求 |
| --- | --- | --- |
| 品种法(品种) | 大量大批生产 | 单步骤生产或管理上不要求分步骤计算成本的多步骤生产企业 |
| 分步法(步骤) | 大量大批生产 | 管理上要求分步骤计算成本的多步骤生产企业 |
| 分批法(批别) | 单件小批生产 | 单步骤生产或管理上不要求分步骤计算成本的多步骤生产企业 |

(二) 品种法

品种法是以产品品种作为成本计算对象,按月定期计算产品成本的一种成本计算方法,它适用于大量大批单步骤生产企业,以及管理上不要求分步骤计算成本的大量大批多步骤生产企业。

在实务中,发电、采掘、供气、铸造等企业,生产糖果的企业,小水泥厂、小砖瓦厂、造纸等企业的成本计算,以及企业内部提供单一劳务的辅助生产车间劳务成本的计算,均可采用品种法进行。

对于大量大批单步骤且生产品种单一的企业,可采用品种法的特例——简单法进行产品成本计算。在该方法下,月末不需要计算在产品成本,本月归集的生产耗费即是本月完工产品总成本,总成本除以产量,即单位成本;且其产品生产成本明细账的项目可以按要素耗费类别来设置。

二、背景资料

制造成本法是目前会计核算中通用的用于计算产品成本的方法。

制造成本法、全部成本法与变动成本法的根本区别在于产品成本构成的不同。制造成本法下产品成本仅包括产品的生产成本,即产品生产中发生的直接费和间接制造费;全部成本法产品成本中除包括产品生产成本外,还包括管理费用、销售费用和财务费用;变动成本法下产品成本中仅包括和产品产量相关的直接材料费、直接人工费和变动性制造费,而不包括和产量无关的固定性制造费。

制造成本法产生于产业革命时期,主要是为了满足激烈市场竞争条件下企业加强成本管理的需要;全部成本法产生于高度计划经济模式下,主要是为了满足国家宏观成本管理的需要;变动成本法产生于科技蓬勃发展的时代,主要为满足企业加强内部管理的需要。

从理论依据来看,制造成本法强调权责发生制和配比原则,其理论依据是配比理论;全部成本法更强调成本的完整性,其理论依据是劳动价值理论;变动成本法强调成本总额与业务量之间的依存关系,其理论依据是成本习性理论。

制造成本法、全部成本法与变动成本法,因为对成本范围的界定不同,因此会影响期末存货计价。同时,从损益的计算来看,因为不管采用什么方法,成本耗费的客观发生额并不受影响,所以不同的成本计算方法并不会改变企业长期的损益,但对于某一具体的会计期间,情况则有所不同。当某期期末存货量少于期初存货量时,变动成本法计算的利润最高,制造成本法次之,全部成本法计算的利润最小;而当期末存货量大于期初存货量时,情况则完全相反,全部成本法利润最大,制造成本法次之,变动成本法最小;只有期末存货量与期初存货量相等时,三种方法计算出的利润才会相等。

从成本信息的应用来看,全部成本法下的成本资料反映了企业生产经营过程中发生的全部耗费,不能直接满足企业生产、销售预测和成本管理的需要;制造成本法的成本资料能直接满足企业经营预测、决策的部分需要,但它把一部分固定制造费用摊入到产品成本中去,无法直接计算边际利润或贡献毛益;变动成本法的产品成本资料只含随业务量变动的变动制造成本,因而能提供与短期决策相关的成本资料,便于进行短期决策和加强生产经营的控制。而在产品定价决策方面,因为制造成本法和变动成本法下的成本不能使生产经营过程中的全部耗费得到补偿,因此这两种方法所计算出的产品成本不能直接作为制定产品价格的依据,作为产品定价直接依据的只能是全部成本法下的成本。

## 三、复习思考题与练习题

### 复习思考题

1. 工业企业的生产一般可以分为哪些类型?
2. 不同生产类型和管理要求如何影响产品成本计算方法?请详细说明。
3. 产品成本计算期应如何确定?
4. 结合不同企业的生产组织、工艺过程和管理要求,思考各种成本计算方法的适用范围。
5. 什么是品种法?如何确定品种法的成本计算对象?
6. 在品种法下,完工产品成本计算的基本程序是什么?

练 习 题

(一) 单项选择题

1. 区分各种成本计算方法的主要标志是(　　)。
   A. 成本计算对象
   B. 成本计算期
   C. 完工产品与在产品间分配耗费的方法
   D. 期末是否对在产品计价

2. 大量大批单步骤生产的企业适合采用的基本成本计算方法是(　　)。
   A. 品种法　　　B. 分批法　　　C. 分步法　　　D. 分类法

3. 大量大批复杂生产而管理上要求按步骤计算成本的企业应采用的基本成本计算方法是(　　)。
   A. 品种法　　　B. 分批法　　　C. 分步法　　　D. 分类法

4. 单件小批多步骤生产的企业应采用的成本计算方法是(　　)。
   A. 品种法　　　B. 分批法　　　C. 分步法　　　D. 分类法

5. 单件小批多步骤生产的企业成本计算周期是(　　)。
   A. 固定按月计算　　　　　B. 按产品生产周期计算
   C. 按年计算　　　　　　　D. 按批别计算

6. 大量大批多步骤生产企业的成本计算周期是(　　)。
   A. 固定按月计算　　　　　B. 按产品生产周期计算
   C. 按年计算　　　　　　　D. 按批别计算

7. 下列企业类型中,可以采用品种法进行成本核算的是(　　)。
   A. 造船企业　　　　　　　B. 重型机器制造企业
   C. 采掘企业　　　　　　　D. 精密仪器制造企业

8. 品种法适用的生产组织是(　　)的企业。
   A. 大量大批生产　　　　　B. 大量成批生产
   C. 大量小批生产　　　　　D. 单件小批生产

9. 划分产品成本计算基本方法和辅助方法的标准是(　　)。
   A. 成本计算工作的繁简　　B. 对成本管理作用的大小
   C. 成本计算是否及时　　　D. 对于计算产品实际成本是否必不可少

10. 生产特点和(　　)对产品成本计算方法的选择具有决定性影响。
    A. 生产组织　　　　　　　B. 工艺过程
    C. 管理要求　　　　　　　D. 产品品种结构

(二) 多项选择题

1. 工业企业的生产按工艺过程可分为(　　)。

A. 大量生产　　B. 成批生产　　C. 复杂生产　　D. 简单生产
2. 工业企业的生产按生产组织特点可分为(　　)。
   A. 大量生产　　B. 成批生产　　C. 单件生产　　D. 简单生产
3. 企业生产类型对成本计算方法的影响主要表现在(　　)。
   A. 成本计算对象　　　　　　B. 成本计算期
   C. 期末在产品计价　　　　　D. 成本的分期核算
4. 在产品成本计算过程中存在的成本计算对象有(　　)。
   A. 产品品种　　　　　　　　B. 产品类型
   C. 产品批别　　　　　　　　D. 产品生产步骤
5. 品种法适用于(　　)。
   A. 大量大批的单步骤生产
   B. 大量大批的多步骤生产
   C. 大量大批管理上不要求分步骤计算成本的多步骤生产
   D. 单件小批,管理上不要求分步骤计算成本的多步骤生产
6. 影响企业成本计算方法的主要因素有(　　)。
   A. 企业的生产特点　　　　　B. 企业生产规模的大小
   C. 企业成本管理的要求　　　D. 月末有没有在产品
7. 品种法的特点包括(　　)。
   A. 成本核算对象是产品品种
   B. 一般定期按月计算产品成本
   C. 如果月末有在产品,要将生产成本在完工产品和在产品之间进行分配
   D. 成本计算期与产品的生产周期基本一致
8. 下列有关品种法的特例——简单法的表述中,正确的有(　　)。
   A. 适用于大量大批单步骤生产企业的产品成本计算
   B. 月末一般不需要计算在产品成本
   C. 每月生产耗费等于当月完工产品成本
   D. 产品生产成本明细账应按"直接材料""直接人工""制造费用"等成本项目进行设置
9. 下列有关品种法的表述中,正确的有(　　)。
   A. 如果企业生产的产品属于多步骤,则应采用品种法计算产品成本
   B. 如果是单步骤大量生产的企业,则应采用品种法计算产品成本
   C. 品种法是指以产品品种作为成本计算对象,归集和分配生产耗费,计算产品成本的一种方法
   D. 在品种法下,一般每月末计算完工产品成本

10. 下列各项中,不能单独使用的成本计算方法有( )。

　　A. 品种法　　　B. 分批法　　　C. 定额法　　　D. 分类法

## (三) 判断题

1. 工业企业生产类型按工艺工程可分为简单生产和复杂生产。　　　　( )
2. 所谓复杂生产,是指生产的难度较高、工人不易掌握的生产。　　　　( )
3. 工业企业生产类型按组织方式可分为大量生产和单件生产。　　　　( )
4. 大量大批多步骤生产的企业往往以产品生产周期作为成本计算期。　( )
5. 多步骤生产的企业应以产品的生产步骤作为成本计算对象。　　　　( )
6. 单件小批多步骤生产的企业应以产品的批别作为成本计算对象。　　( )
7. 不管是简单法还是典型品种法,月末都不需要计算在产品成本。　　　( )
8. 产品的成本计算期主要跟生产的组织方式有关,与产品的工艺过程无关。

　　　　　　　　　　　　　　　　　　　　　　　　　　　　　　　　( )
9. 品种法一般用于计算大量大批单步骤生产的产品成本。　　　　　　( )
10. 产品成本计算的分类法、定额法是可以单独使用的成本计算方法。　( )

## (四) 业务题

**【业务题一】**

目的:练习产品成本计算的品种法。

资料:某企业采用品种法计算产品成本。该企业生产 A、B 两种产品,月末在产品按所耗原材料成本计价。该企业 202×年 8 月初在产品(A 产品)的实际成本为 15 000 元,B 产品无在产品。8 月末经盘点,A 产品尚有在产品负担的原材料 40 000 元, B 产品全部完工。该企业 7 月份发生下列经济业务:

(1) 基本生产车间领用原材料的实际成本为 320 000 元。其中,220 000 元用于 A 产品生产,100 000 元用于 B 产品生产。

(2) 基本生产车间领用低值易耗品,实际成本 50 000 元,该企业低值易耗品采用一次摊销法摊销。

(3) 计算提取固定资产折旧费 200 000 元,其中,车间折旧费 120 000 元,厂部管理部门折旧费 8 000 元。

(4) 应由成本负担的职工薪酬 305 600 元,其中生产工人薪酬 200 000 元(生产 A 产品工人薪酬 150 000 元,B 产品工人薪酬 50 000 元),车间管理人员薪酬 45 600 元, 厂部管理人员薪酬 96 400 元。

已知当月发生的生产工时共 400 小时,其中用于生产 A 产品 300 小时,用于生产 B 产品 100 小时。A、B 两种产品共同发生的耗费按生产工时比例分配。

要求:

(1) 根据上述经济业务,编制会计分录。

## 第九章 产品成本计算的品种法

(2) 分别计算确定 A、B 两种产品完工产品总成本和 A 在产品成本。

**【业务题二】**

目的：练习产品成本计算的典型品种法。

资料：某工业企业设有一个基本生产车间，大量大批生产甲、乙产品，甲、乙产品的生产工艺过程均为多步骤生产，但管理上不要求分步骤计算产品成本，企业另设一辅助生产车间——机修车间为企业内部提供劳务。该企业采用品种法计算产品成本，产品基本生产成本明细账中仅设置"直接材料""直接人工""制造费"三个成本项目，辅助生产车间不设置"制造费"账户，所发生的各项耗费均通过"辅助生产成本"账户进行归集和分配。202×年8月，该企业有关成本核算资料如下：

(1) 月初在产品成本：甲产品17 846.78元（其中：直接材料7 680元、直接人工6 592元、制造费3 574.78元），乙产品12 648.02元（其中：直接材料8 320元、直接人工2 008元、制造费2 320.02元）。

(2) 投入产出情况：期初在产品：甲产品340件、乙产品280件；本期投产：甲产品860件、乙产品720件；本月完工：甲产品800件、乙产品600件；月末在产品：甲产品400件、乙产品400件。

(3) 定额消耗量及工时记录：定额消耗量：甲产品540千克、乙产品460千克；生产工时：甲产品2 480小时、乙产品1 520小时；修理工时：基本生产车间6 000小时、行政管理部门4 000小时。

(4) 各项生产耗费资料：耗用外购材料53 000元（其中：甲产品24 000元、乙产品18 000元、甲、乙产品共同耗用8 000元、基本生产车间一般耗用2 000元、辅助车间耗用1 000元）；职工薪酬82 650元（其中：甲、乙产品共同耗用68 400元、基本车间管理人员耗用4 788元、辅助车间耗用9 462元）；折旧费15 000元（其中：基本生产车间12 000元、辅助生产车间3 000元）；外购动力耗用27 000元（其中：基本生产车间14 200元、辅助生产车间12 800元）；办公费及其他20 000元（其中：基本生产车间15 800元、辅助生产车间4 200元）。

甲、乙产品材料均在生产开始时一次投入，在产品的完工率为50%，甲、乙产品共同耗用的材料按定额消耗量比例分配，基本生产车间生产工人薪酬及车间发生的制造费按产品生产工时比例分配，修理车间耗费按修理工时比例分配。

要求：根据以上业务，分配各项间接费并计算完工产品的总成本和单位成本。

**【业务题三】**

目的：练习品种法。

资料：某厂为大量大批单步骤生产的企业，采用品种法计算产品成本。企业设有一个基本生产车间，生产甲、乙两种产品，还设有一个辅助生产车间——运输车间。该厂202×年8月有关产品成本核算资料如下：

1. 产量资料

该厂产量资料见表 9-2。

表 9-2　　　　　　　　　　　产 量 资 料　　　　　　　　　　单位：件

| 项　目 | 甲 产 品 | 乙 产 品 |
| --- | --- | --- |
| 月初在产品 | 800 | 320 |
| 本月投产 | 7 200 | 3 680 |
| 本月完工 | 6 500 | 3 200 |
| 月末在产品 | 1 500 | 800 |
| 在产品完工率 | 60% | 40% |

2. 月初在产品成本

该厂月初在产品成本见表 9-3。

表 9-3　　　　　　　　　　月初在产品成本　　　　　　　　　单位：元

| 在产品成本 | 直接材料 | 直接人工 | 制造费用 | 合　　计 |
| --- | --- | --- | --- | --- |
| 甲 | 8 090 | 5 860 | 6 810 | 20 760 |
| 乙 | 6 176 | 2 948 | 2 728 | 11 852 |

3. 该月发生生产耗费

(1) 材料费：生产甲产品耗用材料 4 410 元,生产乙产品耗用材料 3 704 元,生产甲、乙产品共同耗用材料 9 000 元（甲产品材料定额耗用量为 3 000 千克,乙产品材料定额耗用量为 1 500 千克）。运输车间耗用材料 900 元,基本生产车间耗用消耗性材料 1 938 元。

(2) 工资费：生产工人工资 10 000 元,运输车间人员工资 800 元,基本生产车间管理人员工资 1 600 元。

(3) 其他耗费：运输车间固定资产折旧费为 200 元,水电费为 160 元,办公费为 40 元。基本生产车间厂房、机器设备折旧费为 5 800 元,水电费为 260 元,办公费为 402 元。

4. 工时记录

甲产品耗用实际工时为 1 800 小时,乙产品耗用实际工时为 2 200 小时。

5. 运输工作量记录

本月运输车间共完成 2 100 千米运输工作量,其中：基本生产车间耗用 2 000 千米,企业管理部门耗用 100 千米。

6. 该厂有关耗费分配方法

甲、乙产品共同耗用材料按定额耗用量比例分配；生产工人工资按甲、乙产品工时比例分配；辅助生产费用按运输公里比例分配；制造费按甲、乙产品工时比例分配；按约当产量法分配计算甲、乙产品完工产品成本和月末在产品成本。甲产品耗用的材料随加工程度陆续投入，乙产品耗用的材料于生产开始时一次投入。

甲、乙产品共同耗用：直接材料 8 090 元、直接人工 5 860 元、制造费 6 810 元。

要求：根据以上资料，计算甲、乙产品完工成本和月末在产品成本。

**【业务题四】**

目的：练习产品成本计算的品种法。

资料：某工业企业设置一个基本生产车间大量大批生产甲产品，完工后的甲产品经验收后在产成品仓库存放。甲产品的生产工艺过程为单步骤生产，月末一般无在产品。企业另设一辅助生产车间——修理车间，为基本生产车间及其他各职能部门提供劳务。本月共生产甲产品 30 000 件。本月有关耗费的实际成本如下：

(1) 耗用的材料：基本生产车间耗用 180 000 元，修理车间耗用 6 000 元，企业管理部门耗用 8 000 元。

(2) 耗用的燃料：基本生产车间耗用 736 000 元，修理车间耗用 2 000 元，企业管理部门耗用 3 400 元。

(3) 耗用的动力：基本生产车间耗用 16 000 元，修理车间耗用 3 000 元，企业管理部门耗用 2 000 元。

(4) 耗用水费：基本生产车间耗用 12 800 元，修理车间耗用 1 080 元，企业管理部门耗用 1 120 元。

(5) 基本生产车间员工薪酬为 128 500 元，企业管理部门人员薪酬为 56 280 元，修理车间人员薪酬为 8 020 元。

(6) 本月折旧计提 57 200 元，其中企业管理部门折旧 18 000 元，修理车间折旧 1 200 元。

(7) 其他费用：企业管理部门办公费用 4 800 元，差旅费用 5 600 元。

(8) 本月修理车间共完成 200 小时修理工作量，其中：基本生产车间耗用 160 小时，企业管理部门耗用 40 小时。

要求：根据以上资料，编制会计分录，计算该工业企业本月完工甲产品的总成本和单位成本。

## 四、案例分析题

小明大学毕业后到某家啤酒生产企业从事成本会计核算工作。该企业生产的啤酒有两种：纯生啤酒和熟啤酒（灌装后经过巴氏消毒即为熟啤，否则为生啤）；所用原材料主要有：麦芽、酒花、酵母和水（水须经过净化处理）；有制麦和酿造两个基本生产车间和一个辅助生产车间——供水车间。因工作需要，小明对企业产品的生产过程进行了细致的观察和分析后，将该企业啤酒生产的工艺流程归结为四个步骤：

（1）制麦过程：选麦→浸麦→发芽→干燥与培焦→除根。

（2）糖化过程：原料的粉碎→糖化（糊化）→麦汁过滤→麦汁煮沸（加酒花）→冷却。

（3）发酵过程：发酵（除酵母）→滤酒。

（4）灌装过程：洗瓶→验瓶→灌酒→杀菌（熟啤）→贴标喷码→装箱入库。

根据掌握的资料，小明认为该啤酒生产企业是典型的分步骤生产，因此将其成本核算方法设计为分步成本计算法，并按制麦工序、糖化工序、发酵工序和灌装工序分别设置基本生产成本明细账进行成本计算。

要求：

（1）关于该啤酒企业的产品成本计算方法和基本生产成本明细账的设置，你是否同意小明的观点？假如不同意，你认为该企业适合采用什么方法计算产品成本？成本计算对象是什么？基本生产成本明细账应如何设置？说出你的理由。

（2）你认为该企业的成本核算程序应如何设计？

# 第十章　产品成本计算的分批法

## 一、概要解析

### (一) 分批法的特点

分批法的特点主要有：①以产品的批别作为成本计算对象。②成本计算期有时与产品生产周期一致，有时与会计报告期一致。③除特殊情况外，通常不需要在完工产品和月末在产品之间分配生产耗费。当产品批量较大，出现跨月陆续完工和分次交货的情况，即特殊情况，还是应当采取适当的方法计算完工产品成本和月末在产品成本。此时，完工产品成本可以按计划成本、定额成本或近期同种产品实际成本确定，总生产耗费扣除转出的完工产品成本，剩余的生产耗费即为在产品成本。此外，也可以按约当产量法在完工产品和在产品之间分配耗费。

### (二) 分批法应用的两个关键点

1. 合理划分产品批别

产品批别通常按订单设定，但也要具体问题具体分析。

(1) 如果一张订单中要求提供多种产品，应按照产品的品种划分成几个产品批别。

(2) 如果一张订单中只规定了一种产品，但这种产品数量较大，不便于集中一次投产或客户要求分批交货，也可以分成数批组织生产，计算产品成本。

(3) 如果一张订单中只规定了一件产品，但这种产品属于复杂的大型产品，价值较大，生产周期较长，可以按产品的组成部分，分别开设产品批号、分批组织生产，计算产品成本。

(4) 如果多张订单中规定有相同的产品，且交货日期也相近，则可以将不同订单中相同的产品合为一批，开设一个产品批号，组织生产，计算产品成本。

2. 生产耗费在完工产品与期末在产品之间的分配

在通常情况下，生产耗费不必在完工产品与在产品之间进行分配，但如果产品批量过大，出现跨月陆续完工和分次交货的情况时，则应采用适当的方法进行分配。

### (三) 简化分批法与一般分批法的区别

简化分批法又称累计分批法，是对间接计入费进行简化处理的一种分批法。在一般分批法下，各期期末所发生的各项间接计入费都要按一定标准在各批产品之间分配，当投产的批数较多，期末未完工产品的批数较多时，分配间接计入费的工作量很大。采用简化分批法,只在有产品完工时,才对完工产品分配计入间接计入费,这样可以减少成本核算的工作量。与一般分批法相比,简化分批法必须设置"基本生产成本"二级账,用来记录各批全部产品的累计生产耗费和相关分配标准(如生产工时)。在"基本生产成本"明细账中,平时只登记该批产品所发生的直接成本(如直接材料)和相关分配标准,当有产品完工时,按累计分配率分配计入间接计入费,月末未完工产品的间接计入费总额保留在"基本生产成本"二级账中不进行分配。

## 二、背景资料

早在2000年,南京大学会计学系课题组对我国企业成本管理方面的情况进行了一次调查,他们发现在调查对象中,有57.1%的企业使用品种法,41.5%的企业使用分步法,只有5.7%的企业采用分批法计算成本。资产规模小于1亿元的企业采用品种法的比例是42.9%,分步法为28.6%,分批法为14.3%,资产规模大于1亿元的企业采用三种方法的比例分别为59.3%、44%和5.1%。我国企业多采用品种法和分步法,应用分批法(订单法)总体较少,中小企业稍高,核算方法的选用表明我国企业的生产较粗放,不够重视消费个性,相应带来成本核算方法选择上的简单化。

随着消费市场的细化和个性化,以及购买者的偏好差异,消费者可以根据需要要求企业设计并生产自己最满意的商品,企业也要按订单进行生产,满足市场需求。在这种趋势下,一条生产线上可能今天生产甲产品,明天生产乙产品;也可能只有几台相同甚至是没有两台完全一样的产品。企业面临未来的小批量多品种的生产方式,已不可避免。企业(特别是中小企业)随着生产经营环境条件的变化趋势而按单生产,选择分批法核算生产成本可能会成为发展方向。

## 三、复习思考题与练习题

### 复习思考题

1. 产品成本计算的分批法的特点和适用范围是什么?
2. 简化分批法的适用范围是什么?与一般分批法相比,它如何进行简化?
3. 试比较分批法和品种法之间的异同点。
4. 如何应用当月分配法分配间接计入费?
5. 在分批法下,何时需要在批内完工产品和在产品之间分配生产耗费?如何分配?

### 练 习 题

(一) 单项选择题

1. 分批法适用于(　　)生产。
    A. 小批　　　　B. 大批　　　　C. 大量　　　　D. 多步骤

2. 采用简化的分批法,在产品完工之前,产品"生产成本"明细账(　　)。

　　A. 不登记任何费用

　　B. 只登记直接计入费(如原材料费)和生产工时

　　C. 登记间接计入费,不登记直接计入费

　　D. 只登记原材料费

3. 在分批法下,(　　)。

　　A. 成本计算期是固定的

　　B. 成本计算期与生产周期均一致

　　C. 每月必须进行生产耗费的核算

　　D. 成本计算期与会计报告期均一致

4. 采用分批法计算产品成本,若是小批生产,出现批内陆续完工的现象,并且批内完工数量较多时,完工产品和月末在产品成本的计算应采用(　　)。

　　A. 计划成本法

　　B. 定额成本法

　　C. 按年初固定数计算的方法

　　D. 约当产量法

5. 在简化分批法下,"基本生产成本"二级账与产品成本明细账无法核对的项目是(　　)。

　　A. 月末在产品直接材料项目的余额

　　B. 月末在产品生产工时项目的余额

　　C. 月末在产品制造费项目的余额

　　D. 完工产品成本合计数

6. 简化分批法的特点主要表现在(　　)。

　　A. 不分批计算在产品成本　　　　B. 不进行间接计入费的分配

　　C. 不分批计算完工产品成本　　　D. 不分批核算原材料费

7. 下列各项中,不宜采用简化的分批法的是(　　)。

　　A. 各月间接计入费水平相差较多

　　B. 各月间接计入费水平相差不多

　　C. 同一月份投产的批数很多

　　D. 投产批数繁多

8. 下列各项中,必须设置"基本生产成本"二级账的是(　　)。

　　A. 简化的品种法　　　　　　　　B. 分类法

　　C. 简化的分批法　　　　　　　　D. 分项结转法

9. 如果在一张订单中规定有几种产品,产品批次应按(　　)划分。

A. 订单  B. 各种产品数量多少
C. 订单或产品品种  D. 产品品种

10. 下列各项中,不宜用分批法计算产品成本的是(　　)。

A. 专用设备的制造  B. 新产品试制
C. 小批单件  D. 供电企业

### (二) 多项选择题

1. 采用分批法时,批别的确定可以为(　　)。

A. 一件产品分数批  B. 一种产品分数批
C. 几种产品为一批  D. 一种产品为一批

2. 在简化分批法下,累计间接计入费分配率是分配(　　)的依据。

A. 各批在产品  B. 各批完工产品
C. 完工批别与月末在产品批别  D. 某批完工产品与月末在产品

3. 分批法适用于(　　)。

A. 小批生产
B. 分批轮番生产同一种产品
C. 新产品的试制
D. 管理上不要求分步计算成本的多步骤生产

4. 分批法和品种法主要区别为(　　)不同。

A. 成本计算对象  B. 成本计算期
C. 产品生产特点  D. 产品生产工艺

5. 采用简化的分批法(　　)。

A. 必须设立"基本生产成本"二级账
B. 不分批计算在产品成本
C. 不分批计算完工产品成本
D. 在产品完工之前,产品成本明细账只登记直接成本和生产工时

6. 分批法成本计算的特点有(　　)。

A. 产品成本计算期不固定
B. 均按月计算产品成本
C. 一般不需要进行完工产品和在产品的成本分配
D. 不以生产批次作为成本计算对象

7. 采用分批法计算产品成本时,如果批内产品跨月陆续完工的情况不多,完工产品数量占全部批量比重很小,先完工的产品可以按(　　)计价从产品成本明细账转出。

A. 计划单位成本  B. 定额单位成本
C. 近期相同产品的实际单位成本  D. 实际单位成本

## 第十章 产品成本计算的分批法

8. 采用累计间接计入费分配法必须具备( )。
   A. 各月间接计入费水平比较均衡
   B. 各月间接费水平相差很大
   C. 月末未完工产品批数较少
   D. 月末未完工产品批数较多

9. 采用简化的分批法,各月( )。
   A. 只计算完工产品成本
   B. 只对完工产品分配间接计入费
   C. 不分批计算在产品成本
   D. 不在每批完工产品与在产品之间分配耗费

10. 在简化分批法下,设置"基本生产成本"二级账的作用有( )。
    A. 按月提供企业或车间全部产品的累计生产耗费和生产工时
    B. 在有完工产品的月份,提供完工产品成本和月末在产品成本
    C. 在有完工产品的月份,计算登记全部产品累计间接计入费分配率
    D. 按月与各批产品成本明细账核对,以确保账簿记录的正确性

(三) 判断题

1. 简化分批法不计算在产品成本。( )
2. 采用简化分批法时,某批完工产品应负担的间接计入费应该等于该批完工产品当月耗用的工时数乘以全部产品累计间接计入费分配率。( )
3. 采用简化分批法,在没有完工产品的月份,各批产品成本明细账中只登记各项间接计入费。( )
4. 简化分批法不须设置"基本生产成本"二级账。( )
5. 分批法的成本计算应定期进行,成本计算期与某批次或订单产品的生产周期也应保持一致。( )
6. 分批法一般是根据用户的订单组织生产的,在一份订单中,即便存在多种产品,也应合为一批组织生产。( )
7. 分批法不需要在完工产品与在产品之间分配耗费。( )
8. 采用分批法计算产品成本,只有在该批产品全部完工时才计算完工成本。( )
9. 如果是单件生产,采用分批法计算产品成本,产品完工前产品成本明细账所记录的生产耗费都是在产品成本。( )
10. 分批法是一种辅助成本计算方法。( )

(四) 业务题

【业务题一】

目的:练习产品成本计算的分批法。

资料：某企业采用分批法计算产品成本。根据客户的要求，小批生产四批产品。四批产品的投产和完工情况如下：

801 批 A 产品 80 件，投产日期为 8 月 5 日，8 月末完工 20 件，9 月末完工 60 件。

802 批 B 产品 50 件，投产日期为 8 月 12 日，9 月末完工 40 件。

803 批 C 产品 40 件，投产日期为 8 月 22 日，9 月末全部完工。

901 批 D 产品 20 件，投产日期为 9 月 12 日，9 月末均未完工。

8 月各批产品发生的各项生产耗费如下：

801 批发生生产耗费 373 000 元（其中：直接材料为 182 400 元，直接人工为 122 300 元，制造费为 68 300 元）；802 批发生生产耗费 12 050 元（其中：直接材料为 8 400 元，直接人工为 1 350 元，制造费为 2 300 元）；803 批发生生产耗费 114 500 元（其中：直接材料为 75 600 元，直接人工为 18 200 元，制造费为 20 700 元）。

9 月各批产品发生各项生产耗费如下：

801 批产品 78 900 元（其中：直接材料为 45 300 元，直接人工为 10 200 元，制造费为 23 400 元）；802 批产品 29 710 元（其中：直接材料为 16 800 元，直接人工为 7 200 元，制造费为 5 710 元）；803 批产品 153 500 元（其中：直接材料为 81 000 元，直接人工为 31 500 元，制造费为 41 000 元）；901 批产品 38 700 元（其中：直接材料为 26 600 元，直接人工为 5 880 元，制造费为 6 220 元）。

8 月完工的 801 批 A 产品 20 件按计划成本转出。单位产品的计划成本为：直接材料 960 元，直接人工 700 元，制造费 400 元。802 批 B 产品的原材料在生产开始时一次性投料，其他耗费按完工产品产量和在产品约当产量比例分配，假设在产品的完工程度为 50%。

要求：计算 9 月完工产品的单位成本和月末在产品成本。

【业务题二】

目的：练习产品成本计算简化的分批法。

资料：某企业属于小批生产，产品批别较多，生产周期较长，每月末经常有大量未完工的产品批数。为了简化核算，采用简化分批法计算成本。

该企业 202× 年 8 月各批产品生产成本的相关资料如下：

(1) 8 月生产批号有：

7720 批号：甲产品 8 件，7 月投产，8 月全部完工。

7721 批号：乙产品 10 件，7 月投产，8 月完工 4 件。

7822 批号：丙产品 5 件，8 月投产，尚未完工。

7323 批号：丁产品 15 件，8 月投产，尚未完工。

7824 批号：戊产品 12 件，8 月投产，尚未完工。

(2) 各批号在生产开始时一次投入的材料耗费和生产工时为：

## 第十章 产品成本计算的分批法

7720批号:7月消耗原材料8 000元,生产工时4 000小时;8月消耗原材料10 000元,生产工时5 020小时。

7721批号:7月消耗原材料4 000元,生产工时1 500小时;8月原材料消耗20 000元,生产工时20 000小时。

7822批号:原材料消耗5 600元,生产工时3 200小时。

7823批号:原材料消耗5 200元,生产工时3 000小时。

7824批号:原材料消耗5 000元,生产工时2 100小时。

(3) 8月末,该厂全部产品累计材料费57 800元,工时38 820小时,直接人工15 528元,制造费23 292元。

(4) 此外,期末完工产品工时总额为23 020小时。其中,7720批号的甲产品全部完工,采用实际工时确定,该批产品全部实际工时为9 020小时;7721批号的乙产品部分完工,采用工时定额计算确定已完工产品的生产工时为14 000小时。

要求:根据上列资料,登记"基本生产成本"二级账和各批产品"生产成本"明细账;计算和登记累计间接计入费分配率;并计算各批完工产品成本。

### 四、案例分析题

某仪器厂是根据客户的订单生产某些专用仪器仪表。产品品种、规格很多,一般很少重复,每月末都有很多批号没有完工。该厂按客户订单归集生产耗费,计算产品成本。202×年8月,该厂生产的订单号有:

8210号:甲产品5件,本月投产,本月全部完工。

8211号:乙产品5件,本月投产,本月完工3件。

8212号:丙产品4件,本月投产,尚未完工。

8213号:丁产品4件,本月投产,尚未完工。

各批号产品8月末累计材料费和生产工时为:

8210号:原材料3 060元,工时1 625小时。

8211号:原材料1 840元,工时375小时。其中,完工3件,工时为240小时;未完工2件,工时为135小时。

8212号:原材料680元,工时1 420小时。

8213号:原材料645元,工时1 060小时。

8月末,该厂全部产品材料费为6 225元,工时为4 480小时,工资及福利费为1 792元,制造费为2 688元。原材料在生产开始时一次投入。

要求:根据上述资料,试回答下列问题:

(1) 根据该厂的生产组织特点,你认为应选择哪种成本计算方法?

(2) 试计算该厂8月份完工产品的总成本和单位成本。

# 第十一章 产品成本计算的分步法

## 一、概要解析

产品成本计算的分步法是既按生产步骤又按产品品种规格计算产品成本的一种成本计算方法。在采用分步法时,由于成本控制及管理要求不同,按照是否计算完工半成品成本来分类,分步法可分为逐步结转分步法和平行结转分步法两类。按照半成品成本在下一步骤成本计算单中反映方式的不同,逐步结转分步法又可分为逐步综合结转分步法和逐步分项结转分步法两种。

### (一) 分步法的基本特征
(1) 以各种产品生产步骤为成本计算对象,设置成本明细账。
(2) 计算产品成本一般是按月定期进行。
(3) 生产费用需要在完工产品与在产品之间进行分配。
(4) 各步骤之间的成本需要结转。

### (二) 逐步结转分步法

1. 逐步结转分步法的特点

(1) 按照产品品种和生产步骤归集耗费并有序地逐步计算完工半成品成本和完工产品成本。

(2) 半成品的成本随着半成品实物的转移而转移,价值转移与实物转移相一致。

(3) 若半成品通过半成品仓库转移,则需要通过专设的"自制半成品"账户进行核算。

(4) 在每期期末,必须有序地将每个步骤各个成本项目的总耗费在本步骤完工半成品(产成品)和狭义在产品之间进行分配。

2. 逐步综合结转分步法

(1) 基本特征。逐步综合结转分步法是在后续步骤的成本明细账中必须设置"自制半成品"综合项目,用来专门登记各该步骤耗用上一步骤半成品的耗费或以前步骤累计转入的耗费。综合结转时,可以按照半成品的实际成本结转,也可以按照半成品的计划成本(或定额成本)结转。

(2) 逐步综合结转下的成本还原。采用逐步综合结转分步法计算产品成本时,

# 第十一章 产品成本计算的分步法

最后步骤计算出的完工产品成本中的"自制半成品"项目,吸收了前几个步骤为产成品发生的全部耗费,而其他成本项目仅仅反映最后一个步骤为产成品所发生的耗费。为了进行产品成本的定额考核和成本分析,就需要将"自制半成品"这个综合项目进行分解和成本还原。成本还原就是将完工产品成本中的"自制半成品"综合项目还原为"直接材料""直接人工""制造费"等原始的成本项目,以恢复成本形成过程的本来面目。

成本还原的基本方法是从最后一个计算步骤起,先将完工产品成本中的"自制半成品"综合项目按照本月上一步骤完工半成品的结构比例依次向前逐步分解,直至成本项目中没有了"自制半成品"综合项目。然后将相同的成本项目相加,就可求得成本还原后的完工产品总成本及单位成本。还原后的总成本一定等于还原前的总成本,所不同的仅仅是改变了成本结构。

按照成本还原的分配标准不同来划分,具体还原计算方法有完工比例法、结构比重法和标准成本还原法三种。

第一,完工比例法。由于各步骤"自制半成品"综合项目都是从前一个计算步骤完工半成品总成本转入的,两者在本月的成本结构是相同的,那么上步骤完工后转入本步骤继续加工的半成品在本步骤已完工的部分,就属于完工产品成本中"自制半成品"的部分,可用其完工的比例分别乘以本月上一步骤完工半成品成本中的各成本项目,就可求得"自制半成品"综合项目的原始成本项目,其计算公式如下:

$$成本还原率 = \frac{本月完工产品成本中某步骤"自制半成品"综合项目的成本}{本月某步骤上一步骤完工半成品总成本}$$

第二,结构比重法。由于"自制半成品"综合项目成本是随着半成品实物的转移而转移,不断从前步骤转入后步骤的,完工产品成本中的"自制半成品"综合成本,就可从后往前,依次按照上一个计算步骤的完工半成品成本的结构比例分解为原始的项目成本。

第三,标准成本还原法。以上两种成本还原方法,由于未考虑以前月份所产半成品成本结构的影响,在各月所产半成品成本结构变动较大的情况下,其计算结果的准确性就较差。如果半成品的定额成本或计划成本比较准确,就可以按半成品的定额成本或计划成本的成本结构比重进行还原,这种方法即为标准成本还原法。

3. 逐步分项结转分步法

逐步分项结转分步法是指随着自制半成品实物的转移,自制半成品成本无论转入下一个计算步骤,还是转入"自制半成品"账户,均以原始的成本项目给予结转的方法。它与逐步综合结转分步法的不同之处在于:从第二个计算步骤开始,每个成本项目均要分设两栏,用来分别专门登记"上步骤转入"和"本步骤发生"两个部分。因为对于月末在产品来说,对同一步骤中同一项目的耗费上步骤转入和本步骤发生的耗费应当负担耗费的程度是不相同的。即上步骤半成品转入的耗费,对本步骤已完工产品(或半成品)与月末在产品来说,受益的程度均为100%,应负担同比例的耗费;而本步骤发生的耗费,对本步骤完工产品(或半成品)来说,受益程度为100%,但对本步骤月末在产品而言,尚未全部投入,就要打一定的折扣。

### (三) 平行结转分步法

平行结转分步法也称不计算半成品成本的分步法。采用这种方法计算成本时,各个计算步骤只归集和分配本步骤发生的耗费,而不计算和登记上步骤半成品转入的耗费,期末将各步骤各项目的总耗费在企业完工产成品和广义在产品之间加以分配。平行加总各步骤应计入完工产品的耗费份额,就是本期完工产品的总成本。

平行结转分步法的计算程序如图11-1所示。

甲产品第一步骤成本计算单

| 项 目 | 直接材料 | 直接工资 | 制造费用 | 合计 |
|---|---|---|---|---|
| 月初在产品成本 | 1 440 | 128 | 192 | 1 760 |
| 本月发生费用 | 3 464 | 364 | 416 | 4 244 |
| 计入产品成本份额 | 2 536 | 262 | 338 | 3 136 |
| 月末在产品成本 | 2 368 | 210 | 270 | 2 848 |

甲产品第二步骤成本计算单

| 项 目 | 直接材料 | 直接工资 | 制造费用 | 合计 |
|---|---|---|---|---|
| 月初在产品成本 |  | 120 | 240 | 360 |
| 本月发生费用 |  | 416 | 308 | 724 |
| 计入产品成本份额 |  | 320 | 328 | 648 |
| 月末在产品成本 |  | 216 | 220 | 436 |

甲产品第三步骤成本计算单

| 项 目 | 直接材料 | 直接工资 | 制造费用 | 合计 |
|---|---|---|---|---|
| 月初在产品成本 |  | 20 | 30 | 50 |
| 本月发生费用 |  | 180 | 250 | 430 |
| 计入产品成本份额 |  | 150 | 210 | 360 |
| 月末在产品成本 |  | 50 | 70 | 120 |

| 项 目 | 直接材料 | 直接工资 | 制造费用 | 合计 |
|---|---|---|---|---|
| 第一步骤 | 2 536 | 262 | 338 | 3 136 |
| 第二步骤 |  | 320 | 328 | 648 |
| 第三步骤 |  | 150 | 210 | 360 |
| 合 计 | 2 536 | 732 | 876 | 4 144 |

图11-1 平行结转分步法的计算程序

平行结转分步法的特点主要表现在以下方面:

(1) 以生产步骤和产品品种设置成本计算单,各步骤明细账中只归集本步骤发生的耗费,而不归集上步骤完工半成品实物转入的耗费。

第十一章　产品成本计算的分步法

(2) 各步骤的半成品成本不随半成品实物的转移而结转,无论半成品是在各生产步骤之间直接转移,还是通过半成品仓库收发,都不通过"自制半成品"账户进行核算。

(3) 期末,将各步骤所归集的本步骤总耗费,分项目分别在企业的最终完工产成品和广义在产品之间加以分配,之后将各步骤完工产成品的份额平行加总即为完工产品总成本。

(4) 期末,广义的在产品包括三部分:其一,尚在本步骤加工的产品(即狭义在产品)。其二,本步骤已完工,暂时滞留在半成品库的半成品。其三,本步骤已完工,但期末正在以后步骤加工或正在返修,尚未最后完工或未经验收合格的半成品、在产品。

## 二、背景资料

平行结转分步法与逐步结转分步法有着各自的优缺点,如何充分发挥两者的优势并摈弃其不足呢?

### (一) 平行结转和逐步结转相结合的分步法

1. 特点

这种方法的特点是各步骤完工半成品按定额成本转入以后步骤,各步骤完工半成品实际成本与定额成本的差异平行结转到产成品成本中。

2. 核算程序

(1) 计算各步骤半成品的实际成本,其计算公式为"各步骤半成品的实际成本＝月初在产品定额成本＋本月实际费用－月末在产品定额成本"。

(2) 各步骤半成品按定额成本结转到下一步骤。

(3) 计算各步骤半成品的成本差异,其计算公式为"各步骤半成品的成本差异＝各步骤半成品的实际成本－半成品的数量×单位定额成本(平行结转给财务部门)"。

这种将平行结转和逐步结转结合起来的分步法适用于冶金、纺织、造纸、化工、水泥和大量大批生产的机械制造等类型的企业。与其他成本计算方法相比,它主要有以下几个方面的优点:其一,有效克服了逐步结转分步法和平行结转分步法的缺陷。由于半成品按定额成本结转给下一步骤,保证了成本计算的及时性,同时,将各步骤定额成本与该步骤成本差异相加,也可计算出各步骤半成品的实际成本。其二,简化了成本核算工作。由于各步骤月末在产品采用定额成本,因而不需要将产品耗费的生产费用在完工产品和在产品之间进行分配,极大地简化了成本核算工作。其三,便于进行成本分析和成本考核。按定额成本结转半成品成本,排除了上步骤成本对本步骤成本的影响,有利于明确责任,加强成本考核。其四,有利于提高成本指标的灵敏度。各步骤成本差异由完工产品来负担,使产品成本与当期生产经营业绩直接挂钩,提高了成本指标的灵敏度。

两种分步法有机结合,可有效地克服平行结转分步法和逐步结转分步法的缺陷,使成本核算具有及时性、简便性、完整性,便于成本考核。当然这种方法也不是十全十美,在特殊条件下,实际成本脱离定额的差异可能会很大,致使各半成品成本的准确性较差,同时成本差异全部交由产成品负担的处理方式,有时也不能尽如人意。不管怎样,这种结合提供了一种新的思路,企业可结合自身实际情况,将各种先进合理的核算方法不断地进行融会贯通,相互取长补短,促使成本核算程序、方法的不断完善。

### (二) 分步法与定额法相结合

在运用分步法计算产品成本时,有的时候实际成本脱离定额的差异可能会很大,导致各半成品成本的准确性较差,而定额法可以弥补分步法的这一缺陷。定额法是为了及时地反映和监督生产耗费和产品成本脱离定额的差异,把产品成本的计划、控制、核算和分析结合在一起,以便加强成本管理而采用的一种成本计算方法。它不仅是一种产品成本的计算方法,同时又是一种对产品成本进行直接控制、管理的方法。这种方法一般适用于企业定额管理制度较健全,而且产品的生产定额、消耗定额比较准确、稳定的企业,由于大批大量生产比较容易具备这些条件,最早应用定额法的就是大量大批的机械制造业。

在日常核算中,定额法的生产耗费及其脱离定额和计划的差异能够及时反映和监督脱离定额(或计划)的差异,可以及时加强成本控制;有利于提高成本的定额管理和计划管理工作的水平,进一步挖掘降低成本的潜力;能够比较合理、简便地解决完工产品和月末在产品之间分配耗费(即分配各种成本差异)的问题。此外,为了充分发挥定额法的作用并简化成本核算工作,采用定额法计算产品成本,还必须具备一定的条件:定额管理制度比较健全,定额管理工作的基础比较好,产品的生产已经定型,消耗定额比较准确、稳定。

### (三) 逐步结转分步法下在产品成本的计算

在逐步结转分步法下,在产品成本通常采用约当产量法分配计算。期初期末在产品均要折合为完工产品的约当产量。期初在产品在本期加工完成的产成品与本期投产本期完工的产成品成本实际上是不同的,是否承认这个区别呢?

若承认这个区别,就要采用在产品成本计算的先进先出法,即把月初在产品在本月加工完成的半成品或产成品与本月投产本月完工的区分开来,分别计算它们的成本。

若不承认这个区别或不需要确认这种区别时,就采用在产品成本计算的平均成本法,即把月初在产品成本加上本月生产费除以完工半成品或产成品与期末在产品约当产量之和。

# 第十一章 产品成本计算的分步法

## 三、复习思考题与练习题

### 复习思考题

1. 对于大量大批多步骤生产类型的企业,计算半成品成本的必要性有哪些?
2. 连续式多步骤生产与装配式多步骤生产类型企业在成本计算上的差异何在?
3. 基于成本控制及管理的要求不同,按照是否计算半成品成本的不同,分步法可分为哪两类计算方法?
4. 按照半成品成本在下一步骤成本计算单中反映方式的不同,逐步结转分步法可分为哪两种方法?
5. 在采用逐步分项结转分步法时,为什么从第二步骤开始的成本计算单中每个成本项目要分设两栏,用于分别登记前步骤转入和本步骤发生的耗费?
6. 采用分步法计算产品成本,是否均需设置和应用"自制半成品"会计账户?
7. 采用分步法计算产品成本,是否均需要进行成本还原?

### 练 习 题

**(一) 单项选择题**

1. 逐步结转分步法与平行结转分步法的最大区别在于(　　)。
   A. 是否分步骤计算产品成本　　B. 是否计算半成品成本
   C. 成本明细账设置的多少　　　D. 半成品实物是否连续结转

2. 逐步综合结转分步法与逐步分项结转分步法的根本区别在于(　　)。
   A. 是否分步骤计算产品成本　　B. 是否计算半成品成本
   C. 是否进行成本还原　　　　　D. 资金与实物是否相一致

3. 采用逐步综合结转分步法,为满足管理上的需要,要进行成本还原,而且成本还原的次数是(　　)。
   A. 计算步骤数加 1　　　　　　B. 计算步骤数加 2
   C. 计算步骤数减 1　　　　　　D. 与计算步骤数一致

4. 采用分步法计算产品成本,在各步骤成本明细账中只登记本步骤所发生的耗费数的方法是(　　)。
   A. 逐步综合结转分步法　　　　B. 逐步分项结转分步法
   C. 平行结转分步法　　　　　　D. 半成品按计划成本结转的分步法

5. 采用(　　)计算产品成本,其总耗费在完工产品与在产品之间分配的在产品,称为广义在产品。
   A. 品种法　　　　　　　　　　B. 平行结转分步法
   C. 逐步结转分步法　　　　　　D. 分批法

6. 在分步法中,在产品的资金耗费按其发生地点登记,资金占用与实物相分离的产品成本计算方法是（　　）。

　　A. 逐步综合结转分步法　　　　B. 平行结转分步法

　　C. 逐步分项结转分步法　　　　D. 半成品按实际成本计价的分步法

7. 连续式多步骤生产的某企业，分四个步骤计算产品成本。采用平行结转分步法计算产品成本。则各步骤、各项目的总耗费在完工产品与在产品之间分配时的完工产品数量是指（　　）的完工数量。

　　A. 第四步骤　　　　　　　　　B. 第三步骤

　　C. 第二步骤　　　　　　　　　D. 第一步骤

8. 假定某企业的生产分三个步骤采用平行结转分步法计算产品成本，月末第一、第二、第三步骤在产品数量分别为 100 件、200 件、300 件，则分配第一步骤各项目总耗费时的广义在产品实物数量为（　　）件。

　　A. 100　　　B. 600　　　C. 500　　　D. 300

9. 假定某企业的生产分三个步骤，采用平行结转分步法计算产品成本，月末第一、第二、第三步骤在产品数量分别为 100 件、200 件、300 件，则分配第二步骤各项目总耗费时的广义在产品实物数量为（　　）件。

　　A. 100　　　B. 600　　　C. 500　　　D. 300

10. 假定某企业的生产分三个步骤，采用平行结转分步法计算产品成本，月末第一、第二、第三步骤在产品数量分别为 100 件、200 件、300 件，则分配第三步骤各项目总耗费时的广义在产品实物数量为（　　）件。

　　A. 100　　　B. 600　　　C. 500　　　D. 300

**（二）多项选择题**

1. 采用分步法计算产品成本时，按照是否计算半成品成本，还可分为（　　）。

　　A. 逐步结转分步法　　　　　　B. 平行结转分步法

　　C. 成本结构比重法　　　　　　D. 标准成本还原法

2. 逐步结转分步法按照半成品在下一步骤反映的方式不同，可分为（　　）。

　　A. 平行结转分步法　　　　　　B. 逐步综合结转分步法

　　C. 逐步分项结转分步法　　　　D. 成本结构比重法

3. 下列各项中，需要设置和应用"自制半成品"账户进行日常核算的有（　　）。

　　A. 平行结转分步法　　　　　　B. 逐步综合结转分步法

　　C. 逐步分项结转分步法　　　　D. 标准成本还原法

4. 采用逐步综合结转分步法时，若半成品按计划成本综合结转，则后续步骤产品成本计算单中的"自制半成品"综合项目，需设置（　　）专栏。

　　A. 计划成本　　　　　　　　　B. 实际成本

　　C. 成本差异　　　　　　　　　D. 数量差异

5. 逐步结转分步法的特点主要表现在( )。
   A. 能够提供各个生产步骤的半成品成本资料
   B. 生产步骤不能同时计算成本,影响成本计算的及时性
   C. 便于为在产品的实物管理和资金管理提供资料
   D. 价值与实物相分离
6. 平行结转分步法的特点主要表现在( )。
   A. 不需要进行成本还原
   B. 各个生产步骤可以同时计算产品成本,加速了成本计算的进度
   C. 在产品价值与实物相分离
   D. 能提供各个生产步骤的半成品成本资料
7. 逐步结转分步法与平行结转分步法的主要区别在于( )。
   A. 成本管理的要求不同         B. 完工产品及在产品的含义不同
   C. 计算步骤反映的耗费范围不同  D. 账户设置和应用不同
8. 逐步综合结转分步法所结转的半成品成本,通常可以分别按( )计价。
   A. 实际成本                  B. 计划成本
   C. 定额成本                  D. 虚拟成本
9. 采用逐步综合结转分步法,若半成品通过仓库收发,则半成品单位成本通常可以采用( )确定单位成本。
   A. 先进先出法                B. 后进先出法
   C. 加权平均法                D. 重置成本法
10. 下列各项中,适宜采用分步法计算产品成本的有( )。
    A. 钢铁冶炼企业              B. 纺织企业
    C. 机械制造企业              D. 发电厂

(三) 判断题
1. 对于大量大批多步骤生产产品的企业,必须采用分步法计算产品成本。( )
2. 采用分步法计算产品成本,均须设置和应用"自制半成品"账户。( )
3. 按计划成本综合结转半成品成本,可以简化和加速半成品成本核算与产品成本的计算工作。( )
4. 所谓成本还原,就是将完工产品成本中的"自制半成品"综合项目,分解还原为原始的成本项目,以恢复成本形成过程的本来面目。( )
5. 在进行成本还原时,若按半成品的定额成本或计划成本进行还原,可以剔除各月因所产半成品成本结构变动较大所带来的影响。( )
6. 平行结转分步法亦称不计算半成品成本的分步法。( )
7. 对于大量大批多步骤连续式生产企业来说,分步法就相当于品种法的多次连

接应用。（　）

8. 平行结转分步法尤其适用于一些大量大批、多步骤装配式生产类型企业的产品成本计算。（　）

9. 采用平行结转分步法计算产品成本，各步骤月末在产品成本真实反映了各步骤在产品实物的实际资金占用额。（　）

10. 凡采用分步法计算产品成本的企业，也可以采用品种法计算产品成本。（　）

(四) 业务题

【业务题一】

目的：练习平行结转分步法下的广义在产品数量的划分。

资料：某企业本月新投产甲产品，该产品连续经过三个步骤制作而成：第一步骤投产 2 000 件，本月完工入半成品库 1 800 件，月末在产品 200 件；第二步骤从半成品库领用 1 700 件，完工入半成品库 1 520 件，月末在产品 180 件；第三步骤从半成品库领用 1 500 件，完工产成品 1 460 件，月末在产品 40 件。

要求：以上述资料，分别计算在采用平行结转分步法下（各步骤总耗费在完工与在产品之间分配采用约当产量比例法），分配三个步骤各项耗费时的广义在产品实物数量。

【业务题二】

目的：练习平行结转分步法的产品成本计算。

资料：某企业属大量大批多步骤生产企业，产品经过两个步骤加工制作（第一步骤完工半成品直接交给第二步骤），采用平行结转分步法计算产品成本。生产耗费在完工产品和在产品之间分配采用定额比例法（直接材料项目采用定额材料比例分配，加工费项目采用定额工时比例分配）。

1. 乙产品定额资料

乙产品定额资料见表 11-1。

表 11-1　　　　　　乙产品定额资料

| 车间份额 | 月初在产品 | | 本月投入 | | 本月产成品(200 件) | | | |
| --- | --- | --- | --- | --- | --- | --- | --- | --- |
| | | | | | 单件定额 | | 总定额 | |
| | 定额材料（元） | 定额工时（小时） | 定额材料（元） | 定额工时（小时） | 材料（元） | 工时（小时） | 材料（元） | 工时（小时） |
| 第一车间 | 21 120 | 9 760 | 12 800 | 5 600 | 100 | 60 | | |
| 第二车间 | | 5 200 | | 13 820 | | 80 | | |
| 合　　计 | 21 120 | 14 960 | 12 800 | 19 420 | 100 | 140 | | |

## 第十一章 产品成本计算的分步法

2. 乙产品第一车间、第二车间产成品成本明细账

乙产品第一车间、第二车间产成品成本明细账见表 11-2 和表 11-3。

表 11-2　　　　　　　　　　**产成品成本明细账**

第一车间　乙产品　　　　　　　　　　　　　　　　　　　　　　金额单位：元

| 摘　　要 | 产成品产量(件) | 直接材料 | | 定额工时(小时) | 加工费 | 成本合计 |
| --- | --- | --- | --- | --- | --- | --- |
| | | 定额 | 实际 | | | |
| 月初在产品 | | | 22 420 | | 19 620 | |
| 本月生产耗费 | | | 14 892 | | 12 636 | |
| 生产耗费总计 | | | | | | |
| 耗费分配率 | | | | | | |
| 产成品成本中本步骤份额 | | | | | | |
| 月末在产品 | | | | | | |

表 11-3　　　　　　　　　　**产成品成本明细账**

第二车间　乙产品　　　　　　　　　　　　　　　　　　　　　　金额单位：元

| 摘　　要 | 产成品产量(件) | 直接材料 | | 定额工时(小时) | 加工费 | 成本合计 |
| --- | --- | --- | --- | --- | --- | --- |
| | | 定额 | 实际 | | | |
| 月初在产品 | | | | | 9 740 | |
| 本月生产耗费 | | | | | 14 986 | |
| 生产耗费总计 | | | | | | |
| 耗费分配率 | | | | | | |
| 产成品成本中本步骤份额 | | | | | | |
| 月末在产品 | | | | | | |

要求：根据有关资料，采用平行结转分步法，登记产品成本明细账，并填制乙产品成本汇总表(表 11-4)。

表 11-4　　　　　　　　　　**乙产品成本汇总表**

202×年×月　　　　　　　　　　　　　　　金额单位：元

| 车间份额 | 产量(件) | 直接材料 | 加工费 | 成本合计 |
| --- | --- | --- | --- | --- |
| 第一车间 | | | | |
| 第二车间 | | | | |
| 合　　计 | | | | |
| 单位成本 | | | | |

【业务题三】

目的：练习大量大批连续装配式生产企业产品成本的计算。

资料：某企业属于大量大批装配式生产企业，第一车间生产 A 零件，第二车间生产 B 零件，第三车间将 A、B 零件各一件组装成甲产品。A 零件耗用的材料是在生产开始时一次投入，B 零件耗用的材料是随着加工进度逐步投入，各车间在产品完工率均为 60%。202×年×月，各车间生产情况见表 11-5。

表 11-5　　　　　　　　　各车间生产情况　　　　　　　　单位：件

| 项　目 | A 零件 | B 零件 | 甲产品 |
| --- | --- | --- | --- |
| 期初在产品 | 600 | 500 | 900 |
| 本期投产 | 2 000 | 3 000 | 2 500 |
| 本期完工转出 | 2 500 | 2 500 | 3 000 |
| 期末在产品 | 100 | 1 000 | 400 |

各车间月初在产品成本见表 11-6。

表 11-6　　　　　　　　　月初在产品成本　　　　　　　　　单位：元

| 车间名称 | 直接材料 | 加工费 | 合　计 |
| --- | --- | --- | --- |
| 第一车间 | 2 480 | 5 000 | 7 480 |
| 第二车间 | 4 200 | 780 | 4 980 |
| 第三车间 |  | 352 | 352 |

各车间本月生产成本见表 11-7。

表 11-7　　　　　　　　　本月生产成本　　　　　　　　　　单位：元

| 车间名称 | 直接材料 | 加工费 | 合　计 |
| --- | --- | --- | --- |
| 第一车间 | 11 520 | 3 650 | 15 170 |
| 第二车间 | 9 176 | 3 120 | 12 296 |
| 第三车间 |  | 2 240 | 2 240 |

要求：根据上述资料，采用平行结转分步法计算各车间应计入产成品成本的份额，并计算完工产品总成本，填制产品成本汇总表(表 11-8)。

| 表11-8 | | 产品成本汇总表 | 完工产量：3 000件 | |
|---|---|---|---|---|
| 产品名称：甲产品 | | 202×年×月 | | 单位：元 |
| 车间名称 | 直接材料 | | 加工费 | 合　计 |
| 第一车间 | | | | |
| 第二车间 | | | | |
| 第三车间 | | | | |
| 合　　计 | | | | |

【业务题四】

目的：练习成本还原中的完工比例法。

资料：某大量大批连续式多步骤生产企业，顺经连续四个步骤生产丙产品(半成品在各步骤之间直接转移)。原材料在生产开始时一次投入，采用逐步综合结转法计算产品成本。

第一步骤完工半成品成本 810 000 元(其中：直接材料 567 000 元，加工费 243 000 元)。

第二步骤完工半成品成本 1 200 000 元(其中：自制半成品 960 000 元，加工费 240 000 元)。

第三步骤完工半成品成本 1 300 000 元(其中：自制半成品 780 000 元，加工费 520 000 元)。

第四步骤完工产成品成本 1 500 000 元(其中：自制半成品 1 170 000 元，加工费 330 000 元)。

要求：采用完工比例法对完工产品总成本进行成本还原，求得按原始项目反映的完工产品总成本，并指出还原后各成本项目的金额(第三次还原，成本还原率小数点后保留8位)。

【业务题五】

目的：练习成本还原中的成本结构比重法。

资料：同[业务题四]。

要求：采用成本结构比重法对完工产品总成本进行成本还原，求得按原始项目反映的完工产品总成本，并指出还原后各成本项目的金额。

## 四、案例分析题

F公司是一家服装生产企业，常年大批量生产甲、乙两种工作服。产品生产过程划分为裁剪、缝纫两个步骤，相应设置裁剪、缝纫两个车间。裁剪车间为缝纫车间提供半成品,经缝纫车间加工最终形成产成品。甲、乙两种产品耗用主要材料(布料)相同,且在生产开始时一次投入。所耗辅助材料(缝纫线和扣子等)由于金额较小,不单独核算材料成本,而直接计入制造费用。

F公司采用平行结转分步法计算产品成本。实际发生生产耗费在各种产品之间的分配方法是:材料费按定额材料耗费比例分配;生产工人薪酬和制造费按实际生产工时比例分配。月末完工产品与在产品之间生产耗费的分配方法是:材料费按定额材料费比例分配;生产工人薪酬和制造费按定额工时比例分配。F公司8月有关成本计算资料如下:

(1) 甲、乙两种产品定额资料见表11-9和表11-10。

表11-9　　　　　　　　　　甲产品定额资料

| 生产车间 | 单件产成品定额 | | 本月(8月份投入) | |
|---|---|---|---|---|
| | 材料费(元) | 工时(小时) | 材料费(元) | 工时(小时) |
| 裁剪车间 | 60 | 1.0 | 150 000 | 1 500 |
| 缝纫车间 | | 2.0 | | 4 000 |
| 合　计 | 60 | 3.0 | 150 000 | 5 500 |

表11-10　　　　　　　　　　乙产品定额资料

| 生产车间 | 单件产成品定额 | | 本月(8月份投入) | |
|---|---|---|---|---|
| | 材料费(元) | 工时(小时) | 材料费(元) | 工时(小时) |
| 裁剪车间 | 80 | 0.5 | 100 000 | 500 |
| 缝纫车间 | | 1.5 | | 2 500 |
| 合　计 | 80 | 2.0 | 100 000 | 3 000 |

(2) 8月甲产品实际完工入库产成品2 000套。

(3) 8月裁剪车间、缝纫车间实际发生的原材料费、生产工时数量和生产工人薪酬、制造费见表11-11和表11-12。

表11-11　　　　8月裁剪车间实际耗用生产工时和生产费

| 产品名称 | 材料费(元) | 生产工时(小时) | 生产工人薪酬(元) | 制造费(元) |
|---|---|---|---|---|
| 甲产品 | | 1 600 | | |
| 乙产品 | | 800 | | |
| 合　计 | 280 000 | 2 400 | 30 000 | 120 000 |

表 11-13    8 月缝纫车间实际耗用生产工时和生产费

| 产品名称 | 材料费(元) | 生产工时(小时) | 生产工人薪酬(元) | 制造费(元) |
|---|---|---|---|---|
| 甲产品 | | 4 200 | | |
| 乙产品 | | 2 800 | | |
| 合计 | | 7 000 | 140 000 | 350 000 |

（4）裁剪车间和缝纫车间甲产品的期初在产品成本见表 11-13。

表 11-13    甲产品的期初在产品成本

| 项目 | 车间 | 直接材料（元） | 定额工时（小时） | 直接人工（元） | 制造费（元） | 合计(元) |
|---|---|---|---|---|---|---|
| 月初在产品成本 | 裁剪车间 | 30 000 | 2 000 | 18 500 | 60 000 | 108 500 |
| | 缝纫车间 | | 800 | 7 200 | 15 600 | 22 800 |

要求：

（1）将裁剪车间和缝纫车间 8 月实际发生的材料费、生产工人薪酬和制造费在甲、乙两种产品之间分配。

（2）编制裁剪车间和缝纫车间的甲产品成本计算单。计算甲产品完工成本和在产品成本。

（3）编制甲产品的成本汇总计算表。

# 第十二章　产品成本计算的分类法

## 一、概要解析

### (一) 分类法的内涵和计算程序

1. 分类法的内涵

简单地说,分类法就是把类别作为品种,按品种法计算出类别成本后,再按一定的方法,在每类产品的各种产品之间分配耗费,计算出类内各种产品的成本。因此,分类法不是一种独立的成本计算方法,它与企业生产类型也无关。

2. 分类法的计算程序

(1) 正确划分产品类别。

(2) 以类别为产品成本计算对象,正确归集生产耗费。

(3) 各类完工产品与月末在产品成本的计算与分配。

(4) 采用适当的分配标准和方法将各类完工产品总成本在类内各种产品之间进行分配,计算出类内各种完工产品成本。

### (二) 联产品、副产品和等级产品的成本计算

1. 联产品的成本计算

联产品是使用相同的原材料,经过同一生产过程生产出具有同等地位的两种或两种以上的主要产品。分离点之前的成本,被称为联合成本,联合成本需要采用一定的方法在联产品之间进行分配。常用的分配方法有系数分配法、实物量分配法、销售价值分配法和净实现价值分配法。

2. 副产品的成本计算

副产品是使用相同的原材料,在生产主要产品的过程中附带生产出来的非主要产品。副产品是否分担分离前的联合成本,要视副产品价值的高低而定。如果副产品分担联合成本,通常采用简化的方法估算其成本,将估算的副产品成本从完工产品成本中扣除,即为主产品成本。因而,副产品成本的确定,还会影响主产品成本的计算。副产品可以按固定成本计价,也可以按销售价格扣除销售税费和估算的正常利润后的余额计价。

3. 等级产品的成本计算

等级产品是品种相同,但质量上有差别的产品。等级产品的成本计算,应根据企

## 第十二章 产品成本计算的分类法

业的具体情况加以确定。如果是材料质量、工艺过程本身等特点或自然原因造成的,则各等级的产品应负担不同的成本,可按有关指标的比例系数(如按单位售价确定系数)来分配各等级产品的成本。如果是违规操作等主观原因造成的等级产品,则各等级的产品应负担相同的成本,可按实物数量分配各等级产品的成本。

## 二、背景资料

可实现净值分配法易于应用,但它也存在一个重要缺陷,即:假设进一步加工的成本不会产生利润,即使这些加工成本是销售产品的关键。固定毛利率法修正了可实现净值的缺陷,认为分离点后发生的成本是为实现预期利润所发生的全部成本的必要的组成部分。用这种方法分摊联合成本,可使每种产品的毛利率相同。下面通过一个案例对该方法的应用进行简要说明:

案例:某公司在一个联合生产过程中生产 A、B 两种产品。一个生产流程耗费 5 750 元的成本,生产出 1 000 千克的 A 产品和 3 000 千克的 B 产品。两种产品在分离点都不能销售,而必须进一步加工。A 产品进一步加工的可分成本为 1 元/千克,B 产品进一步加工的可分成本为 2 元/千克。A、B 产品的最终市场价格分别为 5 元和 4 元。

分析:销售 A、B 产品产生的总收入为 17 000 元(5×1 000+4×3 000),进一步加工成本为 7 000 元(1×1 000+2×3 000),分离前的联合成本为 5 750 元,则总毛利为 4 250 元。

按固定毛利率法分配联合成本,需要先计算毛利率。本案例的毛利率为 25%(4 250÷17 000)。两种产品均按 25% 的毛利率计算毛利,则 A、B 产品的毛利分别为 1 250 元和 3 000 元。

则倒推销售成本分别为 3 750 元和 9 000 元。进一步扣除 A、B 各自的可分成本 1 000 元和 6 000 元,则可以得到 A、B 应分摊的联合成本分别为 2 750 元和 3 000 元。

如果分离后 A 产品的加工成本升为 2 元/千克,则按上述推导过程可以发现,两种产品的毛利率降低(毛利率为 19.12%),A 产品所负担的联合成本也降低(应分摊的成本为 2 044 元)。这一变化的根源在于固定毛利率法假设进一步加工不仅产生利润,而且产生了与最终产品(A 和 B)相同的毛利率。

## 三、复习思考题与练习题

### 复习思考题

1. 什么是分类法?分类法的特点有哪些?
2. 分类法的优缺点有哪些?
3. 类内产品成本的分配方法有哪几种?
4. 分类法为什么是一种辅助成本计算方法?

5. 如果计算联产品、副产品和等级产品的成本,它们所采用的方法有何不同?

## 练 习 题

(一) 单项选择题

1. 分类法的主要目的在于(　　)。
   A. 使成本计算工作更精确
   B. 加强成本控制
   C. 简化各类产品的成本计算工作
   D. 简化各品种产品的成本计算工作

2. 产品成本计算的辅助方法是(　　)。
   A. 品种法　　　B. 分类法　　　C. 分批法　　　D. 分步法

3. 按照系数比例分配同类产品中各种产品成本的方法是(　　)。
   A. 一种完工产品和月末在产品之间分配耗费的方法
   B. 一种单纯的产品成本计算方法
   C. 一种简化的分类法
   D. 一种分配间接耗费的方法

4. 一般适用于分离后不再加工,而且价格波动不大的联产品成本计算方法的是(　　)。
   A. 净实现价值分配法　　　　B. 销售价值分配法
   C. 实物量分配法　　　　　　D. 系数分配法

5. 企业在生产主要产品的过程中,附带生产出的一些非主要产品,称为(　　)。
   A. 联产品　　　B. 废品　　　C. 副产品　　　D. 次品

6. 采用系数法时,被选定作为标准产品的应该是(　　)。
   A. 盈利较多的产品
   B. 亏损较多的产品
   C. 成本计算工作量较大的产品
   D. 产量较大、生产比较稳定或规格适中的产品

7. 在计算副产品的成本时,将副产品的成本从总成本中扣除,一般是从(　　)成本项目中扣除。
   A. 直接人工　　B. 制造费用　　C. 直接材料　　D. 辅助生产

8. 联产品在分离前计算出的总成本称为(　　)。
   A. 直接成本　　B. 间接成本　　C. 联合成本　　D. 可分成本

9. 采用分类法时,为了简化计算工作,可以将分配标准折算成(　　),据以分配同类产品中各种产品的成本。
   A. 产品定额　　　　　　　B. 统一的计划标准

## 第十二章　产品成本计算的分类法

　　C. 相对固定的系数　　　　　　D. 实际分配率

10. 由于材料质量、工艺过程本身等特点造成的等级品，可按分类法计算类产品的联合成本，在各种等级品之间分配联合成本时可采用的方法是（　　）。

　　A. 约当产量比例法　　　　　　B. 单位售价比例法
　　C. 计划产量比例法　　　　　　D. 标准产量比例法

### （二）多项选择题

1. 分类法的特点有（　　）。
　　A. 以产品类别为成本计算对象　　B. 能简化成本计算工作
　　C. 可以分类掌握产品成本情况　　D. 计算结果常有一定假定性

2. 在分类法下，对于类内产品成本的计算，一般可以采用的方法有（　　）。
　　A. 系数法　　　　　　　　　　B. 约当产量法
　　C. 定额比例法　　　　　　　　D. 定额成本计价法

3. 下列各项中，属于确定类内不同规格、型号产品系数的依据有（　　）。
　　A. 产品定额耗用量　　　　　　B. 产品重量
　　C. 产品售价　　　　　　　　　D. 产品体积或面积

4. 采用分类法计算产品成本，一般应具备的条件有（　　）。
　　A. 产品品种规格繁多
　　B. 多产品可按照一定标准来分类
　　C. 类内产品之间分配耗费可选择适当的分配标准
　　D. 产品品种单一

5. 联产品的成本包括（　　）。
　　A. 联合成本　　　　　　　　　B. 可分成本
　　C. 固定成本　　　　　　　　　D. 变动成本

6. 联合成本的常用分配方法包括（　　）。
　　A. 销售价值分配法　　　　　　B. 净实现价值分配法
　　C. 实物量分配法　　　　　　　D. 系数分配法

7. 联产品的生产特点有（　　）。
　　A. 利用相同的原材料
　　B. 经过同一生产过程生产
　　C. 同时生产出多种产品，且均为主要产品
　　D. 同时生产多种产品，有的是主要产品，有的是非主要产品

8. 采用分类法计算产品成本时，应注意（　　）。
　　A. 分类合适　　　　　　　　　B. 类距适当
　　C. 分配标准符合实际　　　　　D. 计算方法正确

9. 副产品可以采用( )计价。
   A. 不计算
   B. 销售价格扣除销售税费和正常销售利润后的余额
   C. 计划成本
   D. 变动成本

10. 下列各项中,可采用分类法计算成本的等级产品的有( )。
    A. 原材料质量造成的等级产品
    B. 生产工艺原因造成的等级产品
    C. 管理不善造成的等级产品
    D. 工人操作不当造成的等级产品

(三) 判断题

1. 分类法是一种以产品类别为成本计算对象的基本成本计算方法。 ( )
2. 无论何种原因形成的等级产品均可采用分类法计算成本。 ( )
3. 采用分类法,同类产品内各产品之间各成本项目的分配,可以采用不同分配标准进行。 ( )
4. 副产品一般价值较低,可以不负担联合成本。 ( )
5. 低等级产品就是废品。 ( )
6. 采用分类法时,类内产品成本是按其实际成本进行分配。 ( )
7. 分类法的计算结果具有一定的假设性。 ( )
8. 企业生产产品的品种和规格繁多,就可以采用分类法计算产品成本。 ( )
9. 副产品与主产品分离后,还需要进一步加工的,应以进一步加工的成本作为副产品的成本。 ( )
10. 净实现价值分配法适用于分离后不需要进一步加工的联产品的成本计算。 ( )

(四) 业务题

【业务题一】

目的:练习成本计算的分类法。

资料:某企业产品品种较多,按生产工艺及结构将产品划分几类产品,采用分类法进行成本计算。其中:甲类包括 A、B、C 三种产品,B 产品为标准产品。202×年8月,该企业发生生产耗费 133 230 元(其中:原材料为 53 970 元,直接人工为 19 220 元,制造费为 60 760 元),完工 A 产品 300 件,B 产品 400 件,C 产品 220 件。月末在产品按定额成本计价,7月末在产品成本为 99 990 元(其中:原材料为 41 910 元,直接人工为 13 530 元,制造费为 44 550 元),8月末在产品成本为 85 040 元(其中:原材料为 30 480 元,直接人工为 12 710 元,制造费为 41 850 元)。

A 产品原材料定额为 40 元/件,工时定额为 72 小时;B 产品原材料定额为 50 元/件,工时定额为 80 小时;C 产品原材料定额为 35 元/件,工时定额为 60 小时。

要求:根据上述资料,采用系数法计算类内各种产成品总成本。原材料项目以材料费定额为分配标准,其他耗费以工时定额为分配标准。

**【业务题二】**

目的:练习联产品成本计算。

资料:某工业企业用某种原材料经过同一生产过程同时生产出甲、乙两种联产品。202×年 6 月,该工业企业共生产甲产品 4 000 千克,乙产品 2 000 千克。无期初、期末在产品。该月生产发生的联合成本分别为:原材料为 30 000 元,直接人工成本为 10 800 元,制造费为 19 200 元。甲产品每千克的售价为 25 元,乙产品每千克的售价为 30 元,假设全部产品均已出售。

要求:

(1) 采用系数分配法,以产品售价为标准确定系数,选择甲产品为标准产品,计算甲、乙产品的总成本和单位成本。

(2) 采用实物量分配法,计算甲、乙产品的总成本和单位成本。

(3) 采用销售价值分配法,计算甲、乙产品的总成本和毛利率。

(4) 如果联产品分离后,还需要对甲、乙产品进行进一步加工,发生的加工成本分别为 8 000 元和 2 000 元,按可实现净值分配法计算甲、乙产品的成本。

## 四、案例分析题

某化工企业使用 A 原材料经同一生产过程形成甲、乙两种产品,乙产品经过进一步加工可形成丙产品。202×年 9 月,该厂购买 A 原材料 8 000 元,并将其投入生产。在分离点前发生的加工成本为 100 000 元。该企业 9 月的生产销售资料见表 12-1。

表 12-1　　　　　　　　　202×年 9 月生产销售资料

| 产品 | 产量(吨) | 销售量(吨) | 单价(元) |
| --- | --- | --- | --- |
| 甲 | 1 200 | 1 200 | 50 |
| 乙 | 800 | | |
| 丙 | 500 | 500 | 200 |

800 吨乙产品加工成 500 吨丙产品,进一步的加工费为 20 000 元。9 月,三种产品均无期初存货和期末存货。乙产品存在活跃市场,可按 75 元/吨的价格将 9 月的产量完全销售。

要求：

（1）分别采用销售价值分配法、实物量分配法、可实现净值分配法分配联合成本。

（2）计算在不同分配法下甲产品和丙产品的毛利率。

（3）该企业10月要求以75元/吨的价格购买800吨乙产品，这意味着10月将不再生产丙产品，接受该订单将如何影响10月的经营收益？

# 第十三章　产品成本计算的定额法

## 一、概要解析

### (一) 定额法的特点

定额法是以事先制定的产品定额成本为基础，加上（或减去）脱离定额的差异、材料成本差异和定额变动差异计算产品实际成本的一种方法。其特点表现在：其一，事前需要制定产品的消耗定额、耗费定额和产品的定额成本作为成本控制的依据。其二，生产耗费发生的当时，将符合定额的耗费和发生的差异分别核算，包括脱离定额的差异、材料成本差异和定额变动差异的核算。其三，产品实际成本是以定额成本为基础，加减各种成本差异求得。

### (二) 定额成本的制定

产品定额成本的计算工作一般由计划、技术、会计等部门共同完成。其计算公式如下：

定额成本＝直接材料定额成本＋直接人工定额成本＋制造费定额成本

直接材料定额成本＝材料定额消耗量×材料计划单价

直接人工定额成本＝工时消耗定额×计划小时人工费

制造费定额成本＝工时消耗定额×计划小时制造费

### (三) 脱离定额差异的计算

脱离定额差异是指各项生产耗费的实际支出脱离现行定额或预算的数额。按照成本项目划分，脱离定额差异具体包括直接材料脱离定额差异、直接人工脱离定额差异和制造费脱离定额差异。从含义来看，脱离定额的差异应当包括材料成本差异，但在实际工作中，为了便于产品成本的分析和考核，一般单独计算产品成本应负担的材料成本差异。相关计算公式如下：

直接材料脱离定额差异＝（实际耗用量－定额耗用量）×材料计划单价

直接人工脱离定额差异＝直接人工实际费总额－直接人工定额成本

制造费脱离定额差异＝产品实际制造费－产品定额制造费

某产品应分摊的材料成本差异＝（该产品材料的定额成本＋直接材料脱离定额差异）×材料成本差异率

## （四）定额变动差异的计算

定额变动差异是指由于企业修订消耗定额或生产耗费的计划价格而产生的新、旧定额之间的差额。它主要源于技术和市场的变化使得旧的消耗定额已经不能满足有效实施成本的控制而修订产生的差异。

定额变动差异的计算应分别成本项目进行，其计算方法有直接计算法和系数折算法两种。

1. 直接计算法

直接计算法就是根据定额发生变动的在产品盘存数量或在产品账面结存数量和修订前后的消耗定额，计算月初在产品的新、旧定额消耗量，从而确定定额消耗量的差异和差异金额的方法。直接计算法适用于产品零部件种类较少的情况。其计算公式如下：

$$\text{月初在产品定额变动差异} = \text{月初在产品中定额变动的零部件数量} \times (\text{旧定额} - \text{新定额})$$

2. 系数折算法

系数折算法就是按照单位产品新、旧定额耗费的比例计算定额变动系数（产品新的耗费定额与旧的耗费定额之间的比例关系），并根据定额变动系数来推算月初在产品定额变动差异的方法。这种方法适用于零部件成套性较大的情况。其计算公式如下：

定额变动系数＝按新定额计算的单位产品成本÷按旧定额计算的单位产品成本

月初在产品定额变动差异＝按旧定额计算的月初在产品成本×（1－定额变动系数）

## （五）定额法的优缺点

1. 定额法的优点

采用定额法的优点在于：① 定额法有利于加强成本的日常控制，便于企业及时发现问题，及时采取措施，有效地控制超定额现象的发生。② 定额法有利于企业进行成本分析，通过提供各种成本差异资料，企业可以分析差异产生的具体原因，挖掘企业降低成本的潜力。③ 定额法有利于企业提高定额管理水平。如果定额成本与实际偏差较大，企业应及时修订各项定额，提高定额管理水平。

2. 定额法的缺点

定额法的成本计算工作量较大。它适用于产品的生产基本定型，企业具备比较健全的定额管理制度，有较好的定额管理工作的基础，产品的各项消耗定额都比较准确和稳定的企业。

# 二、背景资料

## （一）定额比例法不可取代定额法

有学者认为定额比例法可以代替定额法，定额比例法是中国化的定额法。多数

## 第十三章 产品成本计算的定额法

学者认为这种看法不合理。定额比例法可以利用定额消耗量或定额成本资料与实际资料相比较,根据比值的大小得出实际脱离定额的差异程度,这对加强定额管理有一定好处,也是定额比例法优点之一。但是,采用定额比例法的目的是分配费用,它不像定额法那样有一套加强定额管理的办法,因而在加强定额管理方面的作用要比定额法小得多。故不能将定额法与定额比例法混为一谈。

### (二) 定额法与标准成本法的比较

定额法与标准成本法都属于成本计算方法,两者有基本相同的功能和实施环节,但是两种方法又有以下不同之处。

1. 制定目标成本的依据不同

定额成本按现行定额和计划单位成本制定。标准成本的制定则比较灵活,通常分为理想标准成本、正常标准成本和基本标准成本;且各成本项目的标准成本均包括标准价格(或标准分配率)和标准用量两方面。

2. 制定目标成本所依据的定额的稳定性不同

定额法下的定额是可以变化的,而标准成本具有较强的稳定性和约束性,一般在一个会计年度内是固定不变的。

3. 实际成本与目标成本差异的揭示方法不同

在定额法下,差异是通过每一笔领料或加工零件来揭示并通过差异凭证来反映的,工作量相当大。标准成本法往往根据一定时期实际产量的实际消耗量和实际价格与实际产量的标准消耗量和标准价格的计算比较来揭示差异,没有专用的差异凭证,工作量相对较小。

4. 实际成本与目标成本差异的设置程度不同

定额法下的差异主要有脱离定额的差异、成本差异、定额变动差异三大类五项,设置口径较粗。标准成本法下的差异主要有脱离标准成本的差异这一类,具体包括材料成本差异、直接人工成本差异、变动制造费差异和固定制造费差异四大项九种,设置口径较细。

5. 实际成本与目标成本差异的账务处理不同

定额法下的成本差异只核算各成本项目的差异,并且不为各种成本差异单独设置会计账户,而是与定额成本在同一个成本明细账中进行核算。标准成本法下要为各种成本差异专门设置许多总账账户进行核算,并详列于利润表中。

6. 实际成本与目标成本差异的分配方法不同

在定额法下,要将成本差异在各种产品之间、完工产品与在产品之间进行分配。在标准成本法下,对各种差异分别设置差异账户单独归集,在年终予以处理,或者转为销售产品成本,或者直接计入损益。

### 7. 提供产品成本资料不同

在定额法下，提供的产品成本是实际成本资料，产成品、在产品在资产负债表中以实际成本列示。在标准成本法下，产品的成本是标准成本，产成品、在产品在资产负债表上以标准成本列示。

### 8. 提供管理信息的详细程度和侧重点不同

在定额法下，成本按成本报表的要求划分成各成本项目，强调对材料成本的控制，而且材料数量要采用各种凭证在日常核算中揭示；其他费用是通过对比实际数和预算数求出差异。在标准成本法下，成本必须分为变动成本和固定成本，以分清责任由哪个部门负责，强调全面管理，有利于各职能部门、生产车间分清责任，相互配合，有利于经济责任制的建立。

## 三、复习思考题与练习题

### 复习思考题

1. 如何制定定额成本？
2. 什么是限额法？在限额法下如何确定原材料的定额耗用量及实际投产的数量？
3. 什么是系数折算法？它适用于哪种情况？
4. 采用定额法必须具备的条件是什么？

### 练 习 题

**(一) 单项选择题**

1. 定额成本是一种（　　）。
   A. 先进企业的平均成本　　　　B. 本企业实际发生的成本
   C. 本企业成本控制的目标　　　D. 本企业确定的计划成本

2. 制定定额成本的依据是（　　）。
   A. 本企业现行材料消耗定额、工时消耗定额和费用定额
   B. 本企业平均材料消耗定额、工时消耗定额和费用定额
   C. 本企业实际材料消耗和工时消耗
   D. 先进企业定额成本

3. 下列有关定额成本的表述中，正确的是（　　）。
   A. 产品定额成本是以产品生产耗费的消耗定额和计划价格为依据确定的目标成本
   B. 定额成本的消耗定额是计划期内(一般为1年)平均消耗定额
   C. 定额成本在年度内不变
   D. 定额成本一般是企业投资人对企业经营管理者经营业绩的考核指标

## 第十三章　产品成本计算的定额法

4. 在盘存法下计算直接材料脱离定额差异,材料定额耗用额为(　　)乘以单位消耗定额。

　　A. 盘存单上提供的本期实际耗用材料的零部件数量

　　B. 核算期内完工零件产量

　　C. 该期发料凭证上规定生产的零部件数量

　　D. 期末未完工零部件数量

5. 某产品原材料定额成本为1 000元,直接材料脱离定额差异为－300元,材料成本差异率为－2%,则该产品应分配的材料成本差异为(　　)元。

　　A. －20　　　　B. －14　　　　C. 6　　　　D. 26

6. 在计件工资制度下,(　　)属于工资定额成本。

　　A. 津贴　　　　　　　　　　B. 奖金

　　C. 计件工资单价支付的工资　　D. 补贴

7. 需要计算定额变动差异的是(　　)。

　　A. 月初在产品　　　　　　　B. 本月投入产品

　　C. 月末在产品　　　　　　　D. 本月完工产品

8. 在定额法下,当消耗定额降低时,月初在产品的定额调整数和定额变动差异数(　　)。

　　A. 两者都是正数　　　　　　B. 两者都是负数

　　C. 前者是正数,后者是负数　　D. 前者是负数,后者是正数

9. 某产品的某些零件从月初起修订原材料费用定额。该产品新旧定额的原材料成本分别为20元/件、16元/件。该产品月初在产品的原材料定额成本为5 000元。据此计算的月初在产品的定额变动差异为(　　)元。

　　A. 1 250　　　B. －1 250　　　C. 1 000　　　D. －1 000

10. 定额法的主要缺点在于(　　)。

　　A. 不便于成本控制分析　　　B. 只适用于大量大批机械制造企业

　　C. 较其他成本核算方法工作量大　　D. 不便于成本管理

**(二) 多项选择题**

1. 定额变动差异的计算应分别成本项目进行,其计算方法有(　　)。

　　A. 直接计算法　B. 系数折算法　C. 限额法　　　D. 盘存法

2. 在定额法下,成本核算的日常工作主要有(　　)。

　　A. 核算产品的定额成本　　　B. 核算产品定额变动差异

　　C. 核算产品脱离定额差异　　D. 核算产品材料成本差异

3. 在定额法下,产品的实际成本是(　　)的代数和。

　　A. 按现行定额计算的产品定额成本

B. 脱离现行定额的差异

C. 材料成本差异

D. 月初在产品定额变动差异

4. 在脱离定额差异的核算中,与直接材料脱离定额差异核算方法相同或类似的有( )。

A. 自制半成品

B. 计件工资形式下的生产工人工资

C. 计时工资形式下的生产工人工资

D. 制造费

5. 要降低单位产品的计时工资,需要进行的日常控制有( )。

A. 控制生产工资总额不超过计划

B. 投产产品的数量不少于计划规定的产品数量

C. 控制非生产工时不超过计划

D. 控制单位产品的生产工时不超过工时定额

6. 与企业产品生产类型没有直接联系的成本计算方法有( )。

A. 分类法    B. 分步法    C. 定额法    D. 品种法

7. 在各种成本计算方法中,生产费的日常核算均按其实际发生额进行核算的成本计算方法有( )。

A. 分步法    B. 定额法    C. 分批法    D. 品种法

8. 采用定额法计算产品成本的企业应当具备的条件有( )。

A. 定额管理制度比较健全    B. 定额管理基础工作比较好

C. 产品生产已经定型    D. 各项消耗定额比较准确、稳定

9. 定额法成本计算的特点有( )。

A. 事先制定定额成本

B. 分别核算定额成本和脱离定额差异

C. 以定额成本为基础,加减各种差异求得产品实际成本

D. 以标准成本为基础,加减各种差异求得产品实际成本

10. 定额法的主要优点有( )。

A. 有利于加强成本的日常控制    B. 有利于企业定期进行成本分析

C. 有利于企业提高定额管理水平    D. 有利于简化成本计算工作

(三) 判断题

1. 定额成本是一种计划成本。                                    (    )

2. 定额成本是一种目标成本,是企业进行成本控制和考核的依据。     (    )

3. 计算定额成本时,直接材料的计划价格和其他费用的计划费率通常是不

# 第十三章 产品成本计算的定额法

变的。 (　　)

4. 直接材料定额成本是定额消耗量与计划单位成本的乘积。 (　　)

5. 材料脱离定额的差异只反映材料耗用数量的差异,价格差异反映在材料成本差异中。 (　　)

6. 限额领料单所列领料限额就是本期实际投产产品的材料定额消耗量。(　　)

7. 进行材料切割核算时,回收废料超过定额的差异不可以冲减材料费。(　　)

8. 产品的直接材料定额成本与直接材料脱离定额差异的代数和,乘以材料成本差异率,是产品所耗材料应负担的材料成本差异。 (　　)

9. 为及时核算直接材料脱离定额差异,有效控制用料,用料差异核算期越短越好。 (　　)

10. 在计件工资形式下,生产工人工资属于直接计入费用,因而其脱离定额差异的核算与原材料相似。 (　　)

11. 在计时工资形式下,生产工人工资脱离定额的差异一般能按照产品进行日常核算。 (　　)

12. 在生产两种或两种以上产品的车间中,制造费脱离定额的差异不能按照产品进行日常核算。 (　　)

13. 脱离定额差异一般应在完工产品和期末在产品之间进行分配,其分配方法采用定额比例法。 (　　)

14. 各项消耗定额的修改一般在年末进行。 (　　)

15. 如果消耗定额变动为下降趋势,那么月初在产品成本扣除大于新定额部分,此差异作为定额变动差异,加入当月生产费,以保持月初在产品定额成本总额不变。
 (　　)

16. 脱离定额差异也可以与定额变动差异合并为一个项目。 (　　)

17. 定额法既可运用于企业的某些生产车间,又可在整个企业运用。 (　　)

18. 定额法的适用范围与企业生产类型有直接关系。 (　　)

19. 定额法的成本计算对象可以是最终完工产品,也可以是半成品。 (　　)

20. 定额法的优点是较其他成本计算方法核算工作量小。 (　　)

(四) 业务题

**【业务题一】**

目的:练习定额成本的计算。

资料:某公司制造甲产品,消耗 A、B、C 三种材料,单位产品消耗定额 A、B、C 分别为 10 千克、20 千克、15 千克;每千克 A、B、C 材料的计划单价分别为 2 元、3 元、4 元;第一、第二、第三道工序的工时定额分别为 20 小时、15 小时、5 小时;工资每小时定额 2.1 元,制造费每小时定额 1.9 元。

要求：计算该公司单位甲产品的定额成本。

【业务题二】

目的：练习定额法下直接材料定额成本和脱离定额差异的计算。

资料：某企业生产乙产品，本月期初在产品数量为 50 台，本月完工产品产量为 500 台，期末在产品数量为 100 台，原材料系生产开始时一次投入，单位产品材料消耗定额为 15 千克，计划单价为每千克 2 元，本月材料限额领料凭证登记数量为 8 250 千克，材料超限额领料凭证数量为 300 千克，期末盘存余料为 100 千克。

要求：计算本月乙产品的直接材料定额成本和直接材料脱离定额差异。

【业务题三】

目的：练习定额法下直接人工定额成本及脱离定额差异的计算。

资料：某企业生产丙产品，月初在产品数量为 100 件，月末在产品数量为 120 件，本月完工 400 件，月末、月初在产品完工程度均为 50%，计划每件工时定额为 2 小时，每小时计划人工费为 4 元，实际人工费为 3 200 元。

要求：计算丙产品的直接人工定额成本及脱离定额差异。

【业务题四】

目的：练习定额法下定额变动差异的计算。

资料：某企业采用定额法核算成本。已知丁产品月初在产品 400 件，完工率为 50%，每工时产量定额上月为 4 件，本月提高到 6 件，计划单位工时人工费上月和本月均为 3 元。

要求：计算月初在产品的定额成本和定额变动差异。

【业务题五】

目的：练习应用系数折算法计算定额变动差异。

资料：某企业戊产品的一些零件从本月 1 日起实行新的直接材料消耗定额。该产品单位产品旧的直接材料定额为 400 元，新的直接材料定额为 380 元。该产品月初在产品按旧定额计算的直接材料定额为 8 000 元。

要求：计算戊产品新、旧直接材料消耗定额之间的折算系数，并据以计算月初在产品定额变动差异。

【业务题六】

目的：练习在定额变动差异存在的情况下材料实际成本的计算。

资料：某企业戊产品采用定额法计算产品成本。戊产品生产只消耗一种原材料，原材料在生产开始时一次投入。从本月开始实行新的直接材料消耗定额，由原来的 18 千克降低到 16 千克；直接材料的计划单价不变，仍为每千克 10 元。月初在产品的直接材料定额为 18 000 元，材料脱离定额差异为 −2 200 元。本月投产 1 000 件产品，实际耗用直接材料 16 418 千克，材料成本差异率为 −2%。本月完工产品为

900件。另外，材料脱离定额差异按定额成本比例在完工产品与月末在产品之间进行分配，定额变动差异和直接材料成本差异全部由完工产品负担。

要求：

(1) 计算月初在产品材料定额变动差异。
(2) 计算完工产品和月末在产品的直接材料实际成本。

## 四、案例分析题

盛元电子公司大批量生产电子元件，该产品各项消耗定额资料完整且比较准确、稳定，采用定额法计算产品成本。单件电子元件的定额成本为940元，其中直接材料420元，直接人工200元，制造费320元。公司规定，该产品当月的定额变动差异和脱离定额差异按定额成本比例在完工产品与月末在产品之间进行分配；当月初在产品的定额变动差异为上月的定额变动差异在上月月末在产品上的分配额。202×年8月，公司其他相关资料如下：

(1) 公司决定本月将单件电子元件直接材料定额成本降低20元。
(2) 月初在产品60件，材料已全部投入，完工程度为50%。
(3) 投产20件，材料已全部投入，月末完工50件，在产品30件，完工程度为60%。
(4) 材料成本差异率为0。
(5) 产品直接材料按新定额计算，原材料为生产开始时一次投入，定额工时为7 600小时。
(6) 实际发生直接材料7 960元、直接人工7 336元、制造费12 400元。
(7) 月初在产品的定额变动差异为2月的定额变动差异在7月月末在产品上的分配额，本案例中为0。

要求：

(1) 计算月末完工产品及在产品的定额成本、脱离定额差异及定额变动差异。
(2) 计算完工产品实际成本。
(3) 编制电子元件产品成本计算单。

# 第十四章 标准成本法

## 一、概要解析

### (一) 标准成本的概念

标准成本又称应该成本,是根据企业现有的技术能力和经营管理水平等多种因素,经过仔细调查、分析和技术测定后制定的,在正常生产经营下的应有成本。因而,它可以作为控制成本开支、评价实际成本、衡量工作效率的一种目标成本。

### (二) 标准成本的种类

标准成本按其制定所依据的生产技术和经营管理水平分为基本标准成本、理想标准成本和正常标准成本。

1. 基本标准成本

基本标准成本通常选定上年度或过去某一年的实际成本作为标准,用于衡量以后各年度产品生产成本的高低。由于其相对固定,面对企业工作效率和经营状况的不断变化,无法提供恰当的决策信息,难以发挥成本控制的作用,在实际工作中,基本标准成本很少被采用。

2. 理想标准成本

理想标准成本是指企业在最有效的生产经营条件下所能达到的最低成本。由于这种标准是"工厂的极乐世界",提出的要求太高,不能作为考核的依据。

3. 正常标准成本

正常标准成本是根据企业现有的技术条件、管理水平等因素,综合考虑某些不可避免的异常变动,通过努力控制所能达到的成本水平。这种标准对现实条件下暂时还难以消除的损耗、废品和对设备、劳动力利用不充分的状况等都进行了适当的考虑,它既不像理想标准成本那样高不可攀,又不像基本标准成本那样可以轻易达到。因此,正常标准成本是进行成本管理的有效方法。

### (三) 标准成本的制定

1. 直接材料的标准成本

相关计算公式如下:

单位产品耗用某种材料标准成本 = 材料的标准价格 × 单位产品的标准材料消耗量

单位产品的直接材料标准成本 = $\sum$ 该种产品所耗用的各种材料标准成本

## 2. 直接人工的标准成本

其计算公式如下:

$$直接人工标准成本 = 单位产品直接人工的标准工时 \times 小时标准工资额$$

## 3. 制造费的标准成本

(1) 变动制造费标准成本的制定。相关计算公式如下:

$$小时变动制造费标准分配额 = 变动制造费预算总额 \div 直接人工标准总工时$$

$$单位产品的变动制造费标准成本 = 小时变动制造费标准分配额 \times 单位产品直接人工（或机器）的标准工时$$

(2) 固定制造费标准成本的制定。如果企业采用变动成本计算,固定制造费不计入产品成本,不需要制定固定制造费的标准成本;如果采用制造成本计算,固定制造费要计入产品成本,则需按以下公式确定标准成本。相关计算公式如下:

$$小时固定制造费标准分配额 = 固定制造费预算总额 \div 直接人工标准总工时$$

$$单位产品的固定制造费标准成本 = 小时固定制造费标准分配额 \times 单位产品直接人工（或机器）的标准工时$$

## 4. 产品标准成本

将以上确定的直接材料、直接人工和制造费的标准成本按产品加以汇总,编成"标准成本卡",就可确定有关产品的变动标准成本和制造标准成本,其中变动标准成本包括直接材料、直接人工和变动制造费三者的标准成本,制造标准成本则由直接材料、直接人工、变动制造费和固定制造费四者的标准成本构成。

### (四) 标准成本差异的计算

#### 1. 标准成本差异的概念

标准成本差异是实际成本与标准成本之间的差额。按数量特征,标准成本差异可分为有利差异与不利差异。有利差异是指因实际成本低于标准成本而形成的节约差;不利差异则指因实际成本高于标准成本而形成的超支差。按性质特征,标准成本差异可分为数量差异和价格差异。数量差异反映由于直接材料、直接人工和变动制造费等要素实际用量消耗与标准用量消耗不一致而产生的成本差异。价格差异反映由于直接材料、直接人工和变动制造费等要素实际价格水平与标准价格不一致而产生的成本差异。

#### 2. 标准成本差异的计算

(1) 直接材料成本差异。直接材料成本差异是直接材料的实际成本与标准成本之间的差异。它可分解为直接材料价格差异和直接材料用量差异。相关计算公式如下:

材料价格差异＝实际数量×(实际价格－标准价格)
材料用量差异＝(实际数量－标准数量)×标准价格
直接材料成本差异＝材料价格差异＋材料用量差异

(2) 直接人工成本差异。直接人工成本差异是指实际产量的直接人工实际成本与标准成本的差额。它可分解为工资率差异(价差)和效率差异(量差)。相关计算公式如下：

直接人工工资率差异＝实际工时×(小时实际工资额－小时标准工资额)
直接人工效率差异＝(实际工时－标准工时)×小时标准工资额
直接人工成本差异＝直接人工工资率差异＋直接人工效率差异

不同工种不同级别的小时工资额不一定相同，如果生产一种产品需经过几道工序、几个不同工种的加工，那么应对每道工序、每个工种进行这样的成本差异分析，然后加总。

(3) 变动制造费差异。变动制造费差异是指实际产量的变动制造费实际数与标准数之间的差额。它可分解为耗费差异(价差)和效率差异(量差)。相关计算公式如下：

$$\genfrac{}{}{1pt}{}{变动制造费}{耗费差异}=实际工时\times\left(\genfrac{}{}{0pt}{}{小时变动制造}{费实际分配额}-\genfrac{}{}{0pt}{}{小时变动制造}{费标准分配额}\right)$$

变动制造费效率差异＝(实际工时－标准工时)×小时变动制造费标准分配额
变动制造费成本差异＝变动制造费耗费差异＋变动制造费效率差异

如果生产一种产品需经过几个车间、部门，应对每个车间、部门进行成本差异计算，然后加总。

(4) 固定制造费差异。固定制造费成本差异是指在实际产量下固定制造费实际发生总额与其标准发生总额之间的差额。

A. 二因素分析法

二因素分析法是将固定制造费差异分为耗费差异和能量差异的分析方法。耗费差异也称为预算差异，是指固定制造费的实际金额与固定制造费预算金额之间的差额；能量差异是指固定制造费预算与固定制造费标准成本的差异。相关计算公式如下：

固定制造费耗费差异＝固定制造费实际数－固定制造费预算数
固定制造费能量差异＝小时固定制造费标准分配额×(预算工时－标准工时)
固定制造费成本差异＝固定制造费耗费差异＋固定制造费能量差异

B. 三因素分析法

三因素分析法是将固定制造费的成本差异分为耗费差异、效率差异和能力差异三部分的分析方法。即将二因素分析法中的"能量差异"进一步分为两部分：一部分是实际工时未达到预算工时而形成的闲置能量差异，也称能力差异；另一部分是实际工时脱离标准工时而形成的效率差异。相关计算公式如下：

固定制造费能力差异＝小时固定制造费标准分配×（预算工时－实际工时）

固定制造费效率差异＝小时固定制造费标准分配额×（实际工时－标准工时）

固定制造费能量差异＝固定制造费能力差异＋固定制造费效率差异

**(五) 标准成本法的账务处理**

1. 成本差异核算设置的账户及成本差异的归集

(1) 设置"原材料""基本生产成本""库存商品"等账户，这些账户的借方和贷方均登记实际数量的标准成本，其余额亦反映这些资产的标准成本。

(2) 设置"直接材料用量差异""直接材料价格差异""直接人工效率差异""直接人工工资额差异""变动制造费用耗费差异""变动制造费用效率差异""固定制造费用耗费差异""固定制造费用能量差异"（或"固定制造费用能力差异""固定制造费用效率差异"）等账户，这些账户借方登记不利差异及期末结转的有利差异，贷方登记有利差异及期末结转的不利差异。

归集差异时应将实际成本分离为标准成本和有关的成本差异，将标准成本数据记入"原材料""基本生产成本""库存商品"等账户，超支差异借记有关差异账户，节约差异贷记有关差异账户。

2. 期末成本差异的账务处理

会计期末，对本期发生的各类成本差异可按以下方法进行会计处理：① 将差异转入"本年利润"或"主营业务成本"账户。② 将差异在存货及主营业务成本之间按比例分摊。③ 将差异结转至下期。其中，第③种方法只能在年度中间选用，但在编制年终报表时，成本差异通常不结转下年度，只能采用第①种或第②种方式。

## 二、背景资料

**(一) 标准成本制度下是否计算产品的实际成本**

在西方国家，实行标准成本制度的企业一般不计算产品的实际成本。我国实行标准成本制度的企业是否应计算各种产品的实际成本，学术界的观点不一致。

有的学者认为，我国企业实施标准成本制度不应计算产品的实际成本。其理由有二：其一，标准成本制度的重点不是为了计算各产品的实际成本，而是强调按管理区域计算和控制成本差异，有效实施成本控制。其二，在市场经济条件下，产品定价并非以产品实际成本为依据，计算各种产品实际成本的意义不大。

还有的学者认为，我国企业实施标准成本制度应该计算产品的实际成本。其理由也有二：其一，在我国社会主义市场经济的条件下，企业成本核算应该为宏观经济管理服务，提供统计需要的基础数据。其二，企业成本核算应该满足同行业间产品成本水平的比较。因此必须计算各种产品的实际成本。

### （二）企业处理各种成本差异的方法

目前，在实行标准成本制度的实践中，有些企业由于产品品种较多、生产工艺复杂，一般不计算各种产品的实际成本；但产品品种不多、生产工艺较简单的企业，通常计算各种产品的实际成本。而如何处理各种成本差异，各企业有不同的处理方法：

（1）各成本责任单位的各种成本差异平行结转到厂部财会部门，经财会部门汇总后，按各种完工产品的标准成本比例进行分配。

（2）各成本责任单位的成本差异，凡是能够直接按产品划分的就直接计入各种产品成本；不能直接按产品品种划分的，分成本项目不同处理，其中直接材料可按各责任单位的各种产品实际产量的直接材料标准成本比例进行分配，其余成本项目的成本差异不必在各产品之间进行分配。月末，各成本责任单位应将各种产品的成本差异，以及其他不按品种划分的成本差异结转到厂部财会部门。财会部门对产品划分的差异按产品的品种汇总，其他部分产品的成本差异，可分成本项目按各种产品完工产量的标准成本比例进行分配，计算已完工产品的实际成本。

（3）各成本责任单位的成本差异，凡是能够直接按产品划分的就直接计入各种产品成本；不能直接按产品品种划分的，则分成本项目按各种产品实际产量的标准成本比例进行分配。月末，应将各产品成本差异结转到厂部财会部门，分成本项目按各种产品完工产量的标准成本比例进行分配，计算已完工产品的实际成本。

## 三、复习思考题与练习题

### 复习思考题

#### （一）思考题

1. 标准成本有哪些种类？成本控制应采用哪种标准成本？为什么？
2. 在计时工资和计件工资下，直接人工的标准工资额分别如何确定？
3. 什么是标准成本差异的有利差异和无利差异？
4. 会计期末对本期发生的各类成本差异可按哪些方法进行会计处理？

### 练 习 题

#### （一）单项选择题

1. 产品的实际成本由标准成本加上（　　）所构成。
   A. 定额成本　　　　　　　　B. 制造费差异
   C. 弹性预算　　　　　　　　D. 各项成本差异
2. 在可供选择的标准成本中，广为采用的一种经过努力可以达到的、既先进又合理的标准成本是( )。
   A. 理想标准成本          B. 正常标准成本
   C. 基本标准成本          D. 平均标准成本
3. 以某一年实际成本作为标准成本,这种成本称为( )。
   A. 理想标准成本          B. 基本标准成本
   C. 正常标准成本          D. 不属于标准成本
4. 以生产经营条件处于最优状态为基础确定的最低水平的成本称为( )。
   A. 理想标准成本          B. 正常标准成本
   C. 现实标准成本          D. 可达到标准成本
5. 在制造费不区分为变动制造费和固定制造费的情况下,制造费差异是( )。
   A. 标准制造费与实际制造费之间的差额
   B. 实际产量标准制造费与实际制造费之间的差额
   C. 计划产量标准制造费与实际制造费之间的差额
   D. 预算产量标准制造费与实际制造费之间的差额
6. 在将制造费分为变动制造费和固定制造费的情况下,变动制造费差异的影响因素可分为效率差异和耗费差异,其中效率差异的计算公式是( )。
   A. (预算工时—标准工时)×小时制造费标准分配额
   B. (预算工时—标准工时)×小时变动制造费标准分配额
   C. (实际工时—标准工时)×小时制造费标准分配额
   D. (实际工时—标准工时)×小时变动制造费标准分配额
7. 固定制造费效率差异是由( )之间的差异而造成的固定制造费差异。
   A. 实际工时与预算工时      B. 实际工时与标准工时
   C. 预算工时与标准工时      D. 实际分配率与标准分配率
8. 如果标准工时为 80 小时,实耗 100 小时,小时标准工资额每小时 5 元,小时实际工资额每小时 3 元,则人工效率差异应为( )元。
   A. +100     B. +200     C. —100     D. —60
9. 某企业本年 2 月实际生产甲产品 100 件,实耗工时 2 100 小时,小时变动制造费实际分配额为 0.48 元/小时,标准分配额为 0.50 元/小时,则变动制造费耗费差异为( )元。
   A. +8     B. —42     C. 50     D. —50
10. 从总体上看,标准成本法与定额法的相同之处是( )。
   A. 两者具有基本相同的实质和目的
   B. 两者都要计算产品的实际成本

C. 两者都要为各种成本差异单独设置账户

D. 两者一般都是将各种成本差异全部计入当期损益

### (二) 多项选择题

1. 下列有关标准成本的表述中,正确的有(　　)。

   A. 理想的标准成本是该产品达到正常生产水平时第一年度的实际成本

   B. 理想的标准成本是根据在最好的生产技术条件、最佳的工作状态下所应当发生的最低成本

   C. 基本的标准成本是该产品在达到正常生产水平时第一年度的实际成本

   D. 正常的标准成本是根据正常的生产水平,尽力提高劳动生产率,在正常的价格条件下,用预期能达到的标准来制定的成本

2. 产品的标准成本包括(　　)。

   A. 直接材料标准成本　　　　B. 直接人工标准成本

   C. 间接费用标准成本　　　　D. 制造费标准成本

3. 标准成本法的特点有(　　)。

   A. 要求按标准成本控制实际成本

   B. 对于成本差异的处理一般按产品分别进行计算和分配

   C. 成本差异划分比较细

   D. 成本差异的记账工作量比较大

4. 尽管料、工、费成本项目各具特点,发生的差异名称各不相同,但是它们均可归结为(　　)。

   A. 价格差异　　　　　　　　B. 数量差异

   C. 效率差异　　　　　　　　D. 预算差异

5. 下列各项中,属于数量差异的有(　　)。

   A. 工资额差异　　　　　　　B. 变动制造费效率差异

   C. 直接材料价格差异　　　　D. 固定制造费效率差异

6. 固定制造费差异分为(　　)三个部分。

   A. 效率差异　　　　　　　　B. 能力差异

   C. 费用分配率差异　　　　　D. 预算差异

7. 计算固定制造费的耗费差异需要的数据有(　　)。

   A. 小时固定制造费标准分配额　B. 标准工时

   C. 固定制造费实际数　　　　　D. 固定制造费预算数

8. 变动制造费的标准成本是由(　　)确定的。

   A. 直接人工的工时标准　　　B. 单位产品的标准材料消耗量

   C. 小时变动制造费标准分配额　D. 小时制造费标准分配额

## 第十四章 标准成本法

9. 下列有关差异账务处理的表述中,正确的有( )。
   A. 实际成本小于标准成本,贷记有关差异账户
   B. 实际成本小于标准成本,借记有关差异账户
   C. 实际成本大于标准成本,借记有关差异账户
   D. 节约时贷记有关差异账户,当超支时借记有关差异账户

10. 在标准成本账务处理系统下,适用结转本期损益法,下列成本中,只包含标准成本、不含有成本差异的有( )。
    A. 原材料成本          B. 半成品成本
    C. 产成品成本          D. 主营业务成本

**(三) 判断题**

1. 由于标准成本代表了成本要素的合理近似值,它是进行价格决策和投标议价的一项重要依据,也是其他长期或短期决策必须考虑的因素。 ( )
2. 标准成本法强调按管理区域计算和控制成本差异。 ( )
3. 在标准成本法下各种成本差异的处理有不同方式可供选择;而在定额法下各种成本差异一般应在各种产品之间进行分配。 ( )
4. 标准成本法与定额法的根本区别在于是否为各种成本差异单独设置账户。 ( )
5. 在标准成本法下,产品成本差异不仅反映各成本项目的差异,而且还按原因进一步划分,但是标准成本没有标准本身变动的差异。 ( )
6. 标准成本是指按成本项目归集的、在一定生产技术水平和经营管理条件下应当发生的产品成本目标。 ( )
7. 理想的标准成本是实际工作中应用较为广泛的一种标准成本。 ( )
8. 在成本差异分析中,价格差异的大小是由价格脱离标准的多少以及实际用量高低所决定的。 ( )
9. 在成本差异分析中,数量差异的大小是由用量脱离标准的多少及实际价格高低所决定的。 ( )
10. 对于标准成本中的成本差异,借差是指实际成本低于标准成本的差额,贷差则是指实际成本高于标准成本的差额。 ( )
11. 在标准成本系统中,直接材料的价格标准是指预计下年度实际需要支付的材料市价。 ( )
12. 产生材料用量差异的全部责任都应该由生产部门承担。 ( )
13. 标准成本法对制造费差异有两种分析方法,但不影响制造费的差异总额。 ( )
14. 变动制造费效率差异表现为正数时,表示的是由标准分配率上升引起的

超支。 （ ）

15. 变动制造费耗费差异类似于直接人工效率差异。 （ ）

16. 变动制造费效率差异类似于直接材料用量差异。 （ ）

17. 形成固定制造费效率差异的原因与直接人工效率差异形成的原因是相同的。 （ ）

18. 由实际工时与预算工时之间的差异而造成的固定制造费差异,称为固定制造费效率差异。 （ ）

19. 在标准成本法下,归集差异的会计分录通常在实际成本发生且计算出差异的同时予以编制。 （ ）

20. 在进行账务处理时,对于节约差异借记有关差异账户,对于超支差异贷记有关差异账户。 （ ）

### (四) 业务题

**【业务题一】**

目的:掌握直接材料成本差异的计算。

资料:某公司采用标准成本法,其产品由 A 材料和 B 材料加工而成。202×年 8 月,该公司产品的相关资料如下:

(1) 预计产量为 12 500 件,实际产量 10 000 件。

(2) 材料的标准价格:A 材料 24 元/千克;B 材料 75 元/千克。

(3) 单位产品的标准材料消耗量:A 材料 1 千克;B 材料 0.2 千克。

(4) 实际购入:A 材料 20 000 千克,单价 25 元/千克;B 材料 2 500 千克,单价 80 元/千克。

(5) 实际耗用:A 材料 10 500 千克;B 材料 1 950 千克。

要求:根据以上资料,计算直接材料各项成本差异。

**【业务题二】**

目的:掌握直接人工成本差异的计算。

资料:某公司采用标准成本法,企业基本生产车间有生产工人 90 人,本期每人实际工作 70 小时,生产产品 20 000 件,按标准车间每小时应生产产品 3 件,每小时标准工资率为 2 元。本期有 6 人工资按每小时 1.5 元计算,有 2 人工资按每小时 1 元计算,其他工人按标准工资率计算支付。

要求:根据以上资料,计算直接人工各项成本差异。

**【业务题三】**

目的:掌握各项成本差异的计算。

资料:某公司对各项产品均建立标准成本制度,202×年生产乙产品 3 000 件,该产品各项目实际和标准资料见表 14-1。另该企业固定制造费不存在差异。

表 14-1　　　　　　　　　各项目实际和标准资料

| 成本项目 | 数量 | | 价格 | |
| --- | --- | --- | --- | --- |
| | 标准 | 实际 | 标准 | 实际 |
| 直接材料 | 3.0千克/件 | 3.4千克/件 | 2.1元/千克 | 2.0元/千克 |
| 直接人工 | 1.6工时/件 | 1.4工时/件 | 4.0元/工时 | 5.0元/工时 |
| 变动制造费 | 1.6工时/件 | 1.4工时/件 | 2.0元/工时 | 2.3元/工时 |

要求：计算各项成本差异。

【业务题四】

目的：掌握固定制造费成本差异的计算。

资料：某公司对各项产品均建立标准成本制度,202×年固定制造费预算总额为60 000元,实际支付总额为61 700元,固定制造费标准分配额为3.5元/小时,实际产量耗用标准总工时为16 000工时。

要求：应用二因素分析法计算固定制造费各项差异。

【业务题五】

目的：掌握固定制造费成本差异的计算。

资料：某公司202×年生产丙产品的固定制造费实际发生额为21 000元,预算数为20 000元,正常生产能量为10 000小时。单位产品的实际工时为8小时,标准工时为7小时。已知丙产品的固定制造费差异为零。

要求：应用三因素分析法计算固定制造费的耗费差异、效率差异和能力差异。

【业务题六】

目的：掌握成本差异的账务处理。

资料：某企业耗用A材料生产丁产品,本期单位产品标准耗用材料0.5千克,8元/千克,单位产品标准工时为2小时,标准小时工资率为2元,实际产量1 000件;实际耗用直接材料480千克,8.20元/千克,实际耗用工时2 050小时,实际工资率为1.9元。

要求：计算直接材料和直接人工各项差异。

## 四、案例分析题

美化公司为了能够有效地对公司进行成本控制,达到降低成本的目的,采用标准成本法。202×年8月,美化公司产品预算固定制造费为11 000元,预算工时为4 400小时,实际耗用工时为3 080小时,实际制造费为12 320元,标准工时为4 200小时。

要求：

(1)请分析预算工时与标准工时的区别。

(2)请利用资料计算固定制造费生产能力利用程度差异,并解释其含义。

# 第十五章 产品成本计算的作业成本法

## 一、概要解析

西方国家于20世纪80年代末开始研究作业成本计算法,该法系90年代以来在先进制造企业首先应用起来的一种全新的企业管理理论和方法。作业成本计算法从根本上说是一种间接成本分配法。它以作业为中心,根据作业对资源耗费的情况将资源的成本分配到作业中,然后选择成本动因量,根据产品和服务所耗用的作业量将成本分配到产品与服务,最终计算出相对准确而翔实的产品成本。在作业成本计算中,通过对所有与产品相关联的作业活动的追踪分析,以最大可能消除"不增值作业"、改进"增值作业"、优化"作业链"和"价值链",增加"顾客价值",提供有用信息,把损失、浪费减少到最低限度,提高决策、计划控制的科学性、有效性,最终达到提高企业的市场竞争能力和盈利能力、增加企业价值的目的。

### (一) 作业成本计算法的计算步骤

进行作业成本计算的步骤主要如下:
(1) 确认消耗资源的作业。
(2) 确认每项作业相关的成本动因,即引起一项作业的成本因素。
(3) 计算成本动因或业务的成本率。
(4) 用成本动因率乘以产品耗用的成本动因量向产品或服务分配成本。

### (二) 作业成本计算法的重大突破

与传统会计成本计算法相比较,作业成本计算法实现了以下几个重大突破:

(1) 溯本求源,改变成本动因。作业成本计算法是从成本产生的源头入手,分析成本发生的前因后果,将单一标准的分配基础改为按成本动因的多标准分配,从而提高了成本计算的准确性。

(2) 强调成本的战略管理,延伸成本概念。作业成本计算法将成本视野向前延伸到产品的市场需求,分析相关技术的发展形势,将产品的设计向后延伸到顾客的使用维修及处置阶段。尤其应该重视在产品投产前设计从优的成本控制。对每项作业进行多样的分析,尽可能消除"不增值作业",改进"增值作业",降低产品成本。

(3) 强调决策的成本关联性。作业成本计算法对产品生产流程中各项作业进行

## 第十五章　产品成本计算的作业成本法

详细分析,对专属成本予以确定,能提高成本计算的准确性。

(4) 重新界定期间费用,完善成本概念。也就是说,作业成本计算法将更为合理有效。将对最终产品有益的支出计入产品成本,而将所有无效的、不合理的支出计入期间费用。无效的、不合理的支出是指作业无效耗费的资源价值和非增值作业耗费的资源价值,而不是与生产无直接关系的支出。企业将它们计入期间费用,是希望通过改进相关作业以消除这些耗费,从而提高企业的经济效益,完善产品的成本概念。

(5) 降低成本的主观动因,完善责任会计。在产品成本的形成中,除了受产量、作业量等一些客观因素的驱动,还会受人为主观因素的驱动,如职工的成本管理意识、工作态度和责任感、员工之间以及员工与领导之间的人际关系等。作业成本计算法在对产品作业进行详细分析的基础上,按成本设立责任中心,使用更为合理的分配基础,易于区分责任,减少成本的主观动因。

### (三) 作业成本计算法适用的企业

由于作业成本计算法计算比较复杂、工作量比较大,具备下列特征的企业可从作业成本计算法中更多获益:

(1) 高额的制造费用。

(2) 产品种类繁多。

(3) 各产品需要的技术服务程度不同。

(4) 各项生产运行数量相差很大且生产准备成本昂贵。

(5) 随时间推移作业变化很大,但会计系统变化较小。

(6) 有先进的计算机技术。作业成本计算法与科学的生产系统配合使用,可实现技术管理和经济管理的统一。在接受小批量订单时,若专属成本较大,而生产量较小,应采用作业成本计算法进行分析评价,才能作出科学的决策。若按传统成本计算法,则会产生将专属成本由同期其他产品或以后产品共同承担,导致决策依据失真,难以作出科学的决策。

### (四) 实施作业成本计算法应注意的问题

实施作业成本计算法,应注意如下几方面问题:

(1) 作业成本计算法是作业成本管理的核心部分。其目的并不仅仅在于计算出产品成本,还在于计量各种作业耗用资源的成本。本质是计算分析资源的流动。

(2) 实施作业成本计算法应遵循成本—效益原则。任何一个成本系统并不是越准确越好,关键还须考虑其成本。作业成本计算法增加了大量的作业分析、确认记录和计量,增加了成本动因的选择和作业成本的分配工作,支付成本大大增加。作业成本库的选择,可使成本—效益平衡。

(3) 作业成本计算法存在一定的主观性,如在作业的认同、成本动因的选择和同质成本库的确认上,不同的会计人员会有不同结果,有时会带来与实际较大的偏差。

（4）实施作业成本计算法还须取得单位最高层领导和有关部门领导的认可和支持。做好全体员工的培训，提高全体员工的成本意识，避免和消除无效作业，消除实施过程中所产生的各种人为因素的阻力，以促进降低成本和提高效率。

（5）实施作业成本计算法，应做好会计有关的基础工作，确保会计信息真实可靠；否则，假账真算，运用昂贵的作业成本法，无异于劳民伤财。

（6）作业成本计算法是一种新的完全成本制度，实施时应注意与现行成本制度的衔接或融合。

## 二、背景资料

### （一）成本动因的分类

1. 按性质分类

Kaplan 提出了三种不同性质的成本动因：执行性成本动因、时间性成本动因、实际的成本动因。执行性成本动因通常以执行的次数作为成本动因；时间性成本动因使用时间来计量成本的消耗，传统成本中的人工工时就是典型的时间动因；实际的成本动因按对分配源的实际消耗情况来进行分配，这种成本动因是无误差的成本动因。依次序，三种成本动因的分配准确度逐渐提高，而实行成本逐渐加大。

2. 按复杂程度分类

成本动因有单一成本动因和复合成本动因之分。单一成本动因就是指根据一个成本动因分配。复合成本动因把多个成本动因按一定规则综合考虑以确定新的分配标准。在传统成本法中，已经存在着单一成本动因和复合成本动因的实例：按人工工时分配，则人工工时是单一成本动因；如果按设备工时分配，需要在人工工时基础上乘以各设备的设备工时系数，此时的分配标准实际是复合成本动因，它综合考虑了工时和设备两种因素。

3. 按分配方式分类

成本动因还可以分为数量型成本动因和比重型动因。数量型成本动因根据各个分配目标的成本动因数量进行分配，比重型成本动因不采集各分配目标的动因数量，直接设定各分配目标在分配中所占的比重来分配成本。其好处是：在生产稳定时或者某些具体情况下，各分配目标在总成本中所占比例固定且很少变化，简化了分配而且有利于成本分析，也减少了作业成本的实行成本。比重型动因的一个特殊方式是按分配目标的数量平均分配，对于支持作业成本或者分配源总成本较小的分配可以采取这种更加简化的分配方法，以降低实施成本。

4. 按层次划分

成本动因即成本发生和变动的原因与推动力或成本的驱动因素，是作业成本法的核心概念。成本动因可分为两个层次：一是微观层次上的与企业具体生产作业相关的成本动因即生产经营成本动因;二是战略层次上的成本动因即战略成本动因。战略成本动因与生产经营成本动因不同,它是从企业整体的、长远的宏观战略高度出发所考虑的成本动因。从战略的角度看,影响企业成本态势主要来自企业经济结构和企业执行作业程序,因此,战略成本动因分为结构性成本动因和执行性成本动因两大类。两类成本动因的划分为企业改变其成本地位提供了能动的选择,为企业有效进行成本管理与控制、从战略意义上作出成本决策开辟了思路。

(二) 选择成本动因应考虑的因素

1. 相关程度

在分配过程中假设分配源的成本与成本动因的数量线性相关。在实际中,存在多个成本动因,成本动因数量与分配源总成本线性相关,最好的成本动因是最恰当的成本动因,这样能保证成本信息的准确性。

2. 实行成本

一次分配需要针对每个分配目标采集成本动因数据,无法采集数据则无法分配。确定成本动因时,必须考虑成本动因数据采集成本,保证相关的数据的易于获取。如果数据采集成本太大,则可能使得作业成本法无法实施。

3. 行为导向

不同的成本动因有不同的分配结果,不同的成本分配结果和基于分配结果的管理决策(如奖金)会对组织和员工的行为产生导向作用。因此必须仔细分析成本动因的行为导向作用。企业可以利用成本动因的行为导向功能,把员工的行为导向有利于降低成本的方向。

(三) 成本动因的具体分析

1. 战略成本动因分析

(1) 结构性成本动因分析。它是指与决定企业基础经济结构(如长期投资等)相关的成本动因,其形成常需要较长时间,但一经确定往往很难变动。同时,这些因素往往发生在生产开始之前,这些因素既决定了企业的产品成本,又会对企业的产品质量、人力资源、财务、生产经营等方面产生极其重要的影响。因此,对结构性成本动因的选择将决定企业的成本态势。结构性成本动因主要有如下方面:

第一,企业规模。企业规模是一个重要的结构性成本动因,它主要通过规模效应来对企业成本产生影响。当规模较大时可以提高作业效率,使固定成本分摊在较大规模的业务量之上,从而降低单位成本。但当企业规模扩张超过某一临界点时,固定成本的增加会超过业务规模的增加,并且,生产复杂性的提高和管理成本的上升也会带来不利影响,这时,单位成本会出现升高的趋势,形成规模报酬递减,出现规模的不经济。

第二,业务范围。业务范围是影响成本的又一结构性动因。企业为了提高其竞争优势,可能会使自己所经营的业务范围更广泛、更直接,从企业现在的业务领域出发,向着行业价值链中的两端延伸,直到原材料供应和向消费者销售产品。这种业务范围的扩张也称为纵向整合。企业纵向整合可以对成本造成正反两方面的影响。企业应通过成本动因分析,对整合进行评价,确定选择或解除整合的策略。如果整合后的市场体系(包括供应市场与销售市场)僵化,破坏了与供应商和客户的关系,导致成本上升,对企业发展不利时,就应当降低市场的整合程度或解除整合。

第三,经验。经验是影响成本的综合性基础因素,它是一个重要的结构性成本动因。经验积累,即熟练程度的提高,不仅带来效率提高,人力成本下降,同时还可降低物耗、减少损失。经验积累程度越高,操作越熟练,成本降低的机会就越多,经验的不断积累和发挥是获得"经验—成本"曲线效果,形成持久竞争优势的动因。

第四,技术。运用现代科学知识不断进行技术创新是企业在日趋激烈的市场竞争中保持竞争优势的重要前提。从成本角度说,借助先进的技术手段对企业的产品设计、生产流程、管理方式等进行改造,可以有效地持续降低成本,并使得这种降低呈现出连动的态势。传统的成本管理一直忽视技术对成本的决定性影响。但日本的成本管理人员却与工程技术人员一起,运用价值工程的方法,进行成本企划,将技术与成本有机地融为一体。

第五,厂址选择。众所周知,厂址选择将会对企业的成本造成重要的影响。如果企业将厂址选择在远离原料产地或者远离销售地的地方,必然会导致企业将要花费大量的运输成本。在这种条件下,难以形成企业的竞争优势,并且,厂址一旦选定,许多成本便成了沉没成本,难以降低也难以改变了。因此,厂址选择也是一项重要的结构性成本动因,在企业进行战略决策时必须给予足够重视。

由上述分析可见,结构性成本动因可以归结为一个"选择"的问题。这种选择决定了企业的"成本定位",这样的取舍与权衡决定了企业的产品或特定产品群体(围绕作业链或部门)的可接受成本额的高低及其分布。因此,结构性成本动因分析应该从工业组织的视角来确定成本定位,其属性无疑是企业在其基础经济结构层面的战略性选择。结构性成本动因分析所要求的战略性选择针对的是怎样才是"最优"的问题。选择当然意味着配置的优化,在配置优化上加大投入力度,这个"多"并不能直接导致成本业绩的"好",因而说投入与绩效不具有关联性。成本管理应立足于适当、合理的投入配置,而不是一味追求大的投入。

(2) 执行性成本动因分析。在企业通过结构性成本动因分析决定了企业的成本管理战略后,还必须以执行性成本动因分析来引导成本管理的方向和重点,用执行性成本动因分析的结果作为成本改善的立足点更加有利于企业确立竞争优势。执行性成本动因是指决定企业作业程序的成本动因,是在结构性成本动因决定以后才建立的,这类成本动因多属非量化的成本动因,其对成本的影响因企业而异。这些动因若

## 第十五章 产品成本计算的作业成本法

能执行成功,则能降低成本;反之,则会使成本提高。执行性成本动因主要有如下几方面:

第一,员工参与。人是执行各项作业活动的主体,企业的各项价值活动都要分摊成本,因此人的思想和行为是企业成本降低改善的重要因素,在战略成本管理中起着至关重要的作用。员工参与的多少及责任感的多少对企业成本管理的影响是很明显的,如果企业上下人人都具备节约成本的思想,并以降低成本为己任,那么企业的成本管理效果自然就会好;反之,企业的成本管理则会彻底失去意义,变成无源之水。因此,在战略成本管理过程中强调全员参与,通过建立各种激励制度,培养员工以企业为家的归属感和荣辱感,在建立企业文化的同时培育企业的成本文化。

第二,全面质量管理。质量与成本密切相关,质量与成本的优化是实现质量成本最佳,产品质量最优这一管理宗旨的内在要求。全面质量管理的宗旨是以最少的质量成本获得最优的产品质量,并且最低的质量成本可以在缺点为零时达到。因为对错误的纠正成本是递减的,所以总成本会保持下降的趋势,直至最后的差错被消除,故全面质量管理的改进总是能降低成本。这项成本动因要求企业大力推行全面质量管理,树立强烈的质量意识,从企业的整个范围、设计、生产过程的各阶段着手来提高产品质量,降低产品成本,真正做到优质高效。

第三,生产能力利用率。在企业规模既定的前提下,生产能力的利用程度是影响企业成本的一个重要动因。生产能力利用主要通过固定成本影响企业的成本水平,由于固定成本在相关的范围内不随产量的增加而改变,当企业的生产能力利用率提高时,单位产品所分担的固定成本减少,从而引起企业单位成本的降低。寻求建立能够使企业充分利用其生产能力的经营模式,将会带来企业的成本竞争优势。

第四,联系。所谓联系,是指各种价值活动之间彼此的相互关联。联系可分为两类:一类是企业内部联系,企业内部各种价值活动之间的联系遍布整个价值链,针对相互联系的活动,企业可以采取协调和最优化两种策略来提高效率或降低成本;另一类是企业与供应商(上游)、客户(下游)间的垂直联系,如供应商供料的频率和及时性会影响企业的库存、销售渠道推销或促销活动可能降低企业的销售成本。企业的所有价值活动都会互相产生影响,如果能够确保他们以一种协调合作的方式开展,将会为总成本的降低创造机会。

由上述分析可见,执行性成本动因分析是在已有所选择的前提下试图进行某种"强化",只有强化,方能改善业绩。因此,执行性成本动因分析的属性应该定位为针对业绩目标的成本态势的战略性强化。执行性成本动因分析所要求的战略性强化则针对"最佳"的效果目标,强化意味着实施制度上的完善,在为完善制度及改善制度运作效率上加大投入力度,这个"多"必然能带动成本业绩的"好",也就是说投入与绩效是相关联的。

## 2. 作业成本动因分析

战术层面的作业成本动因与企业的具体生产作业相关,普遍存在于企业日常生产经营过程的有关作业之中,如采购订单数量、检验次数、物品搬运次数、产品产量、客户订货单数量、设备运转时间和设备检修时间等。

(1) 作业成本动因有两种表现形式:资源动因和作业动因。资源动因是将资源成本分配到作业的标准。作业量的多少决定着资源的耗用量,资源耗用量的高低与最终的产品量没有直接关系。例如,当"检验部门"被定义为一个作业中心时,则"检验小时"就可成为一个资源动因,这时,许多与检验有关的成本将会归集到消耗该项资源的作业中心。资源动因作为一种分配基础,它反映了作业中心对资源的耗费情况,是将资源成本分配到作业中心的标准。在分配过程中,由于资源是逐项分配到作业的,于是就产生了作业成本要素,将每个作业成本要素汇总就形成了作业成本库,分析成本要素和成本库,可以揭示哪些资源需要减少,哪些资源需要重新配置,最终确定如何改进和降低作业成本;而作业动因是将作业中心的成本分配到产品或劳务、顾客中的标准,它也是沟通资源消耗与最终产出的中介。

(2) 选择成本动因应依据的标准。成本动因的选择是作业成本核算系统中最关键的一步,找不出合适的成本动因,也就无法准确、客观地计算作业与产品的成本。一般而言,成本动因的选定应由企业的工程技术人员和成本会计人员组成的专门小组讨论后确定。在选择成本动因时,应依据以下标准:

第一,成本效益原则。选择的成本动因数量越多,成本信息相对来说就越精确,但却导致系统的高复杂程度以及高成本。因此,企业应根据成本效益原则权衡成本动因数目和期望的信息精确度。

第二,重要性和充分性相结合。选择成本动因时,要挑选有代表性或重要性的,但是又要避免过于简陋以至于反映的信息不充分。

第三,所选成本动因变量应是定量的并且是同质的。例如,选择工作复杂度作为成本动因,那么就要求用工作复杂度所具有的某种共同的可计量的特性来表示。

第四,所选成本动因变量的数据易于收集,并且具有代表性与全面性,能把产品与作业的消耗联系起来,易从现存的资料中分辨出来,并与部门的产出有直接的关联性。

第五,所选成本动因应与作业成本库中的资源消耗情况有高度的相关性,成本库费用变化可由所选的成本动因作出线性解释。

(3) 成本动因的数量选择。对于选择的成本动因,应保证其耗用量与对应的成本库成本具有同向变动性。成本动因的数量要适当,太多容易分散管理层的注意力,太少则抓不住问题的实质。成本动因的数量取决于以下三个方面:

第一,成本动因与间接费用的相关程度。在一定的精确度要求下,成本动因数量与这种相关程度呈反向关系,相关程度高则所需的成本动因数目就相对可以少。

第二,企业生产经营过程的复杂程度。企业的生产经营过程越复杂,需要的成本动因数量就越多,反之就越少。

第三,产品成本的期望精确程度。期望的精确度越高,需要的信息来源就越多,从而需要的成本动因的数量也就越多。

## 三、复习思考题与练习题

### 复习思考题

1. 作业成本法的基本程序是什么?
2. 作业成本法有哪些缺陷?如何克服这些缺陷?
3. 作业成本法产生的背景是什么?
4. 作业成本法分配间接成本时,分配哪些耗费与传统的分配方法区别最大?
5. 作业成本法的实施一般应具备的条件有哪些?

### 练 习 题

**(一) 单项选择题**

1. 美国著名教授科勒·斯托布斯早在 20 世纪 30 年代就提出成本计算的最基本对象是(    )。

   A. 产品品种　　B. 产品批别　　C. 作业　　D. 产品生产步骤

2. 在作业中使单位产品受益的作业,其所耗成本与产品产量呈正比例变动的作业称为(    )。

   A. 产品作业　　B. 维持性作业　　C. 批别作业　　D. 单位作业

3. 在作业中使某种产品的每个单位都受益的作业。这种作业的成本与产品产量及批数无关,但与产品项目呈比例变动的作业称为(    )。

   A. 产品作业　　B. 维持性作业　　C. 批别作业　　D. 单位作业

4. 在作业中使一批产品都受益,且其成本与产品的批数呈比例变动的作业称为(    )。

   A. 产品作业　　B. 维持性作业　　C. 批别作业　　D. 单位作业

5. 在作业中,与产品的生产批量相关,并能使一批产品受益的作业称为(    )。

   A. 产品层次作业　　　　　　B. 产品支持作业
   C. 批量层次作业　　　　　　D. 增值性作业

6. 在作业中,为生产特定产品而进行,并能使该种产品受益的作业称为(    )。

   A. 产品层次作业　　　　　　B. 产品支持作业
   C. 批量层次作业　　　　　　D. 增值性作业

7. 在作业中,将会增加产品价值的作业称为(    )。

A. 非增值作业　　B. 必需性作业　　C. 增值性作业　　D. 单位作业

8. 在作业中,生产产品、提供劳务的作业称为( )。
   A. 非增值作业　　　　　　　　B. 必需性作业
   C. 增值性作业　　　　　　　　D. 生产作业

9. 在作业中,将不会增加产品价值的作业称为( )。
   A. 非增值作业　　　　　　　　B. 生产作业
   C. 增值性作业　　　　　　　　D. 产品支持作业

10. 在作业中,使某个机构或某个部门受益的作业称为( )。
    A. 维持性作业　　　　　　　　B. 生产作业
    C. 增值性作业　　　　　　　　D. 产品支持作业

(二) 多项选择题

1. 在作业成本计算法下,成本计算的对象是多层次的,通常包括( )。
   A. 资源　　　B. 作业　　　C. 作业中心　　　D. 制造中心

2. 在作业成本计算法下的期间费用所登记的有( )。
   A. 无效资源耗费　　　　　　　B. 有效资源耗费
   C. 非增值作业耗费　　　　　　D. 增值作业耗费

3. 根据成本动因在资源流动中所处的位置,通常可将其分为( )。
   A. 资源动因　　B. 增值动因　　C. 维持动因　　D. 作业动因

4. 作业中心是基于管理的目的,负责完成某一项特定产品制造功能的一系列作业的集合,也包括( )。
   A. 成本汇集中心　　　　　　　B. 责任考核中心
   C. 投资中心　　　　　　　　　D. 利润中心

5. 作业链是指一系列先后有序、相互联系的( )的集合。
   A. 产品设计作业　　　　　　　B. 材料运送作业
   C. 产品生产作业　　　　　　　D. 质量检验作业

(三) 判断题

1. 根据我国现行成本准则的规定,期间费用登记的是无效资源耗费与非增值性作业耗费。　　　　　　　　　　　　　　　　　　　　　　　　　　　( )

2. 作业成本计算法引入了效率与效果的概念,借以根除由不合理的假设和错误的成本分配造成的扭曲。　　　　　　　　　　　　　　　　　　　　( )

3. 使某个机构或某个部门受益的作业称为产品作业。它与产品的种类和某种产品的多少无关。　　　　　　　　　　　　　　　　　　　　　　　( )

4. 对每一种产品编制数控规划、材料清单的,并使某种产品的每个单位都受益的作业称为批别作业。　　　　　　　　　　　　　　　　　　　　( )

5. 制造中心作为成本计算对象,实质上是指计算制造中心产出产品的成本,也都是企业的最终产品。( )

6. 作业链的形成过程其实也就是价值链的形成过程。( )

7. 成本动因就是决定成本发生的那些重要的活动或事项。它可以是一个事件,也可以是一项活动或作业。( )

## 四、案例分析题

ART 公司(以下简称公司)生产三种电子产品,分别是产品 A、产品 B、产品 C。产品 A 是三种产品中工艺最简单的一种,公司每年销售 5 000 件;产品 B 工艺相对复杂一些,公司每年销售 10 000 件,在三种产品中销量最大;产品 C 工艺最复杂,公司每年销售 2 000 件。

公司设有一生产车间,主要工序包括零部件排序准备、自动插件、手工插件、压焊、技术冲洗及烘干、质量检测和包装。原材料和零部件均外购。

公司一直采用传统成本计算法计算产品成本。

(1) 公司的有关成本资料见表 15 - 1。

表 15 - 1　　　　　　　　成 本 资 料 表

| 项　　目 | 产品 A | 产品 B | 产品 C | 合　计 |
| --- | --- | --- | --- | --- |
| 产量(件) | 5 000 | 10 000 | 2 000 | |
| 直接材料(元) | 250 000 | 900 000 | 40 000 | 1 190 000 |
| 直接人工(元) | 290 000 | 800 000 | 80 000 | 1 170 000 |
| 制造费(元) | | | | 1 947 000 |
| 年直接人工工时(小时) | 15 000 | 40 000 | 4 000 | 59 000 |

(2) 在传统成本计算法下,公司以直接人工工时为基础分配制造费,相关资料见表 15 - 2。

表 15 - 2　　　　　　　　制造费分配表

| 项　　目 | 产品 A | 产品 B | 产品 C | 合　计 |
| --- | --- | --- | --- | --- |
| 年直接人工工时(小时) | 15 000 | 40 000 | 4 000 | 59 000 |
| 分配率 | \multicolumn{3}{c}{1 947 000÷59 000=33} | |
| 制造费(元) | 495 000 | 1 320 000 | 132 000 | 1 947 000 |

(3) 按传统成本法计算的产品成本资料见表 15 - 3。

表 15-3　　　　　　　　　计算的产品成本资料表

| 项　目 | 产品 A | 产品 B | 产品 C |
|---|---|---|---|
| 直接材料(元) | 250 000 | 900 000 | 40 000 |
| 直接人工(元) | 290 000 | 800 000 | 80 000 |
| 制造费(元) | 495 000 | 1 320 000 | 132 000 |
| 合计(元) | 1 035 000 | 3 020 000 | 252 000 |
| 产量(件) | 5 000 | 10 000 | 2 000 |
| 单位产品成本(元/件) | 207 | 302 | 126 |

公司存在定价策略及产品销售方面的困境。

1. 公司的定价策略

公司采用成本加成定价法作为定价策略,按照产品成本的 120% 设定目标售价,相关资料见表 15-4。

表 15-4　　　　　　　　　　相　关　资　料　表

| 项　目 | 产品 A | 产品 B | 产品 C |
|---|---|---|---|
| 产品成本 | 207.00 | 302.00 | 126.00 |
| 目标售价(产品成本×120%) | 248.40 | 362.40 | 151.20 |
| 实际售价 | 258.75 | 328.00 | 250.00 |

2. 产品销售方面的困境

近几年,公司在产品销售方面出现了一些问题。产品 A 按照目标售价正常出售。但来自外国公司的竞争迫使公司将产品 B 的实际售价降低到 328 元,远远低于目标售价 362.4 元。产品 C 的售价定于 151.2 元时,公司收到的订单的数量非常多,超过其生产能力,因此公司将产品 C 的售价提高到 250 元。即使在 250 元这一价格下,公司收到订单依然很多,其他公司在产品 C 的市场上无力与公司竞争。上述情况表明,产品 A 的销售及盈利状况正常,产品 C 是一种高盈利低产量的优势产品,而产品 B 是公司的主要产品,年销售量最高,但现在却面临困境,因此产品 B 成为公司管理人员关注的焦点。在分析过程中,管理人员对传统成本法提供的成本资料的正确性产生了怀疑。他们决定使用作业成本计算法重新计算产品成本。管理人员经过分析,认定了公司发生的主要作业并将其划分为几个同质作业成本库,然后将间接耗费归集到各作业成本库中。归集的结果见表 15-5。

表 15-5　　　　　　　间接耗费归集的结果

| 制造费项目 | 金　额（元） |
|---|---|
| 装　配 | 606 300 |
| 材料采购 | 100 000 |
| 物料处理 | 300 000 |
| 启动准备 | 1 500 |
| 质量控制 | 210 500 |
| 产品包装 | 125 000 |
| 工程处理 | 350 000 |
| 管　理 | 253 700 |
| 合　计 | 1 947 000 |

管理人员认定各作业成本库的成本动因并计算单位作业成本，见表 15-6 和表 15-7。

表 15-6　　　　　　　　成 本 动 因

| 制造费项目 | 成 本 动 因 | 作 业 量 | | | |
|---|---|---|---|---|---|
| | | 产品 A | 产品 B | 产品 C | 合　计 |
| 装　配 | 机器小时（小时） | 5 000 | 12 500 | 4 000 | 21 500 |
| 材料采购 | 订单数量（张） | 600 | 2 400 | 7 000 | 10 000 |
| 物料处理 | 材料移动（次数） | 350 | 1 500 | 3 150 | 5 000 |
| 启动准备 | 准备次数（次数） | 500 | 2 000 | 5 000 | 7 500 |
| 质量控制 | 检验小时（小时） | 2 000 | 4 000 | 4 000 | 10 000 |
| 产品包装 | 包装次数（次） | 200 | 1 500 | 3 300 | 5 000 |
| 工程处理 | 工程处理时间（小时） | 5 000 | 9 000 | 6 000 | 20 000 |
| 管　理 | 直接人工（小时） | 15 000 | 40 000 | 4 000 | 59 000 |

表 15-7　　　　　　　单位作业成本

| 制造费项目 | 成 本 动 因 | 年制造费用 | 年作业量 | 单位作业成本 |
|---|---|---|---|---|
| 装　配 | 机器小时（小时） | 606 300 | 21 500 | 28.20 |
| 材料采购 | 订单数量（张） | 100 000 | 10 000 | 10.00 |

(续表)

| 制造费项目 | 成本动因 | 年制造费用 | 年作业量 | 单位作业成本 |
|---|---|---|---|---|
| 物料处理 | 材料移动(次数) | 300 000 | 5 000 | 60.00 |
| 启动准备 | 准备次数(次数) | 1 500 | 7 500 | 0.20 |
| 质量控制 | 检验小时(小时) | 210 500 | 10 000 | 21.05 |
| 产品包装 | 包装次数(次) | 125 000 | 5 000 | 25.00 |
| 工程处理 | 工程处理时间(小时) | 350 000 | 20 000 | 17.50 |
| 管　　理 | 直接人工(小时) | 253 700 | 59 000 | 4.30 |

将作业成本库的制造费按单位作业成本分摊到各产品的结果见表15-8。

表15-8　　　　　　　　　制造费分摊表

| 制造费项目 | 单位作业成本(元) | A产品 作业量 | A产品 作业成本(元) | B产品 作业量 | B产品 作业成本(元) | C产品 作业量 | C产品 作业成本(元) |
|---|---|---|---|---|---|---|---|
| 装　　配 | 28.20 | 5 000 小时 | 141 000 | 12 500 小时 | 352 500 | 4 000 小时 | 112 800 |
| 材料采购 | 10.00 | 600 张 | 6 000 | 2 400 张 | 24 000 | 7 000 张 | 70 000 |
| 物料处理 | 60.00 | 350 次数 | 21 000 | 1 500 次数 | 90 000 | 3 150 次数 | 189 000 |
| 启动准备 | 0.20 | 500 次数 | 100 | 2 000 次数 | 400 | 5 000 次数 | 1 000 |
| 质量控制 | 21.05 | 2 000 小时 | 42 100 | 4 000 小时 | 84 200 | 4 000 小时 | 84 200 |
| 产品包装 | 25.00 | 200 次数 | 5 000 | 1 500 次数 | 37 500 | 3 300 次数 | 82 500 |
| 工程处理 | 17.50 | 5 000 小时 | 87 500 | 9 000 小时 | 157 500 | 6 000 小时 | 105 000 |
| 管　　理 | 4.30 | 15 000 小时 | 64 500 | 40 000 小时 | 172 000 | 4 000 小时 | 17 200 |
| 合　　计 | | | 367 200 | | 918 100 | | 661 700 |

经过重新计算,管理人员得到的产品成本资料见表15-9。

表15-9　　　　　　　　　产品成本资料表

| 项　　目 | A产品 | B产品 | C产品 |
|---|---|---|---|
| 直接材料(元) | 250 000 | 900 000 | 40 000 |
| 直接人工(元) | 290 000 | 800 000 | 80 000 |
| 制造费(元) | 367 200 | 918 100 | 661 700 |

## 第十五章 产品成本计算的作业成本法

(续表)

| 项 目 | A产品 | B产品 | C产品 |
|---|---|---|---|
| 合计(元) | 907 200 | 2 618 100 | 781 700 |
| 产量(件) | 5 000 | 10 000 | 2 000 |
| 单位产品成本(元) | 181.44 | 261.81 | 390.85 |

问题的解决:采用作业成本计算法取得的产品成本资料令人吃惊。产品A和产品B在作业成本法下的产品成本都远远低于传统成本计算法下的产品成本。这为公司目前在产品B方面遇到的困境提供了很好的解释。如表15-10所示,根据作业成本法计算的产品成本,产品B的目标售价应是314.17元,公司原定362.40元的目标售价显然是不合理的。公司现有的328元的实际售价还高于目标售价314.17元。产品A的实际售价258.75元高于重新确定的目标售价217.73元,是一种高盈利的产品。产品C在传统成本法下的产品成本显然低估了,公司制定的目标售价过低,导致实际售价250元低于作业成本法下的产品成本390.85元。如果售价不能提高或产品成本不能降低,公司应考虑放弃生产C。

表15-10 相关资料表 单位:元

| 项 目 | A产品 | B产品 | C产品 |
|---|---|---|---|
| 产品成本(传统成本法) | 207.00 | 302.00 | 126.00 |
| 产品成本(作业成本法) | 181.44 | 261.81 | 390.85 |
| 目标售价(传统成本法) | 248.40 | 362.40 | 151.20 |
| 目标售价(作业成本法) | 217.73 | 314.17 | 469.02 |
| 实际售价 | 258.75 | 328.00 | 250.00 |

公司的管理人员利用作业成本计算法取得较传统成本法更为准确的产品信息,对公司的定价策略进行了及时调整,并进一步利用作业成本计算法提供的相对准确信息对公司的其他决策进行分析调整。

要求:根据以上资料,请回答如下问题:
(1) 你对该公司成本计算方法的选择持什么态度?
(2) 通过该案例,说明成本计算方法的选择与企业决策之间是什么样的关系?

# 第十六章　各种成本计算方法的实际应用

## 一、概要解析

产品成本计算的三种基本方法和五种辅助方法,它们在企业实际运用时,并不是仅能采用其中的某一个方法,应结合企业生产工艺的实际流程和企业管理的要求,灵活交叉并配合应用。

### (一) 一家企业的各个车间可以同时采用几种成本计算方法

制造业一般都有基本生产车间和辅助生产车间。基本生产车间和辅助生产车间的生产类型往往不同,因而采用的成本计算方法也往往有别。如纺织厂的纺纱和织布等基本生产车间一般属于多步骤的大量生产,适宜采用分步计算半成品纱和产成品布的成本,而厂内的供水、供电等辅助生产车间属于单步骤大量生产,则应采用品种法计算成本。

### (二) 一家企业或一个车间的各种产品可以同时采用几种成本计算方法

一家企业或一个车间所生产的各种产品,其生产类型可能不同,因而采用的成本计算方法也会有所不同。例如,木器厂所产各种木器有的已经定型,已大批量生产,可以采用分步法计算成本;有的则正在试制或者刚刚试制成功,只能单件、小批生产,则应采用分批法计算成本。

### (三) 几种产品成本计算方法的结合应用

在实际工作中,即使是一种产品,其各个生产步骤、各种半成品和各个成本项目之间的生产特点和管理要求也有差异,因而也有可能把几种成本计算方法结合起来应用。

1. 一种产品可能结合采用几种成本计算方法

一种产品的不同生产步骤,由于生产特点和管理要求的不同,可以采用不同的成本计算方法。例如,小批单件生产的机械厂,铸工车间可以采用品种法计算铸件的成本;加工装配车间则可采用分批法计算各批产品的成本;而在铸工和加工装配车间之间,则可采用逐步结转分步法结转铸件的成本;如果在加工和装配车间之间要求分步骤计算成本,但加工车间所产半成品种类较多,又不外售,不需要计算半成品成本,那么,在加工和装配车间之间则可采用平行结转分步法结转成本。

## 第十六章　各种成本计算方法的实际应用

另外，在一种产品的各个成本项目之间，也可采用不同的成本计算方法。例如，钢铁厂产品的原料成本，占全部成本的比重较大，又是直接计入耗费，应该采用分步法，按照产品的品种和生产步骤设立明细账计算成本；其他成本项目则可结合采用分类法，按照产品类别设立成本明细账归集耗费，然后按照一定的系数分配计算各种产品的成本。

2. 成本计算的辅助方法一般均应与基本方法结合应用

成本计算的辅助方法是为简化成本计算工作或加强成本管理而采用的方法。这些方法可以应用在各种类型的生产企业，但必须与基本成本计算方法结合起来，不能单独采用。例如，生产无线电元件的工业企业由于产品的品种、规格较多，就可以采用分类法再具体化到产品；机械制造企业中，如果定额管理的基础比较好，产品的消耗定额比较准确、稳定，可以在所采用的分步法的基础上结合采用定额成本法计算产品成本。

## 二、背景资料

### （一）分步与分类结合——分步分类法

在某些多步骤生产的企业产品品种规格繁多，管理上若要求提供半成品成本，这就需要采用一种分类与分步相结合的方法。如在机械行业，一种产品往往由上百件零部件组成，有的部分零件还外销，如果按零件、按车间分步计算成本，计算量会不胜其烦，一般应按月份、按车间、按组成某一产品的有关零部件作为成本计算对象。如汽车制造厂，一般来说，发动机车间就以组成各类车辆发动机的诸零部件作为成本计算实体，总装车间也会分别以各类车辆分别作为成本计算实体，先计算各步各月份零部件总成本，再按零部件的定额比例计算各种零部件的实际成本，并逐步结转其成本。

这种方法的基本程序是：① 按各步骤半成品类别设立成本计算单，汇集各步骤的生产耗费，并将各步骤生产成本在各类产品之间分配。② 计算各步各类半成品成本，并将各类半成品成本在同类半成品之间分配。③ 逐步结转半成品成本，进而算出产成品成本。

### （二）逐步结转与平行结转相结合的分步法

我国一些企业在实务中创造了一种新的分步法，即逐步结转与平行结转相结合的分步法。其要点是：对于各步骤完工的半成品按定额成本逐步结转给下一步骤，各步骤完工半成品的实际成本与定额成本的差异，全部平行结转给该种产成品成本负担。

该分步法的成本计算程序如下：

首先，计算各步骤完工产品的实际成本。计算公式如下：

完工产品实际成本＝期初在产品定额成本＋本期实际发生耗费－期末在产品定额成本

其次，各步骤半成品按定额成本结转给下步骤，在连续式生产企业，尽可能按成本项目分项转入下步骤成本计算单的各成本项目上。

再次，计算各步骤完工产品的成本差异（完工产品实际成本－完工产品产量×单位产品定额成本），并将其平行结转给财会部门。

最后，财会部门在计算产品定额成本（产成品数量×单位产品定额成本）的基础上，将各步骤转来的成本差异按产品品种归集，直接由该种产成品成本负担。

## 三、复习思考题与练习题

### 复习思考题

1. 一家企业的各个生产车间，当其生产类型不同时，可以采用不同的成本计算基本方法吗？请举例说明。

2. 一家企业的各个生产车间，当其生产类型相同，但管理要求不同时，可以采用不同的成本计算基本方法吗？请举例说明。

3. 一个车间生产多种产品，若各种产品的生产类型或管理上的要求不同，可以采用不同的成本计算基本方法吗？请举例说明。

4. 在一种产品的不同零部件之间，由于管理上的要求不同，可以采用不同的成本计算方法吗？

5. 一种产品的不同成本项目，可以采用不同的成本计算方法吗？请举例说明。

6. 在分步法下，在产品成本计算采用加权平均法和先进先出法，对约当产量计算有何影响？

7. 什么是分批分步法？在什么情形下使用？

### 练 习 题

(一) 单项选择题

1. 对那些多步骤生产且产品品种规格繁多，管理上还要求提供半成品成本的企业，适宜采用（    ）。

    A. 分批分类法      B. 分批分步法

    C. 分步分类法      D. 简化的平行结转分步法

2. 对那些生产不同规格和质地产品，其加工过程基本接近，但所用材料差异较大的生产类型的企业，直接材料可按订单或批别归集，加工成本可按步骤来归集，通常适宜采用（    ）。

    A. 分批分类法      B. 分批分步法

    C. 分步分类法      D. 简化的平行结转分步法

3. 凡是按订货合同分批生产，而每一批产品又有许多不同规格时，通常适宜采用（    ）。

## 第十六章 各种成本计算方法的实际应用

  A. 分批分类法      B. 分批分步法
  C. 分步分类法      D. 简化的平行结转分步法

  4. 不直接计算各步骤应计入产成品成本的份额,而通过计算各步骤累计在产品定额成本,倒算出完工产品成本份额的方法,通常称为(  )。

  A. 分批分类法      B. 分批分步法
  C. 分步分类法      D. 简化的平行结转分步法

  5. 有些企业对于各步骤完工的半成品按定额成本逐步结转给下一步骤,而将各步骤完工半成品的实际成本与定额成本的差异,全部平行结转给该种产成品成本负担的计算方法,通常称为(  )。

  A. 分批分类法      B. 分批分步法
  C. 分步分类法      D. 逐步结转与平行结转相结合的分步法

  6. 有些企业按照零件、部件、产成品生产的批别归集耗费,分别分批计算成本。尤其适用于成批、大批生产的装配式复杂生产企业的成本计算方法,通常称为(  )。

  A. 分批分类法      B. 分批零件法
  C. 分步分类法      D. 简化的平行结转分步法

  7. 有些企业在同一工作地点,连续不断地重复着零件的制造和产成品的装配,但没有批次,因而,以零件、部件和产成品的名称来归集材料成本、按工序归集加工费。此方法通常称为(  )。

  A. 分批分类法      B. 分批零件法
  C. 零件工序法      D. 简化的平行结转分步法

### (二) 多项选择题

  1. 逐步结转与平行结转相结合的分步法的成本计算方法的特点有(  )。
  A. 对于各步骤完工的半成品按定额成本逐步结转给下一步骤
  B. 按各步骤半成品类别建立成本计算单
  C. 各步骤完工半成品的实际成本与定额成本的差异,全部由该种产成品负担
  D. 计算各步各类半成品成本

  2. 分批分步法成本计算的特点包括(  )。
  A. 直接材料成本可按订单或批别来归集
  B. 加工成本可按加工步骤来归集
  C. 按各步骤半成品类别设立成本计算单
  D. 服务业、食品加工业适宜采用此方法

  3. 分步分类法的成本计算特点一般包括(  )。
  A. 按各步骤半成品类别设立成本计算单
  B. 将各步骤耗费在各类产品之间分配

145

C. 将各类半成品成本在同类半成品之间加以分配

D. 逐步结转半成品成本,并计算出产成品成本

4. 下列各项中,属于产品成本计算基本方法结合应用的有(　　)。

A. 分步分类法

B. 分批分步法

C. 逐步结转与平行结转相结合的分步法

D. 分批分类法

5. 分批零件法成本计算的特点主要包括(　　)。

A. 以零件生产、部件和产成品装置的批别为成本计算对象

B. 分别车间成本项目设置专栏

C. 一般要先计算完工零件的成本,再计算完工部件及产品的成本

D. 零部件完工交库时,要转入"自制半成品"账户

6. 零件工序法成本计算的特点主要包括(　　)。

A. 车间按各种或各类零件、部件、产品的制造或装配作为成本计算对象

B. 制造费不通过工序而是直接分配到完工零件或完工产品成本中

C. 产品成本按月计算

D. 适用于平行加工式生产的大量生产企业

7. 简化的平行结转分步法的主要特点包括(　　)。

A. 不直接计算各步骤应计入产成品的份额

B. 通过计算各步骤累计在产品定额成本,倒算出完工产成品成本的份额

C. 逐步计算各步骤完工半成品成本

D. 直接计算各步骤应计入产成品的份额

(三) 判断题

1. 在计算产品成本时,任何基本方法都可以结合定额成本法来计算。(　　)

2. 一般来说,企业计算产品成本也可纯粹采用两种辅助方法。(　　)

3. 在实际工作中,一种产品在不同的生产工艺阶段,可采用几种产品成本计算的基本方法计算产品成本。(　　)

4. 产品成本计算的分步分类法,既是为了满足企业的管理要求即提供半成品成本的需要,又是为了尽量达到简化成本核算过程的需要。(　　)

5. 产品成本计算的逐步结转与平行结转相结合的分步法,主要是简化了各步骤总耗费在完工与在产品之间的分配过程。(　　)

四、案例分析题

某罐装的可口可乐公司,在招聘成本核算员的时候,财务部门负责人首先介绍了

该公司的生产工艺流程。罐装可乐产品所需的直接材料是糖浆、碳酸水和易拉罐。装瓶公司从可口可乐公司购买糖浆或加工成糖浆的浓缩液,生产过程的第一步骤是将糖浆与碳酸水混合制成可装罐的液体。在这一步骤,材料成本是碳酸水和糖浆的成本。第二步骤是将空罐送往工厂,在那里它们被检测及清洗,然后装入可乐,这仅需要加工成本。第三步骤在罐上加盖,然后将已装罐的可乐包装成箱。至此整个生产流程全部结束了。

然后,提出如下问题要求应聘人员回答:

(1) 若该公司生产的罐装液体及被检测、清洗的空罐不对外销售,且公司不需要罐装液体和空罐的成本资料,则该公司宜采用分步法中的哪一种方法?

(2) 若该公司生产的罐装液体及被检测、清洗的空罐可能对外销售,且公司需要罐装液体和空罐的成本资料,则该公司宜采用分步法中的哪一种方法?

(3) 该公司能否采用分批成本法?

(4) 该公司能否采用品种法与分步法的结合方法?

要求:假如你是应聘人员,你应该怎么回答呢?

# 第十七章 其他主要行业的成本核算

## 一、概要解析

### (一) 交通运输企业的成本核算

交通运输业按照运输方式的不同,一般分为铁路运输业、公路运输业、水路运输业、航空运输业和管道运输业等五种类型。交通运输业主要有以下特点:其一,交通运输业的生产行为是联络生产领域、流通领域及消费领域的桥梁和纽带。其二,交通运输业生产过程不是生产具有实物形态的产品,而是提供运输劳务。其劳务的生产过程和销售过程是统一而不可分的,生产的完成也是销售的完成。其三,交通运输业的生产过程只消耗劳动工具而不消耗劳动对象,也不改变劳动对象的属性及性态,只是使其空间位置发生移动。其四,交通运输业和生产地点流动分散、线长点多,往往出现中转管理局、地区、国家之间的运输行为。相应的交通运输企业的成本核算特点有以下几方面。

1. 交通运输企业的成本计算对象

交通运输业的成本计算对象是旅客或物品的周转量。可以概括为以下三种:① 以运输生产的各类业务以及构成各类业务的具体项目作为成本计算对象。② 根据成本管理的需要,交通运输企业可按运输工具的类型确定成本计算对象;也可按运输工具的个体确定成本计算对象。③ 以运输工具的运行情况作为成本计算对象。

2. 交通运输企业的成本计算单位

交通运输企业的成本计算单位为周转量,即按业务量及其相关指标计算的工作量。

3. 交通运输企业的成本计算期

交通运输企业一般按月计算运输成本。

4. 交通运输企业的成本构成

交通运输企业的成本具有联合成本的性质。这主要是在运输生产过程中为了充分利用运输工具的载重能力和空间,往往采用客货混载的方式。在计算旅客运输成本和货物运输成本时,要将这些共同发生的耗费进行合理的分配。

## 第十七章 其他主要行业的成本核算

**5. 采用制造成本法计算各种营运成本**

只汇集和分配与营运生产直接有关的各项耗费支出,即只将营运过程中发生的直接材料费、直接人工费、营运间接费等分配计入营运成本,而将管理费用、财务费用等与营运业务没有直接联系的支出计入当期损益。

### (二) 房地产开发企业的成本核算

房地产开发企业的会计核算与其他行业的最大区别有三个方面:一是开发成本项目构成、核算的特殊性;二是商品房营业收入确认的条件和依据不同;三是涉及相关税金的核算内容更加广泛。

房屋开发是房地产开发企业的主要经济业务。房地产开发企业开发的房屋,按其用途可分为如下几类:一是为销售而开发的商品房;二是为出租经营而开发的出租房;三是为安置被拆迁居民周转使用而开发的周转房。为了总括反映房屋开发所发生的支出,同时分门别类地反映企业各类房屋的开发支出,便于计算开发成本,在会计上除在"开发成本"一级账户下设置"房屋开发成本"二级账户外,还应按开发房屋的性质和用途,分别设置"商品房""出租房""周转房""代建房"等三级账户,并按各成本核算对象和成本项目进行明细分类核算。

(1) 一般房屋开发项目,以每一独立编制设计概(预)算,或每一独立的施工团预算所列单项开发工程为成本核算对象。

(2) 同一开发地点,结构类型相同的群体开发项目,开竣工时间相近,同一施工队伍施工的,可以合并为一个成本核算对象,于开发完成算得实际开发成本后,再按各个单项工程概(预)算数的比例,计算各幢房屋的开发成本。

(3) 对于个别规模较大、工期较长的房屋开发项目,可以结合经济责任制的需要,按房屋开发项目的部位划分成本核算对象。

开发企业对房屋开发成本的核算,应设置如下几个成本项目:① 土地征用及拆迁补偿费或批租地价。② 前期工程费。③ 基础设施费。④ 建筑安装工程费。⑤ 配套设施费。⑥ 开发间接费。

前期工程费是指房屋开发过程中发生的规划、设计、可行性研究和水文地质勘察、测绘、场地平整等各项前期工程支出;基础设施费是指房屋开发过程中发生的供水、供电、供气、排污、排洪、通讯、绿化、环卫设施和道路等基础设施支出;建筑安装工程费是指房屋开发过程中发生的建筑安装工程支出;配套设施费是指开发小区内不能有偿转让的公共配套设施支出;开发间接费是指企业内部独立核算单位为开发各种开发产品而发生的各项间接费。

### (三) 旅游饮食服务企业的成本核算

**1. 饭店、宾馆、旅店行业**

饭店、宾馆、旅店的营业成本包括餐饮原材料成本、商品进价成本、车队的营业成

149

本等。

2. 旅行社

旅行社的营业成本包括各项代收代付的费用,如代收的房费、餐费、交通费、文娱费、行李托运费、票务费、门票费、专业活动费、签证费、陪同费、劳务费、宣传费、保险费、机场费等。

3. 餐饮业

酒楼、餐馆的营业成本包括餐饮的原材料成本、商品的进价成本等;原材料成本包括耗用的食品、饮料、调料、配料、燃料等。

4. 其他服务业

其他服务企业的营业成本主要指耗用的原材料成本。服务业的营业成本是指各营业部门在经营中发生的各项成本,包括运输费、装卸费、包装费、保管费、保险费、燃料费、水电费、展览费、广告宣传费、邮电费、差旅费、洗涤费、清洁卫生费、低值易耗品摊销、物料消耗、经营人员的工资(含奖金、津贴和补贴)、职工福利费、服装费和其他营业成本。其中,服装费是指按规定为职工制作工作服装而发生的费用。

**(四) 商业贸易企业的成本核算**

商业贸易企业是指所有从事商品流通的独立核算经济组织,包括商业、外贸、石油、粮食、医药、图书发行、物资、供销合作社、烟草和以从事商品流通活动为主营业务的其他企业。

1. 商业贸易企业成本核算的特点

(1) 商品经营成本的构成。商品经营成本在成本性态上表现为存货成本和销货成本。其中存货成本其存在的空间包括运入在途商品、库存商品、运出在途商品、委托其他单位代管商品、加工税金等;存货成本的经营内容包括购进商品支付的进价、进口关税、委托加工成本、加工税金等,一般通称为进价成本。经营管理耗费的资金包括采购费、运输费、仓储费、管理费等,一般通称为流通费用。因而,一般来说,某种商品存货成本等于该种商品进价成本加经营该项商品的流通费用;从销货成本考察,是由销售某种商品的进价成本和销售该项商品的必要支出(如广告费、摊销费、管理费等)组成。

(2) 以会计结算期作为成本计算期。尽管商业企业的商品流转活动是在"川流不息"地不间断地进行,但为了适应经营管理要求,不断改善企业的经营管理工作,需要以会计结算期为时间界限,按分期经营的归属,确定结算期经营商品的经营成本。

(3) 以权责发生制与收付实现制相结合的原则,确定各期经营商品的损益。对本期收益或跨期收益但数额较小的消耗,均作为当期流通费用,计入商品经营成本;其他凡属于多期收益一次结算且金额较大的消耗,应分期计入各期的商品经营成本。

2. 商品进价成本的计算与结转

(1) 批发企业商品进价成本的计算与结转。其一,分批实际进价法。该方法是以各批商品的实际进货单价,作为计算该批结存和销售商品的进价成本的依据。其二,加权平均单价法。该方法是以每种商品的期初结存和本期收入数量之和去除期初结存和本期收入金额之和,来计算每种商品的平均单价,以加权平均单价来确定期末库存商品与已销售商品的进价成本。其三,先进先出法。该方法是按商品入库时间上的先后顺序,以先入库商品的进价成本作为销售商品的进价成本,后入库商品的进价成本作为结存商品的进价成本。其四,后进先出法。该方法是按商品入库时间上的先后顺序,以后入库商品的进价成本作为销售商品的进价成本,先入库商品的进价成本作为结存商品的进价成本(现行《企业会计准则》不允许存货核算采用此方法)。其五,毛利率法。毛利率法是指以本期商品的销售收入净额,按前期商品的实际毛利率或本期计划毛利率计算当期已销商品的毛利额,并以此计算当期已销商品和期末结存商品的成本的方法。

（2）零售企业商品进价成本的计算与结转。数量售价金额核算法是同时采用实物数量和售价金额两种计量单位核算库存商品的购销存情况。设置的库存商品总分类账和明细分类账不是按进价而是按售价登记入账。该账户的借方登记购入、盘盈的商品售价,贷方登记销售、发出和盘亏的商品售价,期末借方余额表示库存商品的售价。在企业商品品种较多的情况下,也可以在总分类账和明细分类账之间增加设置商品类别账户,以便于企业库存商品的实物管理和账实核对。同时,为了反映商业零售企业外购商品的采购成本,设立"商品进销差价"账户作为"库存商品"账户的备抵账户;商品购入、加工收回、销售退回及盘盈等验收入库所产生的商品进销差价的增加记入该账户的贷方,商品出售、出租、盘亏等分配减少的商品进销差价记入该账户的借方,该账户的期末贷方余额表示企业库存商品的进销差价余额。

在数量售价金额核算法下,商品销售后按售价金额结转商品销售成本,已销商品成本中含有已实现的商品进销差价。具体处理是在每期期末通过计算商品进销差价率确定当期已销商品应分摊的进销差价,并据以调整当期的销售成本。相关计算公式如下：

本期已销商品应分摊的进销差价＝本期商品销售收入×进销差价率

$$进销差价率＝\frac{期初库存商品进销差价＋本期购入商品进销差价}{期初库存商品售价＋本期购入商品售价}\times100\%$$

本期已销商品的实际成本＝本期商品销售收入－本期已销商品应分摊的进销差价

### （五）施工企业的成本核算

施工企业是指专门从事各类建筑工程、设备安装工程及其他专业工程施工的生产经营企业。其主要生产经营的产品为不动产,如房屋建筑物、各种设备、管道、隧道、桥梁、涵洞等;其工程施工内容还包括拆除废旧建筑物、平整场地、砌筑设备的基础支架、工程地质勘探、建筑施工场地竣工后的清理与绿化、矿井开凿和设备试车等。其生产经营特点表现为具有生产流动性大、施工生产周期长和所生产产品具有单件独立性等特征。

1. 施工企业成本核算的内容

建筑工程成本分为直接成本和间接成本。

(1) 直接成本。直接成本是指施工过程中耗费的构成工程实体或有助于工程形成的各项支出。它包括人工费、材料费、机械使用费和其他直接费。其中,人工费包括企业从事建筑安装工程施工人员的工资、奖金、福利、津贴、劳动保护等;材料费包括施工过程中耗用的构成工程实体的原材料、辅助材料、构配件、零件、半成品的费用和周转材料的摊销及资产租赁费用;机械使用费包括施工过程中使用自有施工机械所发生的机械使用费和租用外单位施工机械的租赁费,以及施工机械安装、拆卸和进出场费。其他直接费包括施工过程中发生的材料两次搬运费、临时设施摊销费、工程点交费、场地清理费等。

(2) 间接成本。间接成本是指企业各施工单位为组织和管理工程所发生的全部支出,包括施工单位管理人员的工资、奖金、福利、行政管理部门用固定资产折旧、修理、机物料消耗、低值易耗品摊销、取暖费、检验试验费、工程保修费、劳动保护费、排污费及其他费用。

2. 施工企业的成本计算对象

一般来说,施工企业应该以每一个单位工程作为成本计算对象,这是因为施工图预算是按单位工程编制的。工程成本计算对象的确定一般要考虑工程施工图预算、施工组织的特点以及加强成本管理的要求等因素,主要有以下划分方法:

(1) 建筑安装工程一般应以每一独立编制施工图预算的单位为成本计算对象。

(2) 若一个单位工程由几个施工企业共同施工时,各施工企业都应以同一单位工程为成本计算对象,各自核算自行完成的部分。

(3) 规模大、工期长的单位工程,可以将工程划分为若干部分,以分部工程作为成本计算对象。

(4) 统一建设项目包含若干单位工程。如由同一企业施工,对同一施工地点、同一结构类型、开竣工时间相接近的若干单位工程,可以合并作为一个成本计算对象。

(5) 改建、扩建的零星工程,可以将开竣工时间相接近、属于同一建设项目的各个单位工程,合并作为一个成本计算对象。

(六) 物流企业的成本核算

1. 物流企业成本核算现状

目前,由于物流企业的成本核算在理论上尚没有基本的方法,在实务中也没有可参考的模式,其物流成本的核算就呈现出多样化现状,同行之间更是无法比较。具体表现在以下方面:

(1) 比照制造企业细分成本项目。资产型、多功能、大规模的第三方物流企业把

## 第十七章 其他主要行业的成本核算

对外提供物流服务看成是一种无形产品,把相关物流功能整合成的合同服务作为成本计算对象,比照制造企业细分的成本项目为:直接材料、直接人工、间接费用,而营业费用(包括销售人员的工资和佣金、广告费用、售后服务费)、管理费用(主要是与研究、开发和总体管理有关的费用,如新的物流服务开发,运输路线、运输方式的优化,仓库储存的优化,针对不同的客户开发不同的增值服务等)作为期间费用。因为物流企业的直接材料、直接人工占企业总成本的比重很小,而间接费用比重却很大,因此间接费用能否合理分配到成本计算对象至关重要。但它们缺乏合理有效的间接费分配方法,采用了按月分摊间接费,削弱了间接费与各个合同服务之间的关联度,歪曲了各个成本计算对象的成本信息。

(2) 沿用交通运输企业的成本核算方法。传统运输转型的物流企业,如拥有公路运输资产的转型企业,均沿用交通运输企业成本核算方法。其成本计算对象主要有三种类型:一是以业务划分,如货运业务、装卸业务;二是以营运工具划分,如货柜车、散货车、空调车、冷冻车;三是以运输路线来划分,并把成本费用构成细分为运输营运成本、仓储成本、管理费用。其中,运输营运成本按与成本计算对象的关系,可分为营运直接费和营运间接费。运输营运成本与仓储成本的简单累加构成该类企业的物流成本,其缺陷是没有从企业整体业务考虑来确定成本计算对象,无法提供不同业务或者不同客户的成本,也无法计算企业提供增值服务的成本。

(3) 运用物流中心的统一费率法。当前,一些为生产企业从事物料配送、为大型连锁超市从事商品配送的配送中心,采用以营业费用、管理费用、财务费用三项总费用计算企业的成本费用的方法。为了便于客户谈判,通常采用的办法是以上年的实际营运情况,制定一个参照基准费率(上年成本费用总额÷上年配送总金额),再根据配送物品具体特征、客户重要性程度、客户的需要等具体情况在基准费率基础上制定浮动费率。业务部门与客户定价基础就是浮动费率加目标利润率。这种成本计算方法只是按月归集实际费用,谈不上成本核算,因为没有确定成本计算对象。

2. 物流企业成本核算面临的难题及对策

要正确核算物流企业的成本,需要先明确物流企业的成本核算要素,包括成本核算对象、成本核算期间、成本计算空间、成本核算计量单位、成本核算方法、成本核算的账务处理和成本报表七大要素。但成本核算要素的确定又与企业的经营特点密切相关。现代物流企业经营业务多元化,涉及领域广泛,实现方式依靠现代信息技术和高科技手段,其提供服务的特点决定了几个成本计算要素包括成本计算对象、成本计算期、成本计算空间等具有其特性。而这些特性正是物流企业成本核算陷入困境的根源。

(1) 成本核算对象。企业的成本核算需要先明确成本对象,否则成本计算就毫无意义。有形成本对象其自身就是归集耗费的天然"容器",耗费能够明确地、可辨认地归集到这个"容器"中。而物流服务这种无形成本对象与有形成本对象相比,具有无实体性(是指人们无法直接感觉到该对象的存在)和瞬时性(是指该对象不能存储到未来)两种特性,这意味着无形成本对象无处归集其消耗,而物流企业的物流服务正是一种无形的成本对象,只能人为为其安装一个"容器"以归集耗费,这也是物流企业进行成本核算必须解决的问题。物流企业提供物流服务方式,主要是通过与客户签订物流服务合同实现的,物流企业与客户签订合同具有唯一性,几乎没有两份完全一样的服务合同,因此,将物流企业与客户签订的每项服务合同作为物流企业成本核算对象不仅有理论依据,而且实务操作上也是可行的。

(2) 成本核算期间。成本核算期间是归集耗费到成本对象的时间范围。物流企业提供的物流服务是合同导向的物流服务,合同签订的时间随物流企业与客户之间的依赖关系不同而有长短之分。如与客户之间建立战略联盟关系所签订的契约型合同,有的长达5~6年,合同的营运周期出现跨会计期间的情形,若以营运周期作为成本核算期,也就是要等到该项合同履行完之后才能提供其成本信息,不符合财务会计的及时性原则。再说物流企业有的服务合同是短期"门到门"的"运输+仓储+配送"业务流程,甚至不到1个月就履行完合同,特别是当物流企业提供适时制配送,或者自动补货则是即时完成的,在这种情况下,若以营运周期作为成本核算期,在实务中是很难达到这个即时成本信息要求的。鉴于上述分析,物流企业应看成是服务业,采取与会计期间一致,以公历月份作为成本核算期。至于时间跨度长于会计期间的合同,可以采用完工百分比法来确定其当期的成本。

(3) 成本核算空间。成本核算空间是指成本对象应归集的耗费发生的区域范围。从法规上讲,物流企业只能选用当前会计制度规定的制造成本法,但是,物流企业提供每一项合同服务的过程毕竟与制造企业生产产品的过程不同。物流企业生产合同的服务产品是由整个物流企业共同完成的,其生产耗费遍布每个角落,要想把这些生产耗费归集到合同产品,需要精挑细拣,否则会影响合同产品成本计算的合法性,演变成完全成本法。为此物流企业必须正确划分以下界限:

第一,收益性支出与资本性支出、营业外支出的界限。以购建或融资租赁方式取得固定资产和无形资产所发生的支出以及在资金运作管理,进行对外投资所发生的支出不能计入物流成本,应予以资本化计入相关的资产价值;与物流业务运作无关的滞纳金、罚款、违约金、非常损失等不能计入物流成本,应列作营业外支出。

第二,物流成本与期间费用的界限。物流成本是指物流企业发生的与合同服务产品的运作直接相关的支出,主要有系统开发费、运输费、仓储费、装卸费、加工费、包装费等。期间费用是指企业当期发生的必须从当期收入中得到补偿的费用,按其经济用途可分为销售费用、管理费用、财务费用。其中,销售费用是指与合同服务产品的运作间接相关的支出,如客户询价、物流方案设计、物流方案投标、合同

# 第十七章 其他主要行业的成本核算

签订等方面所发生的业务承揽费以及客户关系维护、处理客户投诉、评价与审核客户等方面所发生的客户服务费。管理费用、财务费用应按《企业会计制度》的相关规定执行。

第三,物流成本和非物流成本的界限。物流企业为了规避风险,往往在主营业务外,还有其他业务。这些业务也许是与物流业务相同的主营业务,也许是性质不同的辅营业务。凡是能归属于这些非物流业务的耗费应直接计入非物流业务成本,而不得将应列入非物流业务的成本计入物流成本。

## 二、背景资料

### (一) 金融企业成本核算的特点

1. 经营特点

金融是指与货币流通和信用有关的一切活动,包括货币的发行与回笼,吸收存款与发放贷款、外汇买卖、信托、租赁、保险、国际国内汇兑结算等。我国的金融企业主要包括商业银行(含信用社)和非银行金融机构。商业银行是通过办理吸收存款、发放贷款和转账结算等金融业务获取利润的企业法人。商业银行的业务一般可以分为负债业务、资产业务和中间业务三大类。非银行金融机构是指商业银行和中央银行以外具体经办某一类金融业务的金融机构。

2. 成本核算特点

由于金融企业经营的特殊性,其成本费用的核算与制造业和其他企业存在较大的差别,具体表现在成本核算难以"物化""业务化",成本与费用的界限难以划分和成本费用管理的重点不同。金融企业成本费用核算体系区别于其他行业的主要特点集中体现在:由于金融企业很难将发生的费用对象化为各项业务的成本,就只能直接按综合的成本费用的内容进行核算。

3. 成本核算账户

为了核算银行的成本费用,金融企业应设置"利息支出""手续费支出""金融企业往来支出""营业费用""汇兑损失""其他营业支出"等账户。这些账户均属于损益类账户,借方核算各项成本费用的实际发生数,会计期末,将这些账户的借方余额全部转入"本年利润"账户借方,结转后,这些账户无期末余额。

### (二) 保险企业成本核算的特点

1. 经营特点

保险企业是指从事经营保险业务和投资业务的经济组织。保险是为了应对特定的灾害事故或意外事件,通过订立合同实现补偿或给付的一种经济形式,其实质是由全部投保人分摊部分投保人的经济损失。我国的保险业务分为财产保险业务、人身保险业务和再保险业务三大类。

### 2. 成本核算特点

（1）成本费用的概念。保险企业的成本费用是指保险公司在开展保险业务的过程中所必须发生的活劳动和物化劳动的耗费，以及虽不具有劳动耗费性质，但与开展保险业务密切相关的必要开支。其具体包括保险业务成本和营业费用两部分。

（2）成本费用的核算对象。保险企业属于金融企业，所以也不存在成本计算对象而只有成本核算对象，即保险业务成本和营业费用。

### 3. 成本核算账户

为了核算和反映保险经营的过程，保险企业需要设置"赔款支出""手续费支出""佣金支出""税金及附加""保险保障基金""营业费用"等损益类账户。

## 三、复习思考题与练习题

### 复习思考题

1. 运输企业成本计算对象可分为哪三种类型？
2. 运输业务成本的计算单位有哪几种表现形式？
3. 在定期成本核算中，哪三种产品一般无在产品计价的问题？

### 练 习 题

**（一）单项选择题**

1. 下列各项中，（　　）进行成本核算时，营运成本构成中不存在劳动对象方面的消耗。

    A. 运输企业　　　　　　　　B. 房地产开发企业
    C. 水产养殖企业　　　　　　D. 农业企业

2. 期末，一般不计算在产品成本的行业是（　　）。

    A. 制造业　　B. 畜禽饲养业　　C. 渔业生产　　D. 饮食服务业

3. 对本期发出材料的金额采取倒计方式确认的情形是（　　）。

    A. 实行领料制的饮食服务业　　B. 实行非领料制的饮食服务业
    C. 一般的工业企业　　　　　　D. 建筑安装企业

4. 客运业务的成本计算公式为（　　）。

    A. 运输人数×运输里程（公里）　　B. 运输重量（吨）×运输里程（公里）
    C. 吨公里＋人公里×换算率　　　　D. 堆存量（吨）×堆存天数

5. 货运业务的成本计算公式为（　　）。

    A. 运输人数×运输里程（公里）　　B. 运输重量（吨）×运输里程（公里）
    C. 吨公里＋人公里×换算率　　　　D. 堆存量（吨）×堆存天数

6. 客货运业务的成本计算公式为（　　）。

    A. 运输人数×运输里程（公里）　　B. 运输重量（吨）×运输里程（公里）

# 第十七章 其他主要行业的成本核算

C. 吨公里＋人公里×换算率　　　　D. 堆存量(吨)×堆存天数

7. 装卸业务的成本计算公式为(　　)。

　　A. 运输人数×运输里程(公里)　　B. 运输重量(吨)×运输里程(公里)

　　C. 吨公里＋人公里×换算率　　　　D. 堆存量(吨)×堆存天数

8. 成本计算期应与生产周期一致的是(　　)企业的成本计算。

　　A. 建筑安装　　　　　　　　　　B. 水产养殖

　　C. 商品流通　　　　　　　　　　D. 运输

9. 一般来说,批发企业"库存商品"账户应(　　)。

　　A. 按经营商品的品名开户、账内按进价反映

　　B. 按实物负责人(或柜台)开设账户、账内按售价反映(不反映实物数量)

　　C. 按经营商品的品名开户、账内按售价反映(不反映实物数量)

　　D. 只按售价、不按数量登记账户

10. 一般来说,零售企业"库存商品"账户应(　　)。

　　A. 按经营商品的品名开户、账内按进价反映

　　B. 按实物负责人(或柜台)开设账户、账内按售价反映(不反映实物数量)

　　C. 按经营商品的品名开户、账内按售价反映

　　D. 只按售价、不按数量登记账户

11. 为确保商品销售成本计算的准确,零售企业通常采用的"进销差价率"一般应为(　　)。

　　A. 个别进销差价率　　　　　　　B. 分类进销差价率

　　C. 综合进销差价率　　　　　　　D. 毛利率

12. 下列各项中,经营周期肯定超过1年的行业是(　　)。

　　A. 商业企业业务　　　　　　　　B. 运输企业业务

　　C. 果林产品业务　　　　　　　　D. 饮食服务业务

(二) 多项选择题

1. 运输企业营运生产过程的特点有(　　)。

　　A. 流动性

　　B. 分散性

　　C. 一般不改变劳动对象的属性和形态

　　D. 营运生产和销售同时进行

2. 运输企业的营运业务包括(　　)。

　　A. 运输与装卸业务　　　　　　　B. 生产与销售业务

　　C. 堆存与代理业务　　　　　　　D. 通用航空业务

3. 铁路运输企业的营运成本包括(　　)。

A. 铁路灾害防治费 B. 铁路护路护桥费
C. 车辆牌照检验费 D. 拖轮费与停泊费
4. 水路运输企业的营业成本包括( )。
A. 铁路灾害防治费 B. 铁路护路护桥费
C. 引水费与港务费 D. 拖轮费与停泊费
5. 运输企业成本计算期可能( )。
A. 按月计算成本 B. 按航次时间计算成本
C. 按单程航次时间计算成本 D. 按往复航次计算成本
6. 施工企业的直接成本包括( )。
A. 人工费与材料费 B. 施工单位管理人员薪酬
C. 机械使用费 D. 临时设施摊销费
7. 建筑安装工程成本计算对象的划分方法有( )。
A. 以每一独立编制施工图预算的单位作为成本计算对象
B. 以分部工程作为成本计算对象
C. 以若干单位工程作为成本计算对象
D. 以企业全部工程作为成本计算对象
8. 下列各项中,属于商业贸易企业的有( )。
A. 商业、粮食与物资供应 B. 对外贸易与医药石油
C. 烟草与图书发行 D. 旅店、酒楼与修理
9. 房地产开发企业筹资的形式与渠道包括( )。
A. 预售购房定金或代建工程款 B. 发行企业债券
C. 发行股票、筹集股本 D. 土地开发与商品房贷款
10. 房地产开发企业的成本计算对象可能为( )。
A. 按开发项目的一定区域或部门
B. 开工、竣工时间相近的同一开发地点,结构类型相同的群体开发建设项目
C. 每一独立的施工图预算
D. 每一独立编制的设计概算
11. 畜禽饲养企业一般设置( )等成本项目。
A. "饲养费" B. "畜禽医药费"
C. "种苗及种子" D. "产畜折旧费"
12. 果林产品的成本计算一般分( )等阶段进行。
A. 育苗 B. 定植 C. 采割(摘) D. 制造
13. 运输企业营运生产经营活动的特点表现在( )。
A. 生产和销售同时进行 B. 无在产品

C. 收入在前　　　　　　　　　D. 消费在后

14. 运输企业经营的主要业务内容,按运输对象不同,可分为(　　)。
   A. 旅客运输业务　　　　　　B. 货物运输业务
   C. 客货综合运输业务　　　　D. 酒楼、旅店和理发业务

15. 运输企业成本核算的特点主要表现在(　　)。
   A. 营运成本构成中,不存在劳动对象方面的消耗
   B. 成本计算方法单一、规范
   C. 成本计算对象的多样性
   D. 营运成本与应计入本期营业成本的费用一致

16. 下列各项中,属于水路运输企业营运成本内容的有(　　)。
   A. 港务费和拖轮费　　　　　B. 破冰费和速遣费
   C. 港口使用费和集装箱费用　D. 材料费

17. 下列各项中,反映营运工具成本计算对象的有(　　)。
   A. 运输航次(或班次)　　　　B. 大型车组
   C. 煤船或油船　　　　　　　D. 集装箱车辆

18. 施工企业生产经营的特点表现在(　　)。
   A. 生产流动性大　　　　　　B. 生产产品具有单件独立性
   C. 生产经营周期长　　　　　D. 生产过程不消耗劳动对象

19. 商品流通企业经营活动的特点表现在(　　)。
   A. 在社会再生产过程中完成流通职能,实现社会产品从生产领域到消费领域的转移
   B. 无产品生产过程,一般不存在生产资金的消耗和价值转移
   C. 按经营商品种类的多少和经营环节划分为批发和零售企业
   D. 属于独立核算、自主经营、自负盈亏的经济实体

20. 下列各项中,属于旅游饮食服务业经营活动的有(　　)。
   A. 度假村和歌舞厅　　　　　B. 餐馆与洗染
   C. 修理与咨询　　　　　　　D. 游乐场与旅行业

**(三) 判断题**

1. 房地产开发企业资金运动表现为多项平行运动。　　　　　　　　　　(　　)
2. 房地产开发企业组织管理开发经营活动所用的房屋与发出的用于销售的房屋,都属于该企业的固定资产。　　　　　　　　　　　　　　　　　　　　(　　)
3. 冬小麦与渔业生产一般无在产品计价的问题。　　　　　　　　　　(　　)
4. 在大田作物成本计算中,必须将某一作物的全部耗费在主产品与副产品之间进行分配。　　　　　　　　　　　　　　　　　　　　　　　　　　　　(　　)

5. 运输企业在以营运工具作为成本计算对象时,还可根据管理需要,进一步划分为客运业务、货运业务和综合运输业务。( )

6. 运输企业以营运工具的运行情况作为成本计算对象时,还可划分为以运输线路和运输航次作为成本计算对象。( )

7. 营运生产过程是用来满足社会生产、交换和消费的需要,一般不改变劳动对象的属性和形态。( )

8. 果林产品与大田作物在成本计算上的成本项目基本相同。( )

9. 大田作物的产品成本计算期,一般与产品生产周期不一致。( )

10. 旅游企业和饮食企业都具有生产、零售和服务三种职能。( )

## 四、案例分析题

小张在某高职学院会计专业毕业后,就职于某物流运输企业,工作岗位是财务科成本核算人员,由于在学校以制造业企业成本核算为主,上班的第一个月就碰到了难题。于是她就向单位老师傅王某请教:"在计算运输收入的成本时,车辆所耗用的油、轮胎、其他材料可以直接计入运输支出。相应的'直接人工费'也可以直接进入运输支出账户。但现在有个问题,如果本月我所做的收入是9月20日以前的,20日之后的业务尚未做收入,也就是说,9月20日之后的这一块业务用工业会计的话说就是尚未完工。那本月我所做的直接人工费如何分配呢,前20天的可以直接进运输支出,20日之后这10天的显然不能进运输支出,那我应放在什么账户里呢?"

王某是这样回答的:"你的这种情况显然是结账日提前的做法。会计实务中,根据收入与支出配比原则,收入截至20日,支出也应截至20日,对于20日以后发生的均记入下月,但到年末时一定要以12月31日为截止日。税务上,严格来讲,不论是否记账,均应按照整个月份计算应缴税款,因为你的会计期间是1月1日至12月31日,并应以每整月作为一个会计分期,但实务中,企业所得税由于季度只是预缴,影响不大,但税金及附加没有汇算清缴的说法,因此存在每月20日以后的收入均晚1个月缴税(费)的问题,存在罚款、补税及加征滞纳金的风险"。

要求:根据以上资料,请回答以下问题:

(1) 王某的回答正确吗?

(2) 按照会计结账的要求,这样做是否可行?

# 第十八章 工业企业的成本报表

## 一、概要解析

### (一) 成本报表的分类

成本报表从种类、格式、内容到报送时间、报送对象,都应根据企业自身生产经营过程的特点、企业经营管理,特别是成本管理的具体要求来确定。在一般情况下,企业编制的成本报表都具有较大的灵活性和多样性。

成本报表按其反映的内容,可以分为反映成本情况的报表、反映费用支出情况的报表和反映成本管理专题的报表。反映成本情况的报表主要有产品生产成本表和主要产品单位成本表等。反映费用支出情况的报表主要有销售费用、管理费用和财务费用三个明细表。反映成本管理专题的报表主要有责任成本表和质量成本表。

成本报表按其编制的时间可以分为定期的和不定期的成本报表,按其编制的范围可以分为企业、车间、班组和个人的成本报表。

### (二) 成本报表的编制

各企业可以根据企业的生产特点和经营管理的要求自行决定编制哪些成本报表,自行设计成本报表的格式。在一般情况下,企业可编制全部产品生产成本表、主要产品单位成本表、制造费明细表、期间费用明细表等。编制成本报表的主要依据有:报告期的成本账簿资料、报告期的成本计划及费用预算等资料、以前年度的成本资料、以前年度的会计报表资料、企业有关的统计资料和其他资料等。

按产品品种编制的全部产品生产成本表反映企业在报告期生产的全部产品的总成本和各种主要产品(含可比产品和不可比产品)的单位成本和总成本。通过该表,可以了解企业全部产品成本计划的执行情况和可比产品成本降低任务的完成情况。

按成本项目编制的全部产品生产成本表,按成本项目汇总反映企业在报告期发生的全部生产耗费和全部产品的总成本。一般可按上年实际数、本年计划数、本月实际数和本年累计实际数分栏目设置,不但可以反映报告期内全部产品的生产成本总额,还可以考核报告期内全部产品成本计划的执行情况。

主要产品是指企业经常生产,在企业全部产品中所占比重较大,能反映企业生产经营概况的产品。主要产品单位成本表是反映企业在报告期内生产的各种主要产品单位成本水平和构成情况的报表,应按主要产品分别编制。由于全部产品生产成本表中所列示的各种产品的单位成本只是一个总数,要了解其单位成本的构成情况,必须编制主要产品单位成本表。

制造费明细表是反映企业在一定时期内制造费各项目的实际数和计划数的报表。期间费用报表反映企业在报告期内各种期间费用的实际数和计划数,主要有管理费用明细表、财务费用明细表和销售费用明细表等。

## 二、背景资料

与我国企业的成本报表相比,西方国家企业常使用的制造及销售成本表(表18-1)将整个生产流程和成本流动集中在一张表中反映,内容更加丰富,反映的成本信息比较全面,对使用者具有很强的指导价值。它将成本流动中的"原材料""在产品""产成品""销售成本"项目归集在一张表中,可以清楚地掌握原材料、在产品、产成品和销售成本之间的成本流转,并且可以明确划分供应部门、生产部门和销售部门的责任。

**表18-1　　　　西方国家企业常使用的制造及销售成本表**

单位名称:××××　　　　　202×年8月　　　　　　　　单位:美元

| 项　　目 | 金　　额 |
| --- | --- |
| 月初在产品成本 |  |
| 本月制造成本 |  |
| 　直接材料 |  |
| 　　月初原材料成本 |  |
| 　　加:本月购货成本 |  |
| 　　　供生产用原材料成本 |  |
| 　　减:月末原材料成本 |  |
| 　　　投入生产直接材料 |  |
| 　直接人工 |  |
| 　制造费用 |  |
| 　　本月制造成本总额 |  |
| 　　月初在产品成本与本月制造成本之和 |  |
| 　　减:月末在产品成本 |  |
| 　　　本月产成品总成本 |  |
| 月初产成品成本 |  |
| 本月可供销售产成品成本 |  |
| 　减:月末产成品成本 |  |
| 　　本月销售成本 |  |

## 三、复习思考题与练习题

### 复习思考题

1. 成本报表作为内部报表具有哪些特点？
2. 如何分析全部产品生产成本表？
3. 如何设计并分析主要产品单位成本表？

### 练 习 题

**(一) 单项选择题**

1. 可比产品是指(　　)，有完整的成本资料可以进行比较的产品。
   A. 试制过　　　　　　　　　B. 国内正式生产过
   C. 企业曾经正式生产过　　　D. 企业曾经试制过

2. 企业在编制"销售费用明细表""管理费用明细表"时，应注意与(　　)中的对应项目数额一致。
   A. 主要产品单位成本表　　　B. 资产负债表
   C. 利润分配表　　　　　　　D. 利润表

3. 产品生产成本表(　　)。
   A. 只反映可比产品成本　　　B. 反映全部产品成本
   C. 只反映不可比产品成本　　D. 不反映不可比产品成本

4. 产量变动对产品单位成本的影响主要表现在(　　)。
   A. 直接材料项目　　　　　　B. 直接人工项目
   C. 变动性制造费用　　　　　D. 固定性制造费用

5. 编制成本报表是因为(　　)。
   A. 会计准则的要求　　　　　B. 企业内部经营管理的需要
   C. 社会中介机构的要求　　　D. 潜在投资者和债权人的要求

**(二) 多项选择题**

1. 成本报表可以(　　)。
   A. 考核和分析企业成本、费用的计划执行情况
   B. 揭示企业在生产、技术、经营管理水平上存在的问题
   C. 为企业制定价格服务
   D. 为企业考核员工业绩提供信息

2. 按报表反映的内容分类，成本报表可以分为(　　)。
   A. 反映产品成本情况的报表　　B. 反映期间费用情况的报表
   C. 反映成本管理专题的报表　　D. 反映计划执行情况的报表

3. 成本报表按其反映的范围可以分为(　　)。

A. 全厂成本报表　　　　　B. 车间成本报表
C. 班组成本报表　　　　　D. 个人成本报表

4. 编制范围可大可小的成本报表有（　　）。
   A. 质量成本表　　　　　B. 主要产品单位成本表
   C. 制造费明细表　　　　D. 责任成本表

5. 主要产品单位成本表的内容包括（　　）。
   A. 报告期内产品的计划产量、实际产量
   B. 本年累计的计划产量和实际产量
   C. 本月与上年实际平均单位成本
   D. 本年计划单位成本

## （三）判断题

1. 成本报表是综合概括地反映企业在一定时期内资金耗费和成本构成及其升降变动情况的会计报表。（　　）
2. 单位产品中制造费用的多少取决于劳动生产率，劳动生产率越高，单位产品消耗的工时越少，所分配的制造费用越少；反之，则越多。（　　）
3. 成本报表的种类、格式、项目、指标的设计和编制方法应由上级主管部门规定。（　　）
4. 会计报表按是否对外提供分为对外报表和对内报表，成本报表属于对内报表。（　　）
5. 比较分析法通过指标对比，从数量上揭示差异，为进一步分析指明方向。（　　）
6. 在编制成本报表时，无论是可比产品还是不可比产品，都需列出上年实际平均单位成本。（　　）
7. 为了正确评价企业内部各单位或人员的成本工作完成情况，应区分主观努力和客观因素的影响。（　　）
8. 在评价企业成本工作时，应从实际成本中扣除主观因素的影响。（　　）
9. 产量变动之所以影响产品单位成本，主要是由于产品成本中包括一部分相对固定的耗费。（　　）
10. 责任成本报表应从上到下逐级传递。（　　）

## （四）业务题

**【业务题一】**

目的：练习责任成本表的编制。

资料：某生产车间设有 A、B 两个班组，202×年 8 月，两班组发生的可控成本资料见表 18-2。

## 第十八章 工业企业的成本报表

表 18-2　　　　　　　　　　　可控成本资料

| 成本项目 | A 班组 | | B 班组 | |
|---|---|---|---|---|
| | 实际(元) | 计划(元) | 实际(元) | 计划(元) |
| 直接材料 | 245 000 | 246 000 | 138 000 | 136 000 |
| 直接人工 | 456 000 | 460 000 | 258 000 | 260 000 |

该生产车间本月发生的可控成本项目见表 18-3。

表 18-3　　　　　　　　　　　可控成本项目

| 成本项目 | 实　际　(元) | 计　划　(元) |
|---|---|---|
| 办公费 | 25 000 | 28 000 |
| 水电费 | 34 000 | 35 000 |
| 机物料消耗 | 12 000 | 14 000 |

要求：编制该生产车间该月份的责任成本表。

**【业务题二】**

目的：练习产品生产成本表(按产品品种反映)的编制。

资料：某企业某月全部产品生产成本表(按产品品种反映)见表 18-4。

表 18-4　　　　　　　　　　**全部产品生产成本表**　　　　　　　　金额单位：元

| 产品名称 | 计量单位 | 实际产量本月 | 单位成本 | | | 本月总成本 | | |
|---|---|---|---|---|---|---|---|---|
| | | | 上年实际平均 | 本年计划 | 本月实际 | 按上年实际平均单位成本计算 | 按本年计划单位成本计算 | 本月实际 |
| 可比产品 | | | | | | | | |
| 其中：甲 | 件 | 35 | 420 | 400 | 410 | | | |
| 乙 | 件 | 18 | 810 | 800 | 805 | | | |
| 不可比产品 | | | | | | | | |
| 其中：丙 | 台 | 60 | — | 200 | | | | |
| 丁 | 件 | 76 | | 500 | | | | |
| 全部产品 | | | | | | — | | |

要求：根据资料编制产品生产成本表(按产品品种反映)。

165

## 四、案例分析题

甲企业为一家小型民营企业,生产两种主要产品。实习生小张到甲企业会计部门实习,负责编制成本报表,他注意到该企业的成本报表种类单一,只有按成本项目反映的全部产品生产成本表(表18-5)。于是他向部门主管提出建议,改进成本报表的编制。

表 18-5　　　　　全部产品生产成本表(按成本项目反映)

编制单位:甲企业　　　　　　202×年8月　　　　　　　　　　单位:元

| 项　　目 | 本年累计实际数 | 本月实际数 |
|---|---|---|
| 生产耗费 | | |
| 　　直接材料 | 130 000 | 19 000 |
| 　　直接人工 | 60 000 | 20 000 |
| 　　制造费 | 190 000 | 31 000 |
| 生产耗费合计 | 380 000 | 70 000 |
| 　加:在产品期初余额 | 20 000 | 2 000 |
| 　减:在产品期末余额 | 50 000 | 3 000 |
| 产品成本合计 | 350 000 | 69 000 |

要求:请帮助小张分析甲企业改进成本报表编制的理由和途径,并说明为了改进成本报表编制需要增加哪些成本信息。

# 第十九章 工业企业的成本计划与分析

## 一、概要解析

### (一) 成本计划的目的和内容

成本计划是以货币形式规定企业在计划期内的产品生产耗费、各种产品的成本水平、产品成本的降低水平,以及为此采取的主要措施和方案。成本计划属于成本的事前管理,是企业生产经营管理的重要组成部分。企业通过编制成本计划,能够加强成本管理,明确成本工作的任务和目标,挖掘成本降低的潜力,将成本控制在适当水平,提高经济效益。

### (二) 成本计划的编制原则

成本计划是企业编制其他生产经营计划的基础。为了保证成本计划的合理性、科学性,以及保证企业经营目标的实现,企业应该按照一定程序、方法和原则编制成本计划。成本计划的编制原则有如下几条:

(1) 先进性与可行性原则。

(2) 协调性与一致性原则。

(3) 合法性原则。

(4) 弹性原则。

(5) 统一性与广泛性原则。

### (三) 成本计划的编制程序

1. 搜集和整理所需资料

编制成本计划之前,企业财务部分应广泛搜集和整理所需资料,包括历史成本资料、计划期内生产计划、工资计划、消耗定额计划、同行业成本资料、生产资料市场价格波动趋势、新产品的设计资料、厂内计划价格和劳务价格等,将其作为正式成本计划编制的参考依据。

2. 分析上期成本计划的执行情况

认真分析并总结上期成本计划的执行情况,将其作为当期成本计划编制的参考依据。此外,总结上期成本计划执行的经验,发掘实际工作中存在的问题及其原因,找出解决问题的途径,找出成本升降的规律和潜力,并研究降低成本的具体措施。

3. 测算计划期内成本控制指标

先根据企业计划期内成本目标和利润目标的要求,在目标利润的基础上,确定目标成本;再按照目标成本的要求进行指标测算,分析研究上期成本资料,综合考虑计划期内各种因素的变化、增产节约措施和其他生产经营计划的需要,初步测算成本控制指标,提出计划期内达成目标成本的产品成本及其降低率等计划控制指标。

4. 各车间、部门编制成本计划和耗费预算

各车间、各部门先根据厂部下达的各项成本控制指标,总结本单位上期成本计划的完成情况;再根据计划期内其他有关计划和定额,修订厂部下达的成本控制指标,编制本车间或本部门的成本计划和耗费预算。

5. 编制正式的成本计划

在完成成本降低指标、目标成本水平和耗费预算的基础上,编制正式的成本计划,将其作为计划期内企业成本工作的目标和任务。

(四) 成本计划的编制方法

成本计划的编制,要综合考虑企业生产组织、管理要求和规模大小。企业可以采用直接计算法编制成本计划。

直接计算法是根据事先确定的各消耗定额、耗费预算和计划价格,按照产品品种、成本项目,分别计算各种产品的计划单位成本,然后汇总编制全部产品成本计划的一种方法。通常来说,各项消耗定额和计划资料齐全的企业可采用直接计算法编制成本计划。直接计算法按照企业核算分级方式,又可分为集中编制法和分级编制法。

1. 集中编制法

小型企业一般采用集中编制法,即企业财会部门按照一级核算的要求直接编制成本计划。企业财会部门先根据各项消耗定额及有关资料,编制单位产品成本计划;再根据单位产品成本计划和生产计划,计算编制全部产品成本计划。

2. 分级编制法

大中型企业一般采用分级编制法,即各车间先编制车间成本计划,包括基本生产车间成本计划和辅助生产车间成本计划;再编制制造费预算,用来控制和监督制造费的实际支出情况。企业财会部门在各车间成本计划编制的基础上,编制全厂成本计划,包括主要产品单位成本计划和全部产品成本计划。

在直接计算法下,各车间产品单位产品成本计划的确定方法包括以下几点内容。

1. 直接生产费

直接材料、直接人工、燃料及动力等直接生产费,根据实际发生数进行核算,并按照成本核算对象进行归集,直接计入产品成本中。直接生产费一般根据单位产品消耗定额和计划价格等资料,确定单位产品成本计划。相关计算公式如下:

单位产品直接材料计划成本＝∑（单位产品某材料消耗定额×该材料计划单价）

单位产品直接人工计划成本＝单位产品工时定额×计划小时工资率

2. 制造费

制造费是企业为生产产品和提供劳务而发生的各项间接费，包括发生的水电费、管理人员薪酬等。制造费要分车间分别编制预算，根据计划成本分配基础数和制造费预算分配率，将各车间的制造费分配至各种产品。相关计算公式如下：

$$制造费预算分配率 = \frac{制造费预算总额}{\sum(各产品计划产量 \times 单位产品工时定额)}$$

单位产品制造费计划成本＝单位产品工时定额×制造费预算分配率

3. 全厂成本计划

企业先将各成本项目的计划单位成本汇总得到单位产品计划成本，再根据各产品的计划产量和计划单位成本计算其计划总成本，即全厂成本计划。全厂成本计划包括主要产品单位成本计划和全部产品成本计划。

1）主要产品单位成本计划

主要产品单位成本计划是根据各基本生产车间产品成本计划及上期相关资料，按照成本项目汇总编制，一种产品编制一张成本计划表。企业采用逐步结转分步法，可直接在最后一个车间的计划单位成本基础上编制主要产品单位成本计划；若要求企业按照原始成本项目反映产品成本结构，则要将最后一个车间的计划单位成本中的"自制半成品"项目逐步分解后编制主要产品单位成本计划。企业采用平行结转分步法，将各车间同一产品单位成本的相同项目相加，则为各种产品的计划单位成本。相关计算公式如下：

某产品计划单位成本＝单位产品直接材料计划成本＋单位产品直接人工计划成本
　　　　　　　　＋单位产品制造费计划成本

计划总成本＝∑（计划产量×计划单位成本）

2）全部产品成本计划

全部产品成本计划是根据各种单位产品成本计划，结合计划产量编制而成的。换言之，主要产品单位成本计划编制完成后，企业就可分别按照成本项目和产品品种编制全部产品成本计划。

（1）按成本项目编制的全部产品成本计划，可反映产品成本构成及各成本项目增减变动情况，包括按不同成本项目反映的成本计划指标；全部可比产品直接材料、直接人工和制造费等的计划成本及计划降低额、降低率；全部不可比产品直接材料、直接人工和制造费等成本计划指标；全部产品按不同成本项目表示的各项目成本计划指标及总成本计划指标。

（2）按产品品种编制的全部产品成本计划,可反映各种产品成本计划数及可比产品成本的升降情况,包括不同品种产品成本计划指标;全部产品成本计划总成本;全部可比产品计划总成本及其计划降低额、降低率;全部不可比产品计划总成本;各主要可比产品计划单位成本、总成本及其成本降低计划指标;各主要不可比产品单位成本及总成本。

上述两种方法反映的总成本,以及可比产品成本降低额、降低率是一致的。

（五）成本分析的目的和内容

成本分析是通过采用某些分析方法,对企业生产经营过程中发生的实际成本、经营管理费用与计划成本和各项费用预算进行比较,以查明原因、提出相应改进措施的行为。成本分析是成本核算和成本计划工作的延续。通过成本分析,企业可以进一步明确成本费用状况,全面、正确地评价企业内部各部门、各单位成本责任的履行情况,揭示和测定各因素变动对成本的影响程度,为事后总结、成本预测、成本控制和成本决策提供有用的信息。

成本分析应该以成本报表为分析的主要对象,其主要分析内容包括全部产品成本分析、可比产品成本分析、主要产品单位成本分析和产品技术经济指标分析。

（六）成本分析的一般方法及其注意点

成本分析的方法很多,具体采用什么方法,应根据分析的要求和掌握资料的情况而定。企业常用的分析方法主要有比较分析法、比率分析法、趋势分析法和因素分析法等。

比较分析法又称对比分析法,它是把若干经济内容相同、时间或空间地点不同的经济指标,以减法的形式进行对比分析的一种方法。采用比较分析法,应注意对比指标的可比性。

比率分析法是采用两个相同或相关的经济指标,以除法的形式计算各项指标相对数而进行成本分析的方法。比率分析法主要有相关比率分析法和构成比率分析法。比率分析法可以通过比率计算把某些不可比的企业变成可比的企业,但比率分析法的比率只反映比值,不能说明绝对数的变动,也无法说明指标变动的具体原因。

趋势分析法又称动态比率分析法,是通过两期或连续几期相同经济指标增减的对比,反映经济活动变动趋势的分析方法。它可分为定比趋势百分比（定基发展速度）和环比趋势百分比（环比发展速度）两种趋势百分比。

因素分析法是通过把综合性指标分解为各个因素,研究诸因素变动对综合性指标变动的影响程度的分析方法。由于综合性指标的各构成因素之间有一定的连带关系,在这种特定关系中,每一因素都处在一定的地位,分析某一因素的变动对综合指标变动的影响时,排除其他任何一个因素,都会造成错误的分析结果。而各因素通常要按一定顺序,采用连环替代的方式才能客观地分析出每一因素变动对综合指标的

## 第十九章　工业企业的成本计划与分析

影响。因此,因素分析法有时又称连环替代法。因素分析法能够揭示出各个因素变化对其所构成的综合经济指标的影响程度,但是其分析结果带有一定假定性。因为采用因素分析法时,必须假定各因素的排列顺序,并按此顺序依次替代各因素,不能打乱,否则会得出不同结果。

### (七) 全部产品成本分析

1. 全部产品成本计划完成情况分析

全部产品成本计划完成情况可以通过编制全部产品成本分析表进行具体分析,主要是将全部产品本年实际总成本与按本年实际产量调整的计划总成本进行比较,计算出全部产品总成本的降低额和降低率借以分析全部产品成本的升降情况。由于全部产品计划总成本是按计划产量与计划单位成本的乘积加总计算的,这与本年实际总成本的比较基础不一致,为了排除产品产量因素的影响,单纯考核成本水平的变动对成本降低情况的影响,必须先按实际产量调整计算计划总成本。全部产品包括可比产品和不可比产品,由于不可比产品只有计划的成本资料,没有上年的成本资料,全部产品成本分析只能用实际成本与计划成本比较分析。

2. 可比产品成本分析

可比产品成本分析主要是通过对可比产品成本降低任务的完成情况进行分析,查明影响可比产品成本升降的因素及其影响程度。可比产品成本分析包括可比产品成本降低任务完成情况分析和可比产品成本降低任务完成情况的原因分析。

(1) 可比产品成本降低任务完成情况通过计算可比产品成本的计划降低额和计划降低率、实际降低额和实际降低率、超计划降低额和超计划降低率等指标,以分析判断本期可比产品成本计划任务的执行情况。

(2) 分析可比产品成本降低计划完成情况的原因,可以采用因素分析法,通过计算和分析可比产品成本的产量变动因素的影响、品种结构变动因素的影响和单位成本变动因素的影响,以分别揭示和反映相关因素对可比产品成本降低额的影响程度和成本降低率的影响程度。

### (八) 主要产品单位成本分析

主要产品单位成本分析包括单位成本计划完成情况分析、单位产品成本项目变动原因分析、单位成本技术经济指标变动分析。

单位成本计划完成情况分析是通过编制产品单位成本比较分析表进行的,它根据企业编制的主要产品单位成本表,利用比较分析法,从总体上分析主要产品的单位成本的升降情况,然后进一步按成本项目(如料、工、费)分析其成本变动情况,查明造成单位成本升降的原因。

单位产品成本项目的变动原因分析主要是采用因素分析法,分别就单位产品各成本项目变动因素影响进行分析,以揭示相关因素变动对各成本项目的影响。

单位成本技术经济指标变动分析是通过计算技术经济指标变动对单位成本的影响,以揭示技术经济指标变动对单位成本的影响程度,促使企业提高各项技术经济指标,达到降低单位产品成本的目的。技术经济指标是指与企业生产技术特点有着内在联系的经济指标,如材料利用率、劳动生产率、设备利用率、产量增长率、产品合格率等,通常企业可从产品产量、产品质量、劳动生产率和原材料利用率等四个方面进行分析。

现以盛大有限责任公司举例说明。盛大有限责任公司(以下简称公司)生产 A、B、C 三种产品,其中 A 产品和 B 产品为可比产品,C 产品为不可比产品。公司 202×年有关产品产量及相关成本资料见表 19-1。

表 19-1 产品产量及相关成本资料

202×年度

| 产品名称 | 产品产量(件) | | 产品单位成本(元/件) | | |
|---|---|---|---|---|---|
| | 计划 | 实际 | 上年实际 | 计划 | 实际 |
| A | 2 160 | 2 500 | 600 | 582 | 579 |
| B | 1 008 | 1 000 | 500 | 490 | 491 |
| C | 960 | 1 000 | — | 555 | 530 |

根据表 19-1,公司财务部门对 A、B、C 全部产品成本计划完成情况,A、B 可比产品成本降低任务完成情况,以及 A、B 可比产品成本降低任务完成情况进行因素分析,以查明原因。

公司对 202×年度全部产品成本计划完成情况的分析见表 19-2。分析表明:公司全部产品成本实际比计划降低了 31 500 元,降低率为 1.26%,其中,可比产品成本实际比计划降低了 6 500 元,降低率为 0.33%;不可比产品成本实际比计划降低了 25 000 元,降低率为 4.51%。可见,可比产品成本计划完成情况并不太理想,B 产品实际成本比计划提高了 1 000 元,成本上升率为 0.20%。另外,与上年相比,可比产品本年实际比上年降低了 61 500 元,降低率为 3.08%。

公司对 202×年度可比产品成本降低任务完成情况的分析见表 19-3 和表 19-4。分析表明:202×年度可比产品成本计划降低额为 48 960 元,计划降低率为 2.72%;202×年度可比产品成本实际降低额为 61 500 元,实际降低率为 3.075%;公司可比产品成本 202×年度超计划降低额为 12 540 元(61 500-48 960),超计划降低率为 0.355%(3.075%-2.720%)。由此可见,202×年度公司可比产品成本降低任务完成情况尚好。

## 第十九章　工业企业的成本计划与分析

表19-2　全部产品成本计划完成情况分析表（按产品品种分析）

编制单位：盛大有限责任公司　　　　　202×年度

| 产品名称 | 产量(件) | | 单位成本(元/件) | | | 总成本(元) | | | 实际与计划比 | | | 实际与上年比 | | |
|---|---|---|---|---|---|---|---|---|---|---|---|---|---|---|
| | 实际 | 计划 | 上年 | 计划 | 实际 | 按上年单位成本计算 | 按计划单位成本计算 | 按实际单位成本计算 | 降低额(元) | 降低率 | | 降低额(元) | 降低率 | |
| | (1) | — | (2) | (3) | (4) | (5)=(1)×(2) | (6)=(1)×(3) | (7)=(1)×(4) | (8)=(6)-(7) | (9)=(8)÷(6) | | (10)=(5)-(7) | (11)=(10)÷(5) | |
| 可比产品： | — | — | — | — | — | — | — | — | — | — | | — | — | |
| A | 2 500 | 2 160 | 600 | 582 | 579 | 2 000 000 | 1 945 000 | 1 938 500 | 6 500 | 0.33% | | 61 500 | 3.08% | |
| B | 1 000 | 1 008 | 500 | 490 | 491 | 1 500 000 | 1 455 000 | 1 447 500 | 7 500 | 0.52% | | 52 500 | 3.50% | |
| | | | | | | 500 000 | 490 000 | 491 000 | -1 000 | -0.20% | | 9 000 | 1.80% | |
| 不可比产品： | — | — | — | — | — | — | — | — | — | — | | — | — | |
| C | 1 000 | 960 | — | 555 | 530 | — | 555 000 | 530 000 | 25 000 | 4.51% | | — | — | |
| 全部产品成本 | — | — | — | — | — | — | 2 500 000 | 2 468 500 | 31 500 | 1.26% | | — | — | |

### 表 19-3　　可比产品成本计划降低额和计划降低率分析表

编制单位：盛大有限责任公司　　202×年度

| 产品名称 | 计划产量（件） | 单位成本（元/件） || 总成本（元） || 成本降低指标 ||
|---|---|---|---|---|---|---|---|
| | | 上年实际 | 本年计划 | 按上年单位成本计算 | 按计划单位成本计算 | 计划降低额（元） | 计划降低率 |
| A 产品 | 2 160 | 600 | 582 | 1 296 000 | 1 257 120 | 38 880 | 3.00% |
| B 产品 | 1 008 | 500 | 490 | 504 000 | 493 920 | 10 080 | 2.00% |
| 合　计 | | | | 1 800 000 | 1 751 040 | 48 960 | 2.72% |

### 表 19-4　　可比产品成本实际降低额和实际降低率分析表

编制单位：盛大有限责任公司　　202×年度

| 产品名称 | 实际产量（件） | 单位成本（元/件） || 总成本（元） || 成本降低指标 ||
|---|---|---|---|---|---|---|---|
| | | 上年实际 | 本年实际 | 按上年单位成本计算 | 按实际单位成本计算 | 实际降低额（元） | 实际降低率 |
| A 产品 | 2 500 | 600 | 579 | 1 500 000 | 1 447 500 | 52 500 | 3.50% |
| B 产品 | 1 000 | 500 | 491 | 500 000 | 491 000 | 9 000 | 1.80% |
| 合　计 | | | | 2 000 000 | 1 938 500 | 61 500 | 3.08% |

为了进一步分析可比产品成本超计划降低额 12 540 元和超计划降低率 0.355% 的产生原因，公司采用因素分析法，从产品产量、品种结构和单位成本等因素来分析影响成本降低额的原因；从品种结构和单位成本等因素去分析影响成本降低率的原因。公司对 202×年度可比产品成本降低任务完成情况因素的分析见表 19-5。分析表明：可比产品成本超计划降低额 12 540 元，是由于受产品产量、品种结构和单位成本三个因素变动影响，其中，产量变动影响使成本降低了 5 440 元、品种结构影响使成本降低了 600 元、单位成本影响使成本降低了 6 500 元；可比产品成本超计划降低率 0.36%，是受产品品种结构和产品单位成本两个因素变动影响，其中，品种结构影响的成本降低率为 0.03%、单位成本影响的成本降低率为 0.33%。

### 表 19-5　　可比产品成本降低任务完成情况因素分析表

编制单位：盛大有限责任公司　　202×年度

| 影响因素 | 对成本降低额的影响（元） | 对成本降低率的影响 |
|---|---|---|
| 产品产量 | 5 440 | — |
| 品种结构 | 600 | 0.03% |
| 单位成本 | 6 500 | 0.33% |

第十九章 工业企业的成本计划与分析

（续表）

| 影响因素 | 对成本降低额的影响（元） | 对成本降低率的影响 |
|---|---|---|
| 合　　计 | 12 540<br>（超计划降低额） | 0.36%<br>（超计划降低率） |

## 二、背景资料

因素分析法(factor analysis approach)是成本分析中最重要的一种分析方法，它被最广泛地应用于实际工作中。长期以来，无论是在国内还是在国际上，也无论是理论界学者还是实务界人士，对于因素分析法却总有种说不清、道不明的困惑。诸如：因素分析法与连环替代法、差额分析法的关系问题，经济指标与其相关因素的构成及影响问题，各因素排列顺序及其因素变动影响的问题等。

有的观点认为因素分析法与连环替代法和差额分析法是不同的方法，本书从因素分析法原理来看，连环替代法和差额分析法其实是因素分析法的具体应用形式，当因素分析法的各因素以连环替代方式进行分析时，称其为连环替代法，而各因素以差额替代方式进行分析时，称其为差额分析法。这种观点可以从因素分析法原理中获得佐证：

假定某综合经济指标 $F$，由 $X$、$Y$、$Z$ 三因素构成，且 $F=f(x,y,z)=XYZ$。

当 $F$ 为基期（计划）时：　　计划数 $f_0=x_0 y_0 z_0$
当 $F$ 为报告期（实际）时：　实际数 $f_1=x_1 y_1 z_1$

(1) 连环替代法（按 $x$、$y$、$z$ 的顺序连环替代）：

计划数 $f_0=x_0 y_0 z_0$
第一次替代，实际数 $f_2=x_1 y_0 z_0$（即 $x$ 变动对指标 $F$ 影响$=f_2-f_0$）
第二次替代，实际数 $f_3=x_1 y_1 z_0$（即 $y$ 变动对指标 $F$ 影响$=f_3-f_2$）
第三次替代，实际数 $f_1=x_1 y_1 z_1$（即 $z$ 变动对指标 $F$ 影响$=f_1-f_3$）
汇总各因素变动对经济指标 $F$ 影响$=(f_2-f_0)+(f_3-f_2)+(f_1-f_3)$

(2) 差额分析法（按 $x$、$y$、$z$ 的顺序差额替代）：

指标差额$=f_1-f_0=x_1 y_1 z_1-x_0 y_0 z_0$
$X$ 因素变动的影响$=(x_1-x_0)y_0 z_0$
$Y$ 因素变动的影响$=x_1(y_1-y_0)z_0$
$Z$ 因素变动的影响$=x_1 y_1(z_1-z_0)$
汇总各因素变动对经济指标 $F$ 影响$=(x_1-x_0)y_0 z_0+x_1(y_1-y_0)z_0$
$$+x_1 y_1(z_1-z_0)$$
$$=x_1 y_1 z_1-x_0 y_0 z_0$$

由此可见,连环替代法和差额分析法的各因素变动影响结果是完全相同的,其计算原理就是因素分析法原理,只是差额分析法在计算程序上比连环替代法更方便些,因此,差额分析法在因素分析法中用的更多些。

因素分析法尽管被广泛应用于经济活动的分析,学术界对因素分析法的缺陷和局限性还是诟病不断。综合各种观点,本书认为因素分析法的局限性主要表现如下。

1. 影响因素的有限性,导致因素分析的偏差

指标是描述现象总体数量特征的概念,经济现象变动及其影响因素可通过指标体系反映,而指标体系却无法涵盖某一经济现象的所有影响因素,如"销售额＝销售量×销售价格",尽管在这一指标体系中,销售额的变动由销售量和销售价格两个因素的变动影响来解释,广告宣传、消费者收入、客户嗜好等因素也对销售额产生很大影响,而该指标体系并没有考虑这些影响因素。

2. 因素分析法不能就影响因素间的交互作用、对经济现象变动新产生的影响作出分析

各因素的变动部分互相配合、互相牵连在一起所产生的影响,这种影响与方差分析中的交互作用影响类似,故称交互影响。当有关因素变动幅度较小时,交互影响较小;当有关因素变动幅度较大时,交互影响较大。如果交互影响较大时,就要设法把它分摊给各有关因素。但因素分析法,无法对各因素的交互影响进行分析,从而影响了对该经济现象的评价。

3. 各因素排序缺乏科学性、引发因素分析结果的非唯一性

在上述因素分析法原理的解析中,因素分析法在计算各因素的影响额时要假定其他因素不变。在建立指标体系时,要按照影响因素和综合性经济指标的因果关系确定一定的替换顺序,普遍认为,数量指标应排前,质量指标应排后。这样人为地给影响综合经济指标的各因素排出顺序,不仅会因人为排出的因素顺序的不同而使得分析结果不尽相同,而且也扭曲了各因素对总体经济指标的影响方向和影响程度。

综上所述,因素分析法虽然是一种有用的分析方法,并被普遍应用,但是由于其固有的缺陷和局限性,可能较适合于对经济现象的变动原因作大致的分析,要想对各因素的影响作出客观、科学的判断,需要对因素分析法进行改进和完善。于是,国内有的学者研究提出了以"积分法"作为连环替代法的改进方法,较好解决了各因素排序的问题。在"积分法"下,可以将综合经济指标看成是多变量函数,而影响综合经济指标的各因素看作自变量,利用全微分公式来计算各个因素(自变量)变动对综合经济指标(因变量函数)的影响。显然,当函数值表现为各自变量直接相乘时,其自变量的前后顺序不会改变函数值。

## 第十九章 工业企业的成本计划与分析

## 三、复习思考题与练习题

### 复习思考题

1. 什么是成本计划？为什么要编制成本计划？
2. 成本计划的编制应该遵循哪些原则？其基本程序有哪些？
3. 比较分析法和比率分析法各有哪些优缺点？
4. 如何分析全部产品成本降低情况？在分析全部产品成本降低情况时，为什么要将产品产量固定在实际产量水平？
5. 什么是可比产品成本？什么是可比产品成本降低任务？如何分析可比产品成本降低任务情况的原因？
6. 成本分析往往是事后分析，你认为事后成本分析在企业成本管理中有何价值？
7. 何谓成本分析？成本分析在成本管理中的地位和作用如何？
8. 成本分析常用的方法有哪些？你认为这些方法有何优点？又有什么局限性呢？
9. 因素分析法的基本原理是什么？它有何特点？你认为因素分析法在应用时需要注意哪些问题？
10. 你认为企业应如何对全部产品成本和主要产品单位成本进行分析？试举例加以说明。
11. 企业应如何根据生产组织特点、管理要求和企业规模，来选择集中形式或分散形式来组织成本计划的编制？其理由如何？
12. 你认为因素分析法有何优点？它又存在哪些缺陷和局限性？
13. 连环替代法与差额分析法有何不同？试举例说明。
14. 何谓可比产品成本计划降低额和计划降低率、可比产品成本实际降低额和实际降低率、可比产品成本超计划降低额和超计划降低率？
15. 什么是技术经济指标？如何用技术经济指标对产品单位成本进行分析？

### 练 习 题

#### （一）单项选择题

1. 企业应根据不同情况，采用不同方式组织编制成本计划。下列各项中，不属于成本计划编制方法的是（　　）。
   A. 直接计算法或因素测算法　　B. 集中方式或分散方式
   C. 自下而上或自上而下方式　　D. 直接法或间接法
2. 下列各项中，属于全厂成本计划编制内容的是（　　）。
   A. 辅助生产车间成本计划　　B. 基本生产车间成本计划

C. 全部产品成本计划　　　　　　D. 管理费用预算

3. 下列各项中,又称连环替代法的成本分析方法是(　　)。

　　A. 比较分析法　B. 比率分析法　C. 趋势分析法　D. 因素分析法

4. 通过两期或连续几期相同经济指标增减的对比,反映经济活动变动趋势的分析方法是(　　)。

　　A. 趋势分析法　B. 比较分析法　C. 比率分析法　D. 因素分析法

5. 不可比产品成本分析只能用实际总成本与(　　)进行比较分析。

　　A. 上年实际总成本　　　　　　B. 上年计划总成本
　　C. 本年计划总成本　　　　　　D. 同行业平均成本

6. 采用因素分析法时,不影响可比产品成本降低额的因素是(　　)。

　　A. 产品产量　　　　　　　　　B. 产品品种结构
　　C. 产品单位成本　　　　　　　D. 产品销量

7. 采用因素分析法时,不影响可比产品成本降低率的因素是(　　)。

　　A. 产品品种结构　　　　　　　B. 产品产量
　　C. 产品单位成本　　　　　　　D. 以上都不对

8. 连环替代法和差额分析法是一种(　　)。

　　A. 比较分析法　　　　　　　　B. 比率分析法
　　C. 趋势分析法　　　　　　　　D. 因素分析法

9. 因素分析法的各相关影响因素的顺序排列是(　　)。

　　A. 先质量后数量　　　　　　　B. 先数量后质量
　　C. 质量数量同时　　　　　　　D. 顺序无所谓

10. 本年实际产量按上年实际单位成本计算的产品总成本,减去本年实际总成本,其指标是(　　)。

　　A. 计划成本降低额　　　　　　B. 实际成本降低额
　　C. 计划成本降低率　　　　　　D. 实际成本降低率

11. 计算实际成本降低率时,应当用实际成本降低额除以(　　)。

　　A. 实际产量按本年计划单位成本计算的总成本
　　B. 实际产量按本年实际单位成本计算的总成本
　　C. 实际产量按上年计划单位成本计算的总成本
　　D. 实际产量按上年实际单位成本计算的总成本

12. 计算计划成本降低率时,应当用计划成本降低额除以(　　)。

　　A. 计划产量按本年计划单位成本计算的总成本
　　B. 计划产量按本年实际单位成本计算的总成本
　　C. 计划产量按上年实际单位成本计算的总成本

D. 计划产量按上年计划单位成本计算的总成本

13. 本年计划产量按上年实际单位成本计算的产品总成本,减去本年计划总成本,其指标是( )。

  A. 计划成本降低额   B. 实际成本降低额
  C. 计划成本降低率   D. 实际成本降低率

14. 产品品种结构的变动会影响成本降低额和成本降低率,是因为各种产品的( )。

  A. 成本降低额和降低率不同
  B. 单位成本和总成本不同
  C. 计划成本降低率不同
  D. 实际成本降低率不同

15. 采用因素分析法时,对于直接材料总成本的各影响因素的排序是( )。

  A. 材料单价、材料单位消耗、产品产量
  B. 材料单位消耗、材料单价、产品产量
  C. 材料单价、产品产量、材料单位消耗
  D. 产品产量、材料单位消耗、材料单价

### (二) 多项选择题

1. 企业成本计划内容主要包括( )。

  A. 制造费预算   B. 主要产品单位成本计划
  C. 全部产品成本计划   D. 期间费用预算
  E. 全部产品成本计划完成情况分析

2. 下列各项中,属于期间费用预算的有( )。

  A. 制造费预算   B. 管理费用预算
  C. 财务费用预算   D. 销售费用预算
  E. 现金收支预算

3. 为保证成本计划的合理性、科学性,企业应当遵循的成本计划编制原则有( )。

  A. 弹性原则   B. 合法性原则
  C. 统一性与广泛性原则   D. 协调性与一致性原则
  E. 先进性与合理性原则

4. 编制成本计划大体可以分为四个步骤,包括( )。

  A. 编制辅助生产车间成本计划   B. 编制基本生产车间成本计划
  C. 编制全厂成本计划   D. 编制期间费用预算
  E. 编制财务报告

5. 成本分析的方法很多,常用的分析方法主要有(　　)。
   A. 比较分析法　　　　　　　B. 比率分析法
   C. 趋势分析法　　　　　　　D. 因素分析法
   E. 报表分析法

6. 影响可比产品成本降低额的因素有(　　)。
   A. 产品产量　　　　　　　　B. 产品质量
   C. 产品单位成本　　　　　　D. 产品总成本
   E. 产品品种结构

7. 可比产品成本降低率的影响因素包括(　　)。
   A. 产品单位成本　　　　　　B. 产品总成本
   C. 产品产量　　　　　　　　D. 产品质量
   E. 产品品种结构

8. 影响产品成本降低任务完成情况的因素有(　　)。
   A. 制造费用　　　　　　　　B. 产品品种结构
   C. 产品产量　　　　　　　　D. 管理费用
   E. 产品单位成本

9. 可比产品成本降低任务完成情况分析主要应用的指标包括(　　)。
   A. 计划降低额　　　　　　　B. 计划降低率
   C. 实际降低额　　　　　　　D. 实际降低率
   E. 超计划降低额和超计划降低率

10. 技术经济指标是指同企业生产技术特点有着内在联系的经济指标,主要包括(　　)。
    A. 产品产量　　　　　　　　B. 产品质量
    C. 劳动生产率　　　　　　　D. 原材料利用率
    E. 设备利用率

11. 根据企业不同核算方式而组织采用的成本计划编制方法有(　　)。
    A. 集中编制法　　　　　　　B. 分散编制法
    C. 直接计算法　　　　　　　D. 因素测算法
    E. 成本概算法

12. 下列各项中,属于全厂成本计划编制的有(　　)。
    A. 辅助生产车间成本计划　　B. 基本生产车间成本计划
    C. 主要产品单位成本计划　　D. 全部产品成本计划
    E. 期间费用预算

13. 在可比产品成本降低任务完成因素分析中,既影响成本降低额又影响成本

## 第十九章 工业企业的成本计划与分析

降低率的因素有( )。
    A. 单位材料消耗     B. 产品品种结构
    C. 产品产量     D. 单位工时消耗
    E. 产品单位成本

14. 连环替代法的特点包括( )。
    A. 计算结果的准确性     B. 计算结果的假定性
    C. 计算程序的连环性     D. 因素替代的顺序性
    E. 计算方法的简化性

15. 下列各项中,属于产品成本分析内容的有( )。
    A. 全部产品成本分析     B. 可比产品成本分析
    C. 主要产品单位成本分析     D. 产品成本核算
    E. 产品成本预测

### (三) 判断题

1. 成本计划是企业财务计划的基础,也是财务计划的主要构成内容之一。( )

2. 按产品品种编制和按成本项目编制的全部产品成本计划,都是根据各种可比产品和不可比产品的单位计划成本乘以产品实际产量计算的,因此,这两个计划的产品总成本应该是相等的。( )

3. 弹性原则是指编制成本计划时不要太准确,可以模糊些。( )

4. 一般而言,大中型企业应采用集中形式编制成本计划,而小型企业应采用分散形式编制成本计划。( )

5. 全厂成本计划是指辅助生产车间成本计划、基本生产车间成本计划、主要产品单位成本计划和全部产品成本计划和期间费用预算的总称。( )

6. 按成本项目编制的产品成本计划表,可以反映企业产品成本构成情况以及各成本项目增减的变动水平;按产品品种编制的产品成本计划,可以反映企业各种产品成本计划数及可比产品成本的升降情况。( )

7. 比较分析法是日常分析中常用的方法,它不仅能确定各指标的差异,而且能找到影响相关指标变动的具体原因,以及各因素变动对指标产生差异的影响数额。( )

8. 因素分析法能够揭示出各个因素变化对其所构成的综合经济指标的影响程度,但是其分析结果带有一定的假定性。( )

9. 采用因素分析法,对综合经济指标进行分析时,必须假定相关各因素的排列顺序,并按此顺序依次替代各因素,不能打乱,否则无论是各相关因素变动影响结果,还是该项综合经济指标的各因素变动影响之和,与总差异都会不同。( )

10. 影响可比产品成本降低额变动的因素有产品产量、产品品种结构、产品单位

成本等。（　　）

11. 影响可比产品成本降低率变动的因素有产品产量、产品品种结构、产品单位成本等。（　　）

12. 可比产品成本超计划降低额是指可比产品的实际成本大于可比产品的计划成本的差额。（　　）

13. 可比产品成本超计划降低率等于可比产品成本实际降低率减去可比产品成本计划降低率。（　　）

14. 连环替代法应考虑各影响因素的排列顺序，而差额分析法不需考虑各因素的排列顺序。（　　）

15. 可比产品成本可能会出现各种产品均完成了成本降低率计划，而没有完成总的成本降低率计划的现象。（　　）

## （四）业务题

**【业务题一】**

目的：练习全部产品成本计划完成情况的分析。

资料：某企业202×年全部产品成本资料见表19-6。

表19-6　　　　　202×年全部产品成本资料

| 产品名称 | 数量单位 | 产量（件） | | 单位成本（元） | |
|---|---|---|---|---|---|
| | | 计划 | 实际 | 计划 | 实际 |
| 可比产品：<br>A<br>B | 件<br>件 | 5 100<br>4 900 | 5 000<br>5 000 | 720<br>380 | 640<br>380 |
| 不可比产品：<br>C | 件 | 1 400 | 2 000 | 850 | 942 |

要求：按产品品种分析全部产品成本计划的完成情况。

**【业务题二】**

目的：练习按成本项目分别计算的全部产品成本计划完成情况的分析。

资料：某企业202×年按成本项目计算的全部产品成本资料见表19-7。

表19-7　　　202×年按成本项目计算的全部产品成本资料　　　单位：元

| 成本项目 | 按计划单位成本计算的总成本 | 实际总成本 |
|---|---|---|
| 直接材料 | 414 000 | 423 000 |
| 直接工资 | 208 000 | 202 500 |
| 制 造 费 | 280 000 | 255 000 |
| 合　　计 | 902 000 | 880 500 |

要求:分析按成本项目分别计算的全部产品成本计划的完成情况。

**【业务题三】**

目的:练习因素分析法。

资料:某企业202×年甲、乙两种可比产品的有关资料见表19-8。

表19-8　　202×年甲、乙两种可比产品的有关资料

| 产品名称 | 产量(件) | | 单位成本(元) | | |
|---|---|---|---|---|---|
| | 计划 | 实际 | 上年实际 | 本年计划 | 本年实际 |
| 甲 | 1 600 | 1 800 | 320 | 300 | 310 |
| 乙 | 4 000 | 3 600 | 180 | 170 | 160 |

要求:

(1) 计算可比产品成本的计划降低额、计划降低率,实际降低额、实际降低率。

(2) 计算可比产品成本降低任务的完成情况。

(3) 分析各因素变动对可比产品成本降低任务完成情况的影响。

**【业务题四】**

目的:练习趋势分析法。

资料:某企业生产的甲产品2018—2022年各年的单位成本资料见表19-9。

表19-9　　　　　　甲产品单位成本表　　　　　　单位:元

| 年　度 | 2018 | 2019 | 2020 | 2021 | 2022 |
|---|---|---|---|---|---|
| 单位成本 | 1000 | 992 | 960 | 900 | 850 |

要求:

(1) 以2018年为基期,分别计算各年定基发展速度,并进行简要分析。

(2) 计算各年环比发展速度,并作简要说明。

**【业务题五】**

(一) 目的:练习成本计划的完成情况。

资料:张小明是大华公司(以下简称公司)的财务人员,受公司财务总监委托,要求编制202×年公司产品成本计划,并对公司产品成本计划完成情况进行分析。经调查,张小明获得如下资料:

公司共生产甲、乙、丙三种产品,丙产品为202×年新投入生产的产品。甲、乙两种产品的上年实际单位成本分别为206元和196元。202×年,甲、乙、丙三种产品计划成本资料见表19-10。

表 19-10　　　　　甲、乙、丙三种产品计划成本资料

| 项目 | 甲产品 | 乙产品 | 丙产品 |
| --- | --- | --- | --- |
| 计划单位成本(元) | 190 | 170 | 56 |
| 计划产量(台) | 720 | 1 080 | 1 600 |

甲、乙、丙三种产品202×年产品实际产量和实际成本资料见表9—11。

表 19-11　　　　　甲、乙、丙三种产品实际产量和实际成本资料

| 项目 | 甲产品 | 乙产品 | 丙产品 |
| --- | --- | --- | --- |
| 实际单位成本(元) | 192 | 160 | 40 |
| 实际产量(台) | 800 | 1200 | 1600 |
| 实际总成本(元) | 153 600 | 192 000 | 64 000 |

要求：根据上述资料，说明张小明应该如何编制全部产品成本计划。他又应当怎样对公司产品成本计划的完成情况进行分析呢？请选择适当的成本分析方法，并通过必要的计算，加以说明。

**【业务题六】**

目的：练习连环替代法。

资料：某公司202×年产品产量、材料单位消耗、材料单价以及材料成本等有关资料见表19-12。

表 19-12　　　　　　某公司 202×年有关资料

| 项目 | 单位 | 本年计划数 | 本年实际数 | 差异 |
| --- | --- | --- | --- | --- |
| 产品产量 | 件 | 200 | 210 | 10 |
| 单位消耗 | 千克/件 | 30 | 28 | −2 |
| 材料单价 | 元/千克 | 20 | 23 | 3 |
| 材料总成本 | 元 | 120 000 | 135 240 | 15 240 |

要求：采用连环替代法计算各因素对材料成本的影响。

**【业务题七】**

目的：练习差额分析法。

资料：见上述[业务题六]的有关资料。

要求：采用差额分析法计算各因素对材料成本的影响。

## 第十九章　工业企业的成本计划与分析

**【业务题八】**

目的：练习可比产品成本降低任务的完成情况。

资料：某公司202×年可比产品成本的计划降低额为1 000万元,计划降低率为5%;可比产品成本的实际降低额为1 000万元。

要求：

(1) 计算该公司202×年可比产品的计划成本。

(2) 计算该公司202×年可比产品的实际成本。

(3) 分析该公司202×年可比产品成本降低任务的完成情况。

**【业务题九】**

目的：练习编制全部产品成本计划。

资料：某公司生产甲、乙、丙三种产品,其中丙产品是今年新投产的产品。该公司202×年计划产量和计划成本有关资料见表19-13。

**表19-13　某公司202×年计划产量和计划成本有关资料**

| 产品名称 | 计划产量（台） | 单位成本(元) ||
|---|---|---|---|
| | | 上年 | 计划 |
| 甲 | 125 | 520 | 495 |
| 乙 | 40 | 400 | 390 |
| 丙 | 8 | — | 280 |

要求：编制该公司202×年度全部产品成本计划表(表19-14)。

**表19-14　全部产品成本计划表(按产品品种)**

202×年度　　　　　　　　　　　　　　金额单位：元

| 产品名称 | 计划产量（台） | 单位成本 || 总成本 || 降低额 | 降低率 |
|---|---|---|---|---|---|---|---|
| | | 上年 | 计划 | 按上年单位成本计算 | 按本年计划单位成本计算 | | |
| | (1) | (2) | (3) | (4)=(1)×(2) | (5)=(1)×(3) | (6)=(4)-(5) | (7)=(6)÷(4) |
| 一、可比产品：<br>甲<br>乙 | | | | | | | |

185

(续表)

| 产品名称 | 计划产量(台) | 单位成本 | | 总成本 | | | |
|---|---|---|---|---|---|---|---|
| | | 上年 | 计划 | 按上年单位成本计算 | 按本年计划单位成本计算 | 降低额 | 降低率 |
| | (1) | (2) | (3) | (4)=(1)×(2) | (5)=(1)×(3) | (6)=(4)−(5) | (7)=(6)÷(4) |
| 二、不可比产品：丙 | | | | | | | |
| 合　计 | | | | | | | |

**【业务题十】**

目的：练习全部产品成本计划完成情况分析。

资料：承[业务题九]，经汇总整理后的202×年产量和成本有关资料见表19-15。

表19-15　　　某公司202×年产量和成本有关资料

| 产品名称 | 产量(台) | | 单位成本(元) | | |
|---|---|---|---|---|---|
| | 计　划 | 实　际 | 上　年 | 计　划 | 实　际 |
| 一、可比产品：<br>甲<br>乙 | 125<br>40 | 120<br>60 | 520<br>400 | 495<br>390 | 505<br>350 |
| 二、不可比产品：<br>丙 | 8 | 10 | — | 280 | 300 |

要求：编制该公司202×年全部产品成本计划完成情况分析表(表19-16)，并对202×年全部产品成本计划完成情况进行评价。

表19-16　　全部产品成本计划完成情况分析表(简表)

202×年度　　　　　　　　　　　　　　　金额单位：元

| 产品名称 | 总　成　本 | | 成本差异 | |
|---|---|---|---|---|
| | 按计划单位成本计算 | 按实际单位成本计算 | 降低额 | 降低率 |
| 一、可比产品：<br>甲<br>乙 | | | | |

(续表)

| 产品名称 | 总 成 本 | | 成本差异 | |
|---|---|---|---|---|
| | 按计划单位成本计算 | 按实际单位成本计算 | 降低额 | 降低率 |
| 二、不可比产品：<br>丙 | | | | |
| 全部产品成本 | | | | |

## 四、案例分析题

资料：承[业务题十]中有关 202×年产量和成本有关资料。

要求：

（1）计算可比产品成本计划降低额和计划降低率。

（2）计算可比产品成本实际降低额和实际降低率。

（3）计算可比产品成本超计划降低额和超计划降低率。

（4）对 202×年可比产品成本降低任务的完成情况进行因素分析，并作简要说明。

# 第二十章 专项成本会计

## 一、概要解析

### (一) 环境成本的定义

由于没有公认的环境会计准则或制度对环境成本的定义、内容和分类提供统一的标准,国内外会计界至今尚未对环境成本形成一致的认识。与不同的使用目的相对应,各国会计组织、协会等对环境成本的表述各有不同。

(1) 联合国国际会计和报告标准政府间专家工作组第 15 次会议的《环境会计和报告的立场公告》将环境成本定义为"本着对环境负责的原则,为管理企业活动对环境造成的影响而采取或被要求采取的措施的成本,以及因企业执行环境目标和要求所付出的其他成本"。例如,保持并提高空气质量、清除泄漏油料、去除建筑物中的石棉、开展环境审计和检查方面的成本。

(2) 在"改进政府在推动环境管理会计中的作用"专家工作组的第一次会议的报告文件中,环境成本被定义为"与破坏环境和环境保护有关的全部成本,包括外部成本和内部成本"。而环境保护成本是指"企业发生的,与预防、处置、计量、控制和改变行为、损坏修复等对政府和人民存在影响的成本"。

我国会计学界对环境成本的定义也有不同的观点,比较具有代表性的有:

(1) 郭道扬教授以"生态环境成本"的学术思想为基础,将环境成本定义为:由于环境恶化而追加的治理生态环境的投入;因重大责任导致生态环境恶化所造成的损失,以及由此而引起的环境治理费用和罚款;未经中华人民共和国生态环境部批准,擅自投资项目所造成的罚款;环境治理无效率状况下的投资损失和浪费。

(2) 陈思维教授认为,环境成本是指为控制环境污染而支付的费用以及污染本身造成损失之总和,即"环境成本=污染控制费用+污染损失=污染治理费用+污染预防费用+污染物流失损失+污染损害价值"。

### (二) 环境成本的界定

1. 国外研究

各企业在环境管理的会计实践中一般参考美国环保署(EPA)的《全球环境管理动议》的权威分类方法,环境成本的范围按会计确认的难度分成以下四种:

(1) 常规运营环境成本。

(2) 隐藏成本。这类费用以前一般在"管理费用"项目集中列示,不能给管理机构提供足够的环境成本信息。它包括:其一,运营生产过程中发生的成本。它是指依据有关法律约束而必须发生的成本。其二,生产运营前发生的前置成本。它是指由于环境保护的目的而发生的选址费用、生产现场准备费用、达标费用、研发费用、环境工程和执行费用、环保设备安装费用等。其三,生产运营后发生的后置成本。它是指关闭及退出费用、存货环境处理费用、关闭后续关注费用、厂址后续监测费用等。

(3) 未来可能发生的或有负债和费用。

(4) 企业形象和公共关系成本。

2. 国内研究

王立彦(1998)从不同的空间范围、不同的时间范围和不同的功能来界定环境成本。从空间范围,他将环境成本分为内部环境成本和外部环境成本;从时间范围,他将环境成本划分为过去环境成本、当期环境成本和未来环境成本;从不同功能的角度,他将环境成本划分为弥补已发生的环境损失的成本、维护环境现状和预防将来可能出现不利的成本。

花爱梅(2001)和张国健(2003)认为环境成本是指本着对环境负责的原则,因企业管理活动对环境造成影响而采取相应措施的成本,以及因企业执行环境目标和要求所付出的其他成本。环境成本应包括弥补性环境支出、维护性环境支出和预防性环境支出三大类。

此外,根据环境成本的定义或企业价值链也可以对其进行分类。例如,根据价值链,环境成本可分为设计阶段环境成本、制造阶段环境成本和售后服务阶段环境成本。企业价值链上的所有经营活动都会涉及环境成本,从价值链出发分析环境成本的形成,能够实现环境成本的有效管理和控制。

### (三) 人力资源成本会计的特点

人力资源会计是运用一定的方法,以货币或文字说明的形式反映、报告和考核人力资源的成本和价值,以供企业管理当局和其他利害关系者使用的一门学科。其会计核算具有一些区别于传统会计的特点,主要有如下几点:

(1) 会计对象的特定性。核算对象是企业控制的人力资源,也就是一个会计主体反映和控制的劳动力资源,而且是可以用价值计量的资源。

(2) 不断投入性。人力资源的投资是构成人力资源资产的成本,是在人力资源的使用过程中长期创造价值的源泉,但未来收益具有不确定性,因而它具有不断投入的特点。

(3) 计量单位的多样性。人力资源会计仍以货币作为主要的计量单位,但由于人力资源价值受多种因素的影响,还要采用其他的一些计量单位(如自然单位、逻辑单位、百分比单位、文字说明)来说明人力资源信息。

(4) 资源的易失性。因为劳动力既是企业的资源又是社会资源,还是家庭、社会细胞的重要组成分子,具有相对的人格独立性,企业内、外部环境等诸多因素都会对未来人力资源的流动、离职产生影响,所以企业的该种资源具有缺控性和易失性。

**(四) 质量成本会计理论透视——不足或过剩**

质量成本是一种为了保证和提高质量而支出的一切费用,以及由产品质量未达到既定标准而造成的一切损失的总和。它不是一种职能成本,但是通过质量成本分析,可以找出质量成本的最适宜点,从而为企业挖掘潜力、提高经济效益提供依据。在正常情况下,制造合格产品的费用不属于质量成本的构成,它属于生产成本。质量成本是一种变动的成本,它随着质量水平的变化而变化。质量成本是一种机会成本,它不拘泥于已经发生的经济活动,也可以用于分析和预测可能或应当发生的经济活动。质量成本方法向管理层提供了一个管理工具。根据国际标准化组织(ISO)的规定,质量成本由运行质量成本和外部质量保证成本两部分构成。

运行质量成本是指质量体系运行后,为了达到和保持所规定的质量水平所支付的费用。质量成本研究的对象主要是运行质量成本。运行质量成本中包括预防成本、鉴定成本、内部故障成本和外部故障成本。① 预防成本是用于预防不合格品等故障所发生的费用。当产品质量或服务质量及其可靠性提高时,预防成本通常是增加的,因为提高产品或服务质量通常需要更多的时间、精力和资金等的投入。② 鉴定成本是用于评定产品是否满足合同双方确定的质量水平所发生的费用。③ 内部故障成本用于产品交付前因不满足合同双方确定的质量水平所发生的费用。④ 外部故障成本是用于产品交付后因不满足合同双方确定的质量水平导致索赔、修理、更换等所发生的一切费用。信誉损失同属外部故障成本,但其一般无法用金钱来度量。同内部故障成本一样,当产品或服务的质量及其可靠性提高时,外部故障成本会降低。

外部质量保证成本是在合同环境条件下企业根据顾客提出的要求,向其提供客观证据,保证所支付的费用。

## 二、背景资料

**(一) 我国环境成本会计发展过程中出现的问题**

1. 环境成本会计法律、法规不健全,规章制度不完善

由于环境成本会计的特殊性,决定了它的实施必须要以健全的法律、法规作为强有力的保障。虽然我国近些年来一直积极不断地推进相关的立法程序,并且已经制定并颁布了不少与环境保护相关的法律、法规,但遗憾的是,我国至今尚未形成一套完整、有效的法制体系,并且有关环境成本会计方面的法规更是一片空白。新兴的环

境成本会计理论系统没有像传统会计理论那样具有明确的、可操作的标准和规范。这就更给了那些不法企业以可乘之机。

2. 符合中国国情的环境成本会计理论体系没有完全建立

就目前而言,在我国社会中占主流地位的还是传统会计理论,但是传统的会计理论仅仅是把会计对象局限地看作与企业资金运作有关的经济事项,这种理论早已不符合当今的时代发展了。在环境问题日益成为全球化尖锐问题的今天,我们需要把除资金之外的资源环境的价值也归入企业核算的范围内。传统会计仅设置了极少的反映环境价值的账户,如"排污费用"和"绿化费用"等。这样就不可能如实地体现环境和企业之间的密切关系。我们应该令环境成本会计对象在会计六大要素方面都得到体现。前已述及,环境成本会计与传统会计这两大理论体系的最大差别在于,传统会计理论体系把企业看成是一个单独的个体,企业的最终目的就是为自己获得更丰厚的利润,也就是企业的收入减去费用后的金额。这就导致了企业想方设法地增加收入和精打细算地减少费用和支出。而环境成本会计理论体系则是把企业和整个社会生态环境看作是一个不可分割的有机整体。对于环境成本会计理论体系来说,它是以社会利益最大化为根本目标的。这就要求企业不但要想方设法努力地实现自身经济效益的最大化,而且还要兼顾社会和环境的效益,保证自己的经济效益不是在损害整体利益的前提下产生的。如果不把资源环境的价值渗透到会计理论体系中,那么企业就会从自己的利益出发,永远体会不到环境的重要性。

3. 企业的环境成本会计信息披露程序存在着各种不足

面对当前日益严重的环境方面的问题,实施可持续发展战略、保护环境和维持生态平衡已经成为我们的不二选择。而企业作为目前公认的环境最大的污染者,对其环境成本会计信息进行完全披露则成为人们了解企业环境绩效、环保成果的重要根据。因此,设计有效且实用的环境成本会计信息披露模式,为环境绩效的各种需要人群提供更能满足其需求的环境成本会计信息,是不断促进环境成本会计理论与实务发展和完善的必要手段,同时对于实现企业和社会的可持续发展也具有重大的意义。

截至目前,我国企业还没有建立起完整的环境成本会计信息系统,这就导致了企业对会计环境绩效信息公布报告的屈指可数。而且即使是公布了环境成本会计信息,由于大部分企业报告质量存在着不达标的情况,不是公布的会计环境资料不全面,就是披露的方式不合乎规范。这样一来,一方面使得企业辛辛苦苦公布的这些会计环境信息根本不可能被信息使用者有效地利用,起不到最初想要达到的效果;另一方面又会影响到社会大众对环境绩效的需求热情,与此同时也会削弱企业提供环境绩效信息报告的积极性。最后便产生了一个恶性的循环。而产生这种趋势也正是由于环境成本会计信息系统没有完善的原因。

**4. 企业负责人环境责任观念的淡漠和政府社会监督的缺失**

有些企业负责人的环境责任道德理念尚未真正形成,有一部分企业负责人只顾眼前的利益,而对环境成本会计的重要作用缺乏基本认识。这种只注重个人、不考虑大局的思想观念不但决定了大多数企业不会主动披露环境信息,或者即使是披露了一些,也没有相关标准去衡量其所提供的信息质量好坏,这就使得企业披露的环境信息不能取信于社会公众。

政府和社会对环境绩效极差的企业惩处的力度仅停留在罚款阶段,不能从根本上打击这种只注重个体利益、不关心大众民生的经营模式。而简单的罚款,无疑更加刺激了某些企业在交完罚款后,为了自身的利益更加肆无忌惮地破坏环境、掠夺资源、变本加厉地生产,从而进一步加剧了对环境的破坏。这就使得目前中国经济发展与环境污染的矛盾日益突出。

**(二)完善我国环境成本会计体系的措施**

1. 国家的举措

国家应加快建立、健全环境成本会计理论体系的准则和制度,不断完善环境成本会计的法律、法规,做到一切行为有法可依,以法律、法规的形式确定环境成本会计在社会中的地位和作用,使环境成本会计信息的揭示和披露有统一的标准,以使企业真正能受到环境成本会计的约束和法律的制约。同时,对于那些环境成本会计报告中所反映出的浪费资源、破坏生态、造成污染的企业要加大处罚金额和执法力度,而对那些经国家确定对保护环境起到积极影响的企业和个人要给予适当的奖励,以表彰其行为。

2. 借鉴先进的外国模式

我国应借鉴和效仿欧美等西方发达国家成功的环境成本会计方案,并结合本国的实际情况加以灵活运用。我国同发达国家的环境成本会计理论体系相比本来就已经处于落后的窘境,要是还采用闭门造车式的研究模式,不向西方学习先进的理论,这样不但会使我国的环境成本会计改革走向一个不确定的方向,而且更使得我国同欧美等国家的差距越来越大。这种状况显然不符合当今飞速发展的中国。幸运的是,外国并不缺少这种从传统会计向环境成本会计转型的成功案例,我们就要积极地借鉴国外的成功经验,结合本国的实际情况,制定适应我国国情的环境成本会计准则,使环境成本会计具有实际可操作性。这样才会更加符合我国经济发展的要求,对我国经济起到应有的促进作用。

3. 建立信息披露标准

企业环境信息披露的最重要的意义在于它能反映与揭示企业的环境绩效和可持续发展的责任履行情况。我国要想发展环境成本会计理论体系,就有必要建立一套完整的体制来促使企业对环境信息进行全面、彻底的披露,以此来提高我国环境成本会计信息披露的质量。具体措施有如下两点：一是应明确指出在企业的会计报表及其附注中具体披露的企业环境成本会计信息都有哪些；二是应在企业的会计报表附注中披露企业执行的环境成本会计政策、实施情况和企业治理、保护环境的中长期目标等。这样不但利于企业在日常工作中的量化管理，同时也方便了国家与社会各界的监督。

4. 增强企业环保意识和各界监督

首先，从长远来看，提高环境绩效、完善环境成本会计体系，对企业的发展才是最佳的选择。要想让企业做到这点，就要加强企业的领导人员、管理人员、会计人员的环保意识，使他们对环境成本会计有足够的重视，增强企业负责人的社会责任感，让他们能够充分地认识到环境效益与经济效益之间密切的正相关关系。这样企业才会积极自觉地去建立、健全适应本企业的环境管理系统，积极实施环境成本会计，进而主动、全面地进行环境成本会计信息的披露。其次，应加强政府有关部门和社会各界对企业的监督，把企业的环境绩效作为通过年终审计的必须工作，建立适合我国发展的环境成本会计、审计制度。在市场经济条件下，环境成本会计不仅要为每家企业的微观经济服务，而且要有助于国家、社会的宏观经济调控；不仅能考虑到企业自身的利益，更能兼顾到社会大众的利益。国家和社会各部门应根据企业环境成本会计所提供的信息，对企业按其环境绩效进行相应的奖惩措施。

（三）人力资源成本的构成

人力资源成本是企业构建和实施人力资源管理体系过程中的所有资源投入。人力资源管理把"人"作为一种资源，通过培训等手段使其经验和价值得到增值，从而带给企业预期的回报和效益。人力资源成本按照其管理过程由以下六个部分组成：

（1）人力资源管理体系构建成本，它是指企业设计、规划和改善人力资源管理体系所消耗的资源总和，包括设计和规划人员的工资、对外咨询费、资料费、培训费、差旅费等。

（2）人力资源引进成本，它是指企业从外部获得人力资源管理体系要求的人力资源所消耗的资源总和，包括人员的招聘费用（如广告费、设摊费、面试费、资料费、中介费等）、选拔费用（如面谈、测试、体检等发生的费用）、录用及安置费（如录取手续费及调动补偿费等）。

（3）人力资源培训成本，它是指企业对员工进行培训所消耗的资源总和，以达到人力资源管理体系所要求的标准（如工作岗位要求、工作技能要求等），包括员工上岗教育费用、岗位培训及脱产学习费用等。

（4）人力资源评价成本，它是指企业根据人力资源管理体系要求，对所使用的人力资源进行考核和评估所消耗的资源总和，包括考核和评估人员工资、对外咨询费、其他考核和评估费用等。

(5) 人力资源服务成本，它是指企业根据人力资源管理体系要求，对所使用的人力资源提供后勤服务消耗的资源总和，包括交通费、办证费、文具费、医疗费、办公费用、保险费等。

(6) 人力资源遣散成本，它是指企业根据人力资源管理体系要求，对不合格的人力资源进行遣散所消耗的资源总和，包括遣散费、诉讼费、遣散造成损失费等。

**(四) 质量成本统计核算与质量成本会计核算的区别**

1. 目的和方法不同

质量成本统计核算的目的主要是为质量管理提供质量成本的信息，以利于强化企业内部各部门的质量责任；考核企业全面质量管理的经济效果，加强内部控制；反映质量成本变动的规律，为质量管理提供依据。质量成本会计核算的目的不仅要为质量管理提供质量成本信息，而且要为质量成本支出的价值补偿提供依据，质量成本统计核算与质量成本会计核算的不同目的，决定了两者有不同的性质和疗法。质量成本统计核算是属于责任会计或管理会计的范畴；质量成本会计核算是属于成本会计或财务会计的范畴。质量成本统计核算虽然在组织上不必独立于成本会计之外另行配备人员，但在程序和方法上却独立于成本会计核算体系之外，采取调查、统计、预测、分析的方法，反馈、处理质量成本信息，其核算的结果也不并入成本会计核算的成本费用之中；质量成本会计核算实质上就是成本会计核算体系的一个组成部分，它完全采取设置账户、编制凭证、记账算账的方法，反馈、处理质量成本信息，其核算的结果也要转入有关的成本费用账户之中。

2. 核算的内容不同

质量成本统计核算不需要考虑价值补偿的问题，所以其核算的质量成本既有需要实际支付的显见成本，又有不必支付的隐含成本；质量成本会计核算作为价值补偿的依据，其核算的内容也包括预防费用、检验费用、厂内损失和厂外损失等几个项目，但在厂内损失和厂外损失中不包括隐含成本。

**(五) 传统的大批量生产模式与精益生产模式在管理思想上的差异**

通过对传统的大批量生产模式与精益生产模式在管理思想上的对比，可以进一步发现，精益生产模式在杜绝浪费和满足客户需求之间达到了绝妙的平衡。两种管理思想的不同点主要有：

(1) 对待库存的态度不同。传统的大批量生产模式对于库存的管理一般认为是必需的，因为库存可以缓解很多因生产量不足或生产高峰期的产能不足，以及供应链太长而没有办法及时供应物料带来的矛盾。但精益生产模式通常要求从整个生产过程来看，认为在生产过程中产生的一切库存都是"浪费"，由价值流分析可知，任何流程及工序间的停滞和在制品的存在都是不合理的，须加以改善。过多的库存掩盖了生产系统中的隐藏问题，不能及时发现并改善，会影响生产效率，导致投入更多的成本,增加更多的人员,管理方面也面临一定的难度。精益生产模式追求的是零库存,要求不断创新改善,降低库存以消灭"浪费"。所以很多人都知道,精益生产模式提出的终极目标就是"零浪费"。

(2)业务控制观不同。传统的大批量生产模式业务管理中,对个别效率的追求思想比较明显,强调个人工作高效率,因而导致各业务职能的分工很细。精益生产模式要求员工在根据不同的部门职能分工的同时,强调可以因工作需要相互合作,以达到对业务流程进行精简并消除"浪费"的目的。

(3)对质量的认识不同。传统的大批量生产模式认为正常的生产活动总会产生不良品,只不过不良品的多少有所不同而已。凭借高度精密的生产设备可以将不良品率降低到一个很小的数值,除此之外很难有比较完美的办法可以完全杜绝生产过程产生的不良品,零不良生产是精益生产模式在质量方面的追求目标,借助一定的方法和技术可加以改善,以达到不良品为零的目标。

(4)对人的态度不同。传统的大批量生产模式在管理中对各层级的管理或生产操作人员的功能区分十分严格细致,要求员工严格完成上级下达的工作任务,定岗定位,各自岗位只需要做好其本职工作,因而员工经常只是被动执行,有时甚至感觉就像机器一样。精益生产模式则强调员工与企业之间是合作关系,员工可以对生产过程进行改善,企业将员工看作事业合作伙伴,对员工个人的考评也是基于其长期的表现。从而尽力发挥员工个人的主观能动性,鼓励创新改善,同时又互相合作。

## 三、复习思考题与练习题

### 复习思考题

1. 环境成本的资本化处理与费用化处理会有什么样的不同结果?
2. 将环境成本会计核算纳入产品制造成本核算范畴,对企业成本会计对象的范围会带来哪些影响?
3. 在推行人力资源成本核算的条件下,对我国现行所得税法、企业所得税的计算与缴纳会有影响吗?
4. 在精益成本会计核算模式下,对我国企业成本管理的内容会产生哪些影响?

### 练 习 题

(一) 单项选择题

1. 核算企事业单位在生产经营过程中对自然资源的耗用或使用的成本,称为(    )。

   A. 环境支出成本　　　　　　　　B. 环境破坏成本
   C. 资源消耗成本　　　　　　　　D. 环境管理成本

2. 企业对上岗前的职工进行有关企业历史文化、规章制度、业务知识及技能等教育时发生的支出,称为( )。

　　A. 在职培训成本　　　　　　　B. 定向成本
　　C. 选拔成本　　　　　　　　　D. 录用成本

3. 借方反映企业在取得人力资源时投资的增加;贷方反映企业转入"人力资产"账户的数额;期末,该账户借方余额表示尚未确认的人力资产的数额。那么该账户是( )账户。

　　A. "人力资产"　　　　　　　　B. "人力资源开发成本"
　　C. "人力资产费用"　　　　　　D. "人力资源取得成本"

4. 在质量成本中,为了确保产品质量达到预定的标准,按照预定的成本计划对原材料、零部件、产成品进行检验而发生的相关费用,称为( )。

　　A. 预防成本　　　　　　　　　B. 鉴定成本
　　C. 内部故障成本　　　　　　　D. 外部故障成本

5. 将最高目标视为为整个制造业的发展提供支持的是( )。

　　A. 环境成本会计　　　　　　　B. 质量成本会计
　　C. 人力资源成本会计　　　　　D. 精益成本会计

(二) 多项选择题

1. 下列各项中,属于环境成本会计核算内容的有( )。

　　A. 环境支出与管理成本　　　　B. 资源消耗成本
　　C. 替代成本　　　　　　　　　D. 使用成本

2. 在人力资源成本中,属于使用成本的有( )。

　　A. 维持与奖励成本　　　　　　B. 替代成本
　　C. 调剂成本　　　　　　　　　D. 脱产培训成本

3. 下列各项中,属于质量成本会计核算中外部故障成本的有( )。

　　A. 诉讼与退货费用　　　　　　B. 废品与停工损失
　　C. 预防成本　　　　　　　　　D. 赔偿与保修费用

4. 环境支出成本一般包括( )。

　　A. 产品废弃物的处理、节能设施的运行等成本
　　B. 产品及包装物使用后,回收利用或处理等方面的营运成本
　　C. 绿色产品的开发,增加原生产产品环保功能的研究等成本
　　D. 企业生产、储运、销售过程中的自然资源超定额消耗

5. 下列各项中,属于人力资源开发成本的有( )。

　　A. 定向成本　　　　　　　　　B. 脱产培训成本
　　C. 在职培训成本　　　　　　　D. 招募成本

## 第二十章 专项成本会计

**(三) 判断题**

1. 在制造成本核算法下,往往无污染产品需要承担一部分本应由污染产品所承担的环境费用。（    ）
2. 人力资源成本会计,在实际计量中,可全部采用历史成本计量法。（    ）
3. 内部故障成本一般与企业发生的废次品数量及程度呈正相关的关系。（    ）
4. 对不合格的产成品、半成品和在产品进行返修所发生的各项消耗,称为保修费用。（    ）
5. 精益成本会计核算是适应现代化条件下精益生产的需要而建立的成本管理思想的体现。（    ）

### 四、案例分析题

JT 家纺有限公司始建于 1990 年,是一家集家纺产品研究开发、生产制造、销售于一体的大型现代化企业。JT 家纺有限公司主营产品包括:床上用品系列、台布系列、窗帘系列、布艺产品系列等。JT 家纺有限公司在某沿海城市工业园投资兴建现代化生产基地,占地 44.25 亩,建筑面积 36 000 平方米,现有员工 600 名,拥有各种设备 600 余台及一流的流水线作业管理系统,拥有先进的生产线,通过 ISO9001:2008 体系认证。JT 家纺有限公司推出的一系列产品赢得了美国、欧洲、日本等地区众多客户的信任,通过凯马特、沃尔玛、塔吉特、西尔斯、JCP、LIDL、TCHIBO,以及欧洲 Oeko-Tex100、BSCI 验厂,并与之建立了长期稳定的合作关系,经过 30 多年的经营,它已与全球几十个国家与地区建立了长期良好贸易伙伴关系,形成了广泛的国际贸易销售网络。JT 家纺有限公司在产品工艺、面料、花色方面都有很大程度的创新,重视新产品的研究开发,走在时代流行的前沿,引领时尚消费,倡导 21 世纪绿色家纺文化,创造人类理想的家居生活。

JT 家纺有限公司目前分为六大职能部门,包括财务类、研发类、业务类、行政类、运营类和工厂。JT 家纺有限公司根据其生产经营专门化比较强的特点,采取了直线型管理模式,各职能部门分工明确,上下级之间等级清晰,容易管理和控制。

虽然家纺产品款式多样,加工工序复杂,生产工艺不一,且各客户要求不同,但是该公司的整个产品生产流程可以归纳为以下几个阶段:生产计划阶段、生产准备阶段、裁剪阶段、缝纫阶段、熨烫定型阶段、品质控制阶段和后整包装出库阶段。其中,裁剪是基础性工序,原料剪裁的质量好坏直接关系到后续工作,因此要严格要求,该阶段一般要经过计划制订、排料画样、铺料、剪裁、检验、打号、包扎等工艺过程;缝纫阶段的基本任务是根据企业生产工艺将剪裁后的面料、辅料缝合成一件成品,该阶段的管理重点在于流水线的平衡、在制品库存的减少、生产线的布局;熨烫定型阶段的基本任务是经过高温、高湿度,在衣物等布制品上施加一定的外力,改变布品原来的经纬密度,从而使布品的外形获得更好的立体效果;后整包装阶段的任务是根据产品款式、材料质地或客户的具体要求,对产品面料、辅料进行整理及包装,使产品展现出更好的外观效果。

JT家纺有限公司正处于快速发展阶段,对企业的经营管理等各个方面都提出了更高的要求。目前制约公司发展的因素有很多,公司内似乎每个部门都很忙,员工经常需要加班加点才能完成任务,产品严重积压,成本难以控制。人力资源部经常反映企业员工不够,财务部反映企业资金不足,生产部反映生产设备不够,公司的生产效率逐渐下降。如果任由这种情况继续发展,公司将难逃被激烈的市场竞争淘汰的厄运。与此同时,产品同质化、消费者需求个性化的市场环境也要求JT家纺有限公司尽快作出应变,提高生产效率、降低成本,以满足生产发展的需要。因此JT家纺有限公司引入精益生产理念迫在眉睫。

下面从组织架构、质量管理、绩效考评方面来阐述JT家纺有限公司引入精益管理采取的措施。

首先,精益生产方式是一种先进的生产管理方式,必然要求有一套适合的组织结构来协调各部门的沟通与合作,以保证组织的各项活动都满足精益生产方式的需求。JT家纺有限公司原有的直线职能制组织结构使得每个部门只对自己承担的工作负责,部门之间缺乏整体的沟通协调,组织响应速度慢,直接导致产品样式单一,不能适应市场多元化的需要。公司针对组织结构中存在的问题制定了以下改进措施:①在研发中心设立项目组。按照各类研发项目设立项目组,并有一名组长负责各自项目的研发,赋予项目组长相应的权力,使项目组长成为新产品研发的负责人。项目组组长不仅要精通所负责项目的专业知识,而且要有很好的沟通协调能力,并且项目组的工作人员可以随时与其他部门进行沟通,随时掌握市场动向,研发出满足市场需要的产品。②项目组的简历可以使权力分散,提高研发中心工作效率。在研发中心内部对各组研发业绩进行考核评比,发挥其在项目管理上的作业,并对业绩突出的组进行奖励,这样可以激励各位组员更快、更好地研发出新产品。项目组的设立更加强了研发的专业性,在产品质量、效率、速度等方面都有很大的提高,给企业带来了更高的经济效益。③取消公司采购部,只在工厂设立采购部,这样不仅精简了公司的管理层次,节约了公司成本,还减少了采购层次,提高了采购速度,从而提高了生产效率,为公司实行精益生产管理创造了良好的条件。④在生产工厂成立生产部,并在生产部设立设备维修组和质量管理组。设备维修组的主要职能是对生产设备进行保养及维修,保证生产设备安全、有效地进行。质量管理组主要是负责培训质检员并把质检员分配到各个车间,对每一个车间生产的产品进行质检,切实保障产品质量。工厂采购部与生产部的建立大大减少了公司对工厂的控制,使工厂具有一定的独立性。工厂根据公司的生产计划生产产品,产品的原材料采购、产品

## 第二十章 专项成本会计

质量等问题都由工厂负责。这样大大减少了公司职能部门与工厂之间的矛盾,有利于公司的长远发展。

其次,质量是企业的生存之本。JT家纺有限公司自成立以来,便非常注重质量管理体系的建立,虽然不能达到精益质量管理的要求。但是在不断摸索的过程中,也积累了很多经验,只是从公司长远发展来看,还不能满足市场竞争的需求。公司在构建质量体系的过程中,取得了积极的成效。根据统计,公司目前产品的成品合格率在90%~94%,未达到公司制定的98%的目标,根本原因在于公司对生产过程的质量控制水平不高,各个工序产品合格率低,批次性返工及废品率高,严重影响了公司的生产效率。由此可见,实现全面质量控制势在必行。经过调查,造成公司产品质量问题的因素主要有以下三个:① 主要生产设备(如绣花机、缝纫机、锁眼机等)不稳定,经常出现故障。设备出现故障不仅导致停机,还会造成产品质量问题,导致不良品甚至废品的出现。② 生产工序不稳定。工序的稳定性直接关系到产品质量,工序生产能力不高且企业管理者忽视对工序质量的控制,造成公司产品不良品率高,这直接导致了产品直通率低、返修率高等问题。③ 在质量控制问题方面,公司领导认为产品质量可以依靠最终的检验来保证。公司设有专门的质检人员在最后对产品进行质检,但在产品生产过程中各车间往往会因追求产品生产进度而忽视产品质量,虽然生产率提高了,但不合格品大量出现,最终给公司带来损失。在生产过程中,由于缺乏产品质量观念,产品出现质量问题后,不能追溯到造成质量问题的根源,员工们也想方设法逃避责任,掩盖问题,从而使产品质量问题得不到解决,原本很小的质量问题最后可能发展成难以解决的大问题。

近年来,公司由于产量提高,生产任务过重,生产人员为了提高产量不能对全部产品进行自检,只是对部分产品进行抽检,公司为了按时完成订单,也放松了对产品的质量管理。很多产品加工完成后就直接进入了下一道工序,给产品质量带来了隐患。除此之外,公司实行的是计划制,即工人工资直接与完成产品的数量成正比,工资的多少按照完成产品的数量进行核算。工人为了能多完成产品而尽量节省加工时间,根本不考虑产品质量问题,甚至有违反工艺要求的情况发生。工人一般会存有侥幸心理,认为质检时只会查出少量的不合格品。同时,公司领导认为出现废品和返工品是正常的,是生产过程中不可避免的,因此只是对工人进行口头警告。公司没有对产品质量制定相关的规章制度,更不会深入地追究不合格品产生的根本原因。这样,工人就会反复犯同样的错误,严重影响产品质量。近几年,公司的产品合格率已经由过去的98%下降到了94%,很多产品被返工甚至退货,这些产品使公司的信誉受到了巨大的影响,也给公司造成了不可挽回的经济损失。因此,公司必须重视产品质量,完善质量管理流程,形成系统的质量控制系统。根据以上分析,JT家纺有限公司重新审视整个生产流程,制定了如下质量改善方案,以完善质量管理体系:

第一,提高设备的可靠性。机械设备在使用过程中必然会出现磨损、腐蚀等不可避免的损失,当这种损失达到一定程度后会影响机器的正常使用,这就要求设备使用人员及维修人员对设备进行维修、保养,恢复设备的正常使用性。JT家纺有限公司的症结在于平时对设备缺少系统化、专业化的维修与保养。为了改进这一点,公司组织了有关专家和技术人员,经过周密的研究,编制了设备操作标准和设备管理标准,并以书面的形式明确责任,确保了工人操作规范和按规章办事;同时按照每个维修工人的技术特长,为每个工人分配了不同的维修负责区,由该维修工人负责所分配区域设备的保养及维修工作。JT家纺有限公司通过以上改善措施,大大提高了设备的稳定性,减少了因设备故障造成的停产和产品质量问题,提高了企业生产效率,给公司带来了效益。

第二,生产过程由各种工序组成,对生产过程质量的监控主要是对工序质量的控制,工序的稳定性直接关系到产品质量的稳定性。目前JT家纺有限公司的不合格品主要是在生产过程中由于工序不稳定产生的,造成工序不稳定的原因有很多,如工人操作不规范、设备故障等。为了解决这一问题,JT家纺有限公司成立了专门针对生产工序的改善团队,该团队通过对各个生产工序进行定性与定量的分析,发现工序中存在的问题,并制定具体的改善措施,从而提高工序的稳定性,将质量问题消除在生产过程中,达到提高产品质量的目的。

第三,JT家纺有限公司为了全面提高产品质量,针对当前企业的生产状况和产品品质状况推出了全面质量管理(TQM),全面质量管理是精益生产体系的重要组成部分,可以有效地控制产品质量,把不合格品率控制在最低范围内。因此要求企业的所有员工都积极地参与产品质量控制,重视产品质量。公司结合自身特点,引入相关的产品品质管理技术,实施信息化管理,通过全体员工的共同努力,严格控制生产过程,对生产中的每一道工序都进行质量检测,保证没有不良品流入下一道工序,如出现产品质量问题则追究责任到个人。同时,JT家纺有限公司不仅在内部进行质量管理,还将质量控制延伸到原材料供应商,加强供应商对原材料的品质管理。

JT家纺有限公司对产品品质控制的具体实施方案有:① 不仅生产线上的工作人员要对自己生产的产品进行自检,还要设立专门检查的检察员进行巡检,并且在关键工序后设立专门检查工序;各个工序的工作人员要对本工序的产品进行检查,并对出现的不合格产品进行返修,严格控制不合格产品的流出。下一道工序的操作者也要对上一道工序的产品进行检查,如发现不良品要及时处理。如果出现质量事故,不仅对产品的直接操作者进行处罚,还要对车间负责人员进行追责,通过整个车间人员的共同努力来提高产品质量。② 在生产现场推行质量可视化管理,制定完善的质量检验标准,并利用工人待工时间进行质检。根据在生产车间现场观察,全面质量管理能充分利用人与机器合作过程中存在机器工作而工人闲置的时间进行在制品的质量检查。③在公司内部建立各个部门的协调小组,其主要职责是对各个部门进行横向协调和沟通,帮助质量改进团队进行数据分析,制定预防措施。

第四,对各个环节的实施进行绩效考评,有助于找出价值链中的薄弱点加以改正,同时激励表现优秀的员工、部门,也更有利于协同合作的顺利进行。JT家纺有限公司从如下指标中选择用于评价绩效的标准:

(1) 财务管理指标(表 20-1)。

表 20-1　　　　　　　　　　　财务管理指标

| 指　　标 | 指标定义 | 功　　能 | 计算公式 |
| --- | --- | --- | --- |
| 净资产收益率 | 净利润与平均股东权益总额的百分比 | 衡量企业的盈利能力 | 净资产收益率=净利润÷平均股东权益总额×100% |
| 总资产周转率 | 企业在一定时期业务收入净额与平均资产总额的比率 | 衡量企业的资产营运能力 | 总资产周转率=销售收入净额÷平均资产总额 |
| 资产负债率 | 指公司年末的负债总额与资产总额的比率 | 衡量企业的偿债能力 | 资产负债率=负债总额÷资产总额×100% |
| 销售收入增长率 | 一家公司某一时期销售收入的变化率 | 衡量企业的发展能力 | 销售收入增长率=本期销售收入增长额÷上期销售收入总额×100% |

(2) 原材料管理指标(表 20-2)。

表 20-2　　　　　　　　　　　原材料管理指标

| 指　　标 | 指标定义 | 功　　能 | 计算公式 |
| --- | --- | --- | --- |
| 原材料消耗量 | 企业在报告期内实际消耗的原材料数量 | 反映企业使用原材料的数量和种类 | |
| 单位产品原材料消耗量 | 生产单位产品平均实际耗用的某种原材料的数量 | 反映该种原料的实际消耗水平,说明企业的管理水平和生产技术水平 | 单耗=生产产品的原材料消耗总量÷产品产量 |
| 原材料利用率 | 合格产品中包含的原材料数量或原材料的有效含量与生产该产品消耗的原材料总量的比率 | 说明原材料被有效利用能达到的程度 | 原材料生产该产品的原材料消耗总量×100% 利用率=合格产品中包含的原材料数量 |

(3) 生产管理指标(表 20-3)。

表 20-3　　　　　　　　　　生产管理指标

| 指　　标 | 指标定义 | 功　　能 | 计算公式 |
| --- | --- | --- | --- |
| 生产产值 | 一定周期内完成的入库产品总额 | 检测一定周期内的劳动生产总额 | |
| 生产计划完成率 | 实际生产完成量与计划完成量的比率 | 检测生产部门生产计划的完成情况 | 生产计划完成率＝实际生产完成量÷计划完成量×100% |
| 按时交货率 | 按时交货额与计划交货额的比率 | 检测生产部门生产进度的执行情况 | 按时交货率＝按时交货额÷计划交货额×100% |
| 全员劳动生产率 | 总产值与员工总人数的比率 | 检测员工平均产值,确定全员劳动生产率 | 全员劳动生产率＝总产值÷员工总人数×100% |
| 设备折旧率 | 设备折旧费用与设备资产的比率 | 检测资产消耗占设备资产的比率,以测定设备利用情况 | 设备折旧率＝设备折旧费用÷设备资产×100% |
| 停机时间 | 设备出现故障而导致停机的时间 | 考核机床的工作效率 | |

精益生产绩效管理的主要特点有:①是对企业战略目标的分解,并随企业战略的演化而被修正。②其目标是有效反映企业关键业绩驱动因素变化的衡量参数,是对业绩结果中可影响部分的衡量,是对关键重点经营行为的反映,不是对所有操作过程的反映。绩效管理目标设定的核心价值就是推动企业战略的分解和执行,使上下级对相关绩效目标形成清晰和统一的认识,为业绩管理和上下级的沟通奠定客观基础;使高层领导清晰地了解对公司价值最关键业绩驱动因素的经营操作的情况;使管理人员集中精力去做对业绩有最大驱动力的经营活动;使管理人员及时诊断经营中的问题并采取行动;积累关键绩效参数,为绩效改进提供依据。将公司员工的工作与公司愿景、公司战略连接起来,层层分解,并给予层层支持,使员工的个人业绩与客户的价值直接挂钩,并为客户的价值服务。

经过近半年的努力,JT 家纺有限公司新的组织架构开始走上正轨,结构调整后的效果也逐渐显现出来,大大提高了公司各个管理层的工作效率。自实施精益生产以来,企业在制造成本、制造过程、库存、及时出货率等方面取得了巨大的成果。该公司的实践证明,只有立足于大局、立足于企业的发展进行自我改善,精益生产才能得以落实。

要求：

(1) JT 家纺有限公司是从哪几方面达到精益生产要求的？

(2) JT 家纺有限公司在精益成本核算方面，从财务管理指标、原材料管理指标、生产管理指标等方面是如何体现精益思想的？

# 模 拟 试 卷

## 试 卷 一

### 一、单项选择题

1. 对比分析法是通过( )与基数的对比,借以了解经济活动的成绩或问题的一种分析方法。
   A. 计划数　　　B. 定额数　　　C. 实际数　　　D. 历史最高水平
2. 产值成本率是产品总成本与( )的比率。
   A. 总产值　　　B. 净产值　　　C. 商品产值　　　D. 销售收入
3. 平行结转分步法( )。
   A. 需要进行成本还原　　　B. 不需要进行成本还原
   C. 能提供完整的半成品成本资料　　D. 能加强实物与资金的有效管理
4. 在定额法下,当本期消耗定额提高时,期初在产品的定额成本调整和定额变动差异数( )。
   A. 都是正数　　　　　　　B. 都是负数
   C. 前者是正数,后者是负数　　　D. 前者是负数,后者是正数
5. 某企业采用分类法计算产品成本,类内三种产品的材料费定额为:甲产品 80 000 元,乙产品 100 000 元,丙产品 12 000 元,其中乙产品为标准产品,则甲产品的标准系数为( )。
   A. 1.2　　　B. 0.1　　　C. 0.8　　　D. 1.25
6. 采用辅助生产费分配的交互分配法,对外分配的耗费总额是( )。
   A. 交互分配前的耗费总额
   B. 交互分配前的耗费总额加上交互分配转入的部分
   C. 交互分配前的耗费总额减去交互分配转出的部分
   D. 交互分配前的耗费总额加上交互分配转入的部分再减去交互分配转出的部分
7. "废品损失"账户核算的内容之一是( )。
   A. 产品销售后的修理费用
   B. 生产过程中发现的不可修复废品的生产成本

C. 出售不合格品的降价损失

D. 库存产品因水灾而变质的损失

8. 采用简化的分批法,在产品完工以前,产品成本明细账(    )。

   A. 只登记直接耗费和分配标准(如生产工时)

   B. 登记全部耗费

   C. 登记全部耗费和分配标准

   D. 只登记材料耗费

9. 在辅助生产费的分配方法中,分配结果最准确的是(    )。

   A. 交互分配法　　　　　　　B. 直接分配法

   C. 计划成本分配法　　　　　D. 代数分配法

10. 采用定额法时,产品实际所消耗的材料应分配的材料成本差异的计算方法是(    )。

    A. 材料定额费乘以材料成本差异率

    B. 材料实际消耗量乘以材料成本差异率

    C. 材料定额费与脱离定额差异的代数和,乘以材料成本差异率

    D. 材料定额消耗量乘以材料计划单价再乘以材料成本差异率

## 二、多项选择题

1. 施工企业的直接成本包括(    )。

   A. 人工费与材料费　　　　　B. 施工单位管理人员薪酬

   C. 机械使用费　　　　　　　D. 临时设施摊销费

2. 建筑安装工程成本计算对象的划分方法包括(    )。

   A. 以每一独立编制施工图预算的单位作为成本计算对象

   B. 以分部工程作为成本计算对象

   C. 以若干单位工程作为成本计算对象

   D. 以企业全部工程作为成本计算对象

3. 逐步结转分步法与平行结转分步法的主要区别在于(    )。

   A. 成本管理的要求不同　　　B. 完工产品及在产品的含义不同

   C. 计算步骤反映的耗费范围不同　　D. 账户设置和应用不同

4. 逐步综合结转分步法所结转的半成品成本,通常可以分别按(    )计价。

   A. 实际成本　　B. 计划成本　　C. 定额成本　　D. 虚拟成本

5. 作业成本计算法与传统成本计算方法相比较,其优势表现在(    )。

   A. 成本核算对象涉及整个作业链的全过程

   B. 成本计算更简便

   C. 能将成本核算与成本控制融为一体

D. 能更正视资源、作业与成本之间的多重因果关系
6. 作业成本计算法更适用于( )类型的企业。
   A. 间接耗费较高且产品工艺过程复杂
   B. 生产调整准备成本较高
   C. 分批投产产品数量相差较大
   D. 生产产品种类较少
7. 影响可比产品成本降低额的因素有( )。
   A. 产品产量              B. 产品品种结构
   C. 产品单位成本          D. 产品质量
8. 可比产品成本降低率的影响因素包括( )。
   A. 产品单位成本          B. 产品总成本
   C. 产品产量              D. 产品品种结构
9. 标准成本按其制定基础可分为( )。
   A. 理想标准成本          B. 正常标准成本
   C. 基本标准成本          D. 现实标准成本
10. 计算变动制造费效率差异需要的数据有( )。
    A. 实际工时             B. 标准工时
    C. 小时变动制造费实际分配额   D. 小时变动制造费标准分配额

### 三、判断题

1. 适时生产系统对成本核算和成本管理的要求更高,因此采用的成本核算方法比传统成本核算方法更为复杂。 ( )
2. 倒推成本法下生产成本的会计记录与成本发生的实物流是同步的。 ( )
3. 在简化的分批法下,在各该批产品完工以前,产品生产明细账只需按月登记直接计入耗费。 ( )
4. 采用简化分批法,可以简化生产耗费的分配和登记工作,月末未完工产品的批数越多,成本计算工作就越简化。 ( )
5. 分类法是一种独立的成本计算方法,因而无须与品种法、分步法等成本计算的基本方法结合起来使用。 ( )
6. 只要产品的品种、规格繁多,就可以采用分类法计算产品成本。 ( )
7. 在实际工作中,一种产品在不同的生产工艺阶段,还可采用几种产品成本计算的基本方法计算产品成本。 ( )
8. 产品成本计算的分步分类法,既是为了满足企业的管理要求,即提供半成品成本的需要,又是为了尽量达到简化成本核算的过程的需求。 ( )
9. 在水产养殖企业中,天然捕捞成本一般不计算单位成本。 ( )

10. 确定成本计算对象、成本计算期和成本项目是各行业成本计算的共性问题。
(   )

## 四、简述题

在产品成本计算的分步法中,逐步结转分步法与平行结转分步法的主要区别表现在哪些方面?

## 五、业务题

1. 某制造企业设有运输和机修两个辅助生产车间。202×年8月,该企业有关辅助生产费的分配资料见表1(辅助生产车间不设"制造费用"账户)。

表1　　　　　　　　　辅助生产费的分配资料

| 辅助生产车间 | | 运输车间 | 机修车间 |
|---|---|---|---|
| 待分配费用 | | 38 220元 | 40 320元 |
| 供应劳务数量 | | 7 800吨公里 | 4 800小时 |
| 计划单位成本 | | 6.50元/吨公里 | 11.00元/小时 |
| 耗用劳务数量 | 运输车间<br>机修车间<br>企业销售部门<br>行政管理部门 | <br>1 800吨公里<br>3 600吨公里<br>2 400吨公里 | 1 200小时<br><br>2 160小时<br>1 440小时 |

要求:采用直接分配法编制辅助生产费分配表,并据以编制相应的会计分录。

2. 某企业为季节性生产企业,生产甲、乙、丙三种产品,本年度第一基本生产车间制造费预算总额为765 000元。三种产品计划产量分别为3 300件、5 700件、3 300件,单位产品定额工时分别为30小时、15小时、60小时。本年12月份生产甲产品600件、乙产品750件、丙产品450件,实际发生制造费90 000元。11月末,"制造费用"账户本年累计借方发生额682 497元、贷方发生额652 500元,借方余额为20 000元。至11月末,甲、乙、丙三种产品累计分配到的制造费分别为162 000元、148 500元和342 000元。

要求:

(1) 根据上述资料,计算本年度制造费计划分配率。

(2) 按计划费用分配率分配12月份的制造费,并编制相关的会计分录。

(3) 年末将分配的差额按三种产品全年实际分配数的比例进行调整,并编制调整分配的会计分录。

3. 某企业某月份新投产甲产品500件,在加工程度达到20%时,发现不可修复废品20件,当即予以报废,回收残料150元。其余产品继续加工,月末300件完工并验收入库,月末在产品 180 件(加工程度 60%),本月发生生产耗费为:直接材料 42 480 元,直接人工 82 400 元,制造费 109 180 元。材料于生产开始时投入 50%,当加工达到 50% 时,再投入 40% 的材料,另外 10% 材料在加工程度达到 70% 时投入,加工费随加工程度逐步发生的。

要求:计算完工产品和月末在产品的生产成本。

## 试 卷 二

一、单项选择题

1. 辅助生产车间发生的制造费用(　　)。
   A. 必须通过"制造费用"总账账户核算
   B. 不必通过"制造费用"总账账户核算
   C. 根据具体情况,可记入"制造费用"总账账户,也可直接记入"辅助生产成本"账户
   D. 首先记入"辅助生产成本"账户

2. 在实际工作中,工业企业的产品成本包括(　　)。
   A. 废品损失　　　　　　　　B. 产品销售费用
   C. 筹集资金费用　　　　　　D. 行政管理费用

3. 产品成本项目由(　　)。
   A. 企业根据生产特点和管理要求自行确定
   B. 国家统一规定
   C. 根据财政部发布的规定确定
   D. 由企业主管部门分别统一确定

4. 辅助生产费的顺序分配法,其基本要求是(　　)。
   A. 受益多的排列在前,受益少的排列在后
   B. 耗费多的排列在前,耗费少的排列在后
   C. 耗费少的排列在前,耗费多的排列在后
   D. 受益少的排列在前,受益多的排列在后

5. 如果产品的消耗定额准确、稳定,各月末在产品数量变化不大,产品成本中原材料耗费所占比重较大。为了简化成本计算,月末在产品适宜采用按(　　)计价的方法。
   A. 所耗原材料费　　　　　　B. 定额成本
   C. 定额原材料费　　　　　　D. 定额加工费

6. 简化的分批法之所以简化,是由于(　　)。
   A. 不计算在产品成本
   B. 不分批计算在产品成本
   C. 产品完工以前不登记产品成本明细账
   D. 采用累计的耗费分配率分配各种间接耗费

7. 产品成本计算分类法的特点是(　　)。

A. 按照产品品种计算成本

B. 按照产品类别计算成本

C. 按照产品类别归集耗费,同类产品内各种产品的各种耗费均采用一定的分配方法分配确定

D. 按照产品类别归集耗费,同类产品内各种产品的直接计入费直接计入,间接计入费采用一定的分配方法分配计入

8. 采用分类法计算产品成本时,为了简化计算,可以将分配标准折算成(　　),用来分配同类产品内部各种产品的成本。

　　A. 确定的定额　　　　　　　B. 统一的计划标准

　　C. 相对固定的系数　　　　　D. 实际分配率

9. 某产品须经连续三道工序加工而成,第一、第二、第三道工序的工时定额分别为 10 小时、9 小时、6 小时,则第三道工序期末在产品的完工程度为(　　)。

　　A. 51%　　　B. 89.13%　　　C. 60%　　　D. 88%

10. 采用逐步结转分步法时,完工产品与在产品之间的耗费分配,是(　　)之间的耗费分配。

A. 完工半成品与月末加工中在产品

B. 产成品与月末在产品

C. 前面生产步骤的完工半成品与加工中在产品,最后生产步骤的产成品与加工中在产品

D. 产成品与广义在产品

## 二、多项选择题

1. 马克思在《哥达纲领批判》中就有关成本的构成问题所谈的两条基本原理为(　　)。

A. 劳动不是一切财富的源泉

B. 劳动是一切财富的源泉

C. 不能实行不折不扣的劳动所得

D. 能实行不折不扣的劳动所得

2. 成本核算对象是以一定期间和空间为前提的,一般包括(　　)。

　　A. 成本核算期　　　　　　　B. 成本核算空间

　　C. 成本核算实体　　　　　　D. 成本核算方法

3. 成本会计工作组织的方式有(　　)。

　　A. 集中工作方式　　　　　　B. 分散工作方式

　　C. 统一领导　　　　　　　　D. 分级管理

4. 下列各项中,属于产品生产成本项目的有(　　)。

A. 直接材料 B. 直接人工
C. 制造费 D. 管理费用

5. 下列各项中,可以计算计件工资的产量有( )。
A. 合格品产量 B. 料废的废品数量
C. 工废数量 D. 在产品数量

6. 采用分批法,对先完工的部分,在批内产品陆续跨月完工、但先完工的批量较小时,对完工的部分成本计算也可采用( )来计价。
A. 按计划单位成本
B. 按定额单位成本
C. 最近一期相同产品实际单位成本
D. 实际单位成本

7. 几种产品共同耗用的原材料耗费,属于间接计入耗费,其分配标准可以选用( )。
A. 产品的材料定额消耗量比例分配
B. 产品的材料定额耗费比例分配
C. 产品的体积比例分配
D. 产品的重量比例分配

8. 下列各项中,属于成本动因的有( )。
A. 生产工时 B. 机器工时
C. 销售数量 D. 直接人工成本

9. 广义的在产品包括( )。
A. 本步骤尚未完工的在产品
B. 本步骤已完工尚在后步骤正加工的产品
C. 本步骤已完工滞留在半成品库的半成品
D. 已完工并验收合格的产成品

10. 采用定额成本法,需要在定额成本的基础上计算( )才转化为实际成本。
A. 脱离定额差异 B. 材料成本差异
C. 定额变动差异 D. 定额与计划间差异

三、判断题

1. 资金耗费与回收持续性假设是指企业永远不会破产、倒闭。 ( )

2. 各种产品共同耗用的原材料费按材料定额消耗量比例分配与按材料定额费比例分配的计算结果是不相同的。 ( )

3. 采用顺序分配法分配辅助生产费时,应将辅助生产车间之间相互提供劳务受益多的车间排列在前面先分配出去,受益少的车间排在后面后分配出去。 ( )

4. 采用计划成本分配法分配辅助生产费时,计算的辅助生产车间实际发生的耗费,是完全的实际耗费。（　）

5. 若人为地降低月末在产品成本,就会虚增企业的利润。（　）

6. 采用分步法计算产品成本,必须进行成本还原。（　）

7. 无论何原因产生的等级产品,均可采用分类法的原理计算各规格产品成本。（　）

8. 不单独核算废品损失的企业,其产品实际成本中也包含废品损失。（　）

9. 凡生产组织为多步骤生产的企业,均须采用分步法并要进行成本还原。（　）

10. 机械化程度较高的企业,其制造费用分配的方法宜采用机器工时比例分配法。（　）

### 四、业务题

1. 某企业生产甲产品,需要经两道工序,原材料在第一道工序生产开始时一次投入。本月完工产量600件;月末在产品500件,其中第一道工序200件,第二道工序300件。第一道工序工时定额4小时,第二道工序工时定额6小时。该月累计投入生产耗费：原材料费为17 600元,直接人工为8 075元,制造费为4 250元。各步骤在产品在本步骤加工程度均为50%。

要求：分配计算完工产品与在产品成本,并编制结转完工产品成本的会计分录。

2. 某企业按需用单位的订单分批组织生产,由于每月投产的批数较多,且月末在产品批次也较多,采用简化分批法计算产品成本。202×年8月,7006批丁产品完工15件,其余产品均未完工。7006批丁产品原材料在生产开始时一次投入。该企业基本生产二级账及7006批丁产品成本明细账分别见表1和表2。

表1　　　　　　　　　　**基本生产成本二级账**　　　　金额单位：元

| 202×年 | | 摘　要 | 生产工时(小时) | 直接材料 | 直接人工 | 制造费 | 合　计 |
| --- | --- | --- | --- | --- | --- | --- | --- |
| 月 | 日 | | | | | | |
| 7 | 31 | 在产品 | 5 000 | 61 000 | 6 000 | 7 000 | 74 000 |
| 8 | 31 | 本月发生 | 4 500 | 5 000 | 6 350 | 7 250 | 18 600 |
| 8 | 31 | 累计 | 9 500 | 66 000 | 12 350 | 14 250 | 92 600 |
| 8 | 31 | 累计间接计入耗费分配率 | | | ① | ② | |
| 8 | 31 | 结转完工产品总成本 | ③ | ④ | ⑤ | ⑥ | ⑦ |
| 8 | 31 | 在产品 | ⑧ | ⑨ | ⑩ | ⑪ | ⑫ |

**表 2**  **产品成本明细账**

批号：7006  投产日期：7月15日
产品名称：丁产品  批量：20件  完工日期：8月31日完工15件
金额单位：元

| 202×年 | | 摘 要 | 生产工时（小时） | 直接材料 | 直接人工 | 制造费 | 合 计 |
|---|---|---|---|---|---|---|---|
| 月 | 日 | | | | | | |
| 7 | 31 | 本月发生 | 960 | 20 000 | ① | ② | |
| 8 | 31 | 本月发生 | 2 080 | | ③ | ④ | |
| 8 | 31 | 生产耗费累计数及累计间接计入耗费分配率 | 3 040 | | ⑬ | ⑭ | |
| 8 | 31 | 完工产品总成本 | 2 500 | ⑮ | ⑯ | ⑰ | ⑱ |
| 8 | 31 | 完工产品单位成本 | | ⑲ | ⑳ | ㉑ | ㉒ |
| 8 | 31 | 在产品 | | ㉓ | ㉔ | | |

要求：

(1) 根据上述资料，填充表中空白栏①～㉔的数据。

(2) 列出空白栏①、②、④的计算过程。

3. 某公司各种耗费分配表中列示甲产品可修复废品的修复费用为：原材料2 100元，生产工人薪酬1 900元，制造费1 300元。不可修复废品的生产成本按定额成本计价。不可修复废品的定额成本资料为：不可修复废品5件，每件原材料耗费定额100元，每件定额工时为20小时。每小时人工薪酬为8元，制造费为5元。可修复废品和不可修复废品的残料价值共250元，作为辅助材料入库；应由过失人赔款200元。废品净损失由当月同种产品成本负担。

要求：

(1) 计算甲产品不可修复废品的生产成本。

(2) 计算甲产品不可修复废品和可修复废品的净损失。

(3) 编制有关的会计分录。

**五、综合题**

202×年8月，某企业大量大批生产丙产品，采用定额法计算产品成本。

(1) 产品定额成本资料：原材料在生产开始时一次投入。由于工艺技术的改进，8月初对年初消耗定额进行修订，有关资料见表3。

### 表3　　　　　　　　丙产品定额成本计算表

| 材料名称 | 计量单位 | 消耗定额 | | 计划单价(元) | |
|---|---|---|---|---|---|
| | | 修订前 | 修订后 | 修订前 | 修订后 |
| A材料 | 千克 | 8.6 | 8 | 10 | |
| 修订前 | 修订后 | 修订前 | 修订后 | 修订前 | 修订后 | 修订前 | 修订后 |
| 10 | 10 | 4 | 4 | 6.4 | 6.4 | 190 | 184 |

(2) 月初在产品和本月生产耗费脱离定额差异资料见表4。

### 表4　　　　　　　　生产耗费脱离定额差异资料

| 成本项目 | 脱离定额差异(元) | |
|---|---|---|
| | 月初在产品 | 本月生产耗费 |
| 直接材料 | −40 | 100 |
| 直接人工 | 16 | 28 |
| 制造费 | 20 | 68 |
| 合计 | −4 | 196 |

(3) 本月生产量资料：丙产品月初在产品40件，本月投产80件，本月完工100件，月末在产品20件。月初、月末在产品完工程度均为50%。

(4) 其他：脱离定额成本差异按完工产品和月末在产品定额成本比例分配，定额变动差异由完工产品成本负担。

要求：计算丙产品的实际成本。

## 试 卷 三

### 一、单项选择题

1. 采用分类法计算产品成本的目的在于( )。
   A. 分类计算产品成本　　　　B. 简化各种产品的成本计算工作
   C. 简化各类产品成本的计算工作　D. 准确计算各种产品的成本
2. 产品成本计算的辅助方法是( )。
   A. 品种法　　B. 分步法　　C. 定额法　　D. 分批法
3. 对可比产品成本降低率没有影响的因素是( )。
   A. 产品成本比重　　　　　　B. 产品产量
   C. 产品品种比重和单位产品成本　D. 产品单位成本
4. 在完工产品成本中,如果月初在产品定额变动差异是负数,说明本期( )。
   A. 定额降低了　　　　　　　B. 定额管理和成本管理水平下降
   C. 定额提高了　　　　　　　D. 定额管理和成本管理取得了成绩
5. 下列各项中,属于产品成本核算首要程序的是( )。
   A. 确定成本计算期　　　　　B. 生产耗费的归集与分配
   C. 确定成本项目　　　　　　D. 确定成本计算对象
6. 辅助生产成本的直接分配法将辅助生产成本直接( )的方法。
   A. 分配给所有受益单位
   B. 计入基本生产成本
   C. 分配给辅助生产以外的各受益单位
   D. 分配给完工产品成本
7. 成本报表是向企业经营管理者提供成本信息以进行成本分析和成本决策的( )报表。
   A. 外部管理　　B. 内部管理　　C. 年度　　D. 静态
8. 按照马克思的成本理论,产品成本是产品价值中的( )部分。
   A. C+M　　　　　　　　　　B. C+V
   C. V+M　　　　　　　　　　D. C+V+M
9. 产品生产过程中各项实际生产耗费脱离定额的差异称为( )。
   A. 定额成本　　　　　　　　B. 脱离定额差异
   C. 材料成本差异　　　　　　D. 定额变动差异
10. 成本会计最基础的职能是( )。
    A. 成本分析　　B. 成本核算　　C. 成本控制　　D. 成本决策

## 二、多项选择题

1. 下列各项中,属于在产品的有( )。
   A. 正在加工中的产品
   B. 已加工完一个工序,等待进一步加工的产品
   C. 等待验收入库的产品
   D. 等待返修的产品

2. 下列各项中,属于生产耗费在完工产品和在产品间分配方法的有( )。
   A. 约当产量比例法      B. 定额比例法
   C. 年度计划分配率法    D. 直接分配法

3. 在作业成本计算法下,成本计算的对象是多层次的,通常包括( )。
   A. 资源         B. 作业
   C. 作业中心     D. 制造中心

4. 在作业成本计算法下,期间费用所登记的内容有( )。
   A. 无效资源耗费     B. 有效资源耗费
   C. 非增值作业耗费   D. 增值作业耗费

5. 运输企业营运生产过程的特点有( )。
   A. 流动性
   B. 分散性
   C. 一般不改变劳动对象的属性和形态
   D. 营运生产和销售同时进行

6. 运输企业的营运业务包括( )。
   A. 运输与装卸业务   B. 生产与销售业务
   C. 堆存与代理业务   D. 通用航空业务

7. 采用分步法计算产品成本时,按照是否计算半成品成本,还可分为( )。
   A. 逐步结转分步法   B. 平行结转分步法
   C. 成本结构比重法   D. 标准成本还原法

8. 逐步结转分步法按照半成品在下一步骤反映的方式不同,可分为( )。
   A. 平行结转分步法     B. 逐步综合结转分步法
   C. 逐步分项结转分步法 D. 成本结构比重法

9. 马克思政治经济学中的( )理论为市场经济条件下的企业成本经济内涵奠定了坚实的基础。
   A. 劳动价值    B. 剩余价值
   C. 企业再生产  D. "三个代表"及科学发展观

10. 下列各项中,属于管理成本的概念范畴的有( )。

A. 差别成本及质量成本  B. 机会成本
C. 制造成本  D. 战略成本及环境成本

### 三、判断题

1. 在企业编制的所有成本报表中,产品生产成本表是最主要的报表。（  ）
2. 利用产品生产成本表(按品种编制)可以计算出可比产品和不可比产品成本的总成本和单位成本。（  ）
3. 早期成本会计阶段成本会计仅限于对生产过程的生产消耗进行系统的归集和计算,也称记录型成本会计。（  ）
4. 美国尼科尔森与罗尔巴克合著的《成本会计》被称为第一本成本会计著作。（  ）
5. 近代成本会计阶段就在开展成本预测与决策,在实行目标成本计算的基础上形成了新型的注重管理的经营型成本会计。（  ）
6. 使某个机构或某个部门受益的作业称为产品作业。它与产品的种类和某种产品的多少无关。（  ）
7. 对每一种产品编制数控规划、材料清单的,并使某种产品的每个单位都受益的作业称为批别作业。（  ）
8. 定额变动差异是产品生产过程中实际生产耗费脱离现行定额的差异。（  ）
9. 月初在产品定额成本调整数额与计入产品成本定额变动差异之和应等于零。（  ）
10. 降低产品成本,有助于提高企业产品的销售价格。（  ）

### 四、业务题

1. 信谊制造有限公司于2018年8月3日引进一条生产流水线,价值3 000 000元,预计净残率为3‰,预计使用年限5年。预计总产量为200 000件,2019年实际产量为42 000件,2020年实际产量为43 000件,2021年9月实际产量为3 600件。

要求:

(1) 分别采用平均年限法、工作量法、年数总和法及双倍余额递减法计算2019年及2022年的年折旧费。

(2) 分别采用平均年限法、工作量法、年数总和法及双倍余额递减法计算2019年9月的折旧费。

2. 某企业只生产一种甲产品,所耗原材料在生产开始时一次投入。产品成本中原材料费占比重较大,月末在产品按所耗原材料成本计价。8月初,该企业在产品成本为12 600元。8月份,该企业发生生产费如下:原材料157 000元、直接人工18 000元、制造费30 200元。本月完工产品600件,月末在产品200件。

要求:分配计算该产品完工产品成本和月末在产品成本。

3. 某大量大批连续式多步骤生产企业,顺序经过连续四个步骤生产丙产品(半成品在各步骤之间直接转移)。原材料在生产开始时一次投入,采用逐步综合结转法计算产品成本。

第一步骤完工半成品成本为 810 000 元(其中:直接材料 567 000 元,加工费 243 000 元)。

第二步骤完工半成品成本为 1 200 000 元(其中:自制半成品 960 000 元,加工费 240 000 元)。

第三步骤完工半成品成本为 1 300 000 元(其中:自制半成品 780 000 元,加工费 520 000 元)。

第四步骤完工产成品成本为 1 500 000 元(其中:自制半成品 1 170 000 元,加工费 330 000 元)。

要求:采用完工比例法对完工产品总成本进行成本还原,求得按原始项目反映的完工产品总成本,并指出还原后各成本项目的金额(第三次还原的成本还原率小数点后保留 8 位)。

## 五、综合题

某企业属于大量大批装配式生产企业,第一车间生产 A 零件,第二车间生产 B 零件,第三车间将 A、B 零件各一件组装成甲产品。A 零件耗用的材料是在生产开始时一次投入,B 零件耗用的材料是随着加工进度逐步投入,各车间在产品完工率均为 60%。202×年 8 月,各车间生产情况、月初在产品成本、本月生产耗费表见表 1 至表 3。

表 1　　　　　　　　各车间生产情况表　　　　　　　　单位:件

| 项　目 | A 零件 | B 零件 | 甲产品 |
| --- | --- | --- | --- |
| 期初在产品 | 600 | 500 | 900 |
| 本期投产 | 2 000 | 3 000 | 2 500 |
| 本期完工转出 | 2 500 | 2 500 | 3 000 |
| 期末在产品 | 100 | 1 000 | 400 |

表 2　　　　　　　　各车间月初在产品成本表　　　　　　　　单位:元

| 车间名称 | 直接材料 | 加工费 | 合　计 |
| --- | --- | --- | --- |
| 第一车间 | 2 480 | 5 000 | 7 480 |
| 第二车间 | 4 200 | 780 | 4 980 |
| 第三车间 |  | 352 | 352 |

| 表3 | 各车间本月生产耗费表 | | 单位:元 |
|---|---|---|---|
| 车间名称 | 直接材料 | 加 工 费 | 合 计 |
| 第一车间 | 11 520 | 3 650 | 15 170 |
| 第二车间 | 9 176 | 3 120 | 12 296 |
| 第三车间 |  | 2 240 | 2 240 |

要求:根据上述资料,采用平行结转分步法计算各车间应计入产成品成本的份额,并计算完工产品总成本,填制产品成本汇总表(表4)。

| 表4 | 产品成本汇总表 | | 完工产量:3 000 件 |
|---|---|---|---|
| 产品名称:甲产品 | 202×年8月 | | 单位:元 |
| 车间名称 | 直接材料 | 加 工 费 | 合 计 |
| 第一车间 |  |  |  |
| 第二车间 |  |  |  |
| 第三车间 |  |  |  |
| 合 计 |  |  |  |

## 试 卷 四

### 一、单项选择题

1. 在简化分批法下,累计间接费分配率(　　)。
   A. 仅是各批在产品之间分配间接费的依据
   B. 既是各批产品之间分配间接费的依据也是完工产品与在产品之间分配间接费的依据
   C. 只是完工产品与在产品之间分配间接费的依据
   D. 只是各批产品之间分配间接费的依据

2. 在成本核算中,正确划分各个月份的耗费界限,必须贯彻(　　)。
   A. 一贯性原则　　　　　　　B. 权责发生制原则
   C. 可比性原则　　　　　　　D. 重要性原则

3. 成本会计的各项职能中,最基础的应是(　　)。
   A. 成本预测　　B. 成本核算　　C. 成本分析　　D. 成本控制

4. 下列各项中,属于工业企业耗费要素的是(　　)。
   A. 废品损失　　B. 直接材料　　C. 直接人工　　D. 外购动力

5. 当某企业期末在产品数量较多,各期期末在产品数量变化也较大,产品成本中各项目的比重相差不多,则该企业总耗费在完工产品与在产品之间分配宜采用(　　)。
   A. 在产品按定额成本计价法　　B. 在产品按所耗原材料费计价法
   C. 定额比例法　　　　　　　　D. 约当产量比例法

6. 在产品按定额成本计价法,每月生产耗费脱离定额的差异(　　)。
   A. 全部计入当月完工产品成本
   B. 全部计入月末在产品成本
   C. 当月在完工产品与月末在产品之间分配
   D. 全部计入管理费用

7. 标准成本法一般采用(　　)。
   A. 正常标准成本　　　　　　B. 可达到标准成本
   C. 现实标准成本　　　　　　D. 理想标准成本

8. 采用逐步结转分步法,每一步骤的生产耗费要在完工产品和月末在产品之间进行分配。这里的在产品是指(　　)。
   A. 本步骤已完工转入半成品库的半成品
   B. 尚在本步骤加工中的在产品

C. 从半成品库转入下一步骤继续加工的半成品

D. 尚未完工的全部在产品和半成品

9. 为正确计算产品成本,应该做好的基础工作是( )。
 A. 确定成本计算对象   B. 确定各种耗费的分配方法
 C. 正确划分各种耗费的界线   D. 建立和健全原始记录

10. 在联产品生产中,分离后再发生的加工成本称为( )。
 A. 联合成本   B. 可归属成本   C. 可分成本   D. 共同成本

## 二、多项选择题

1. 生产耗费在完工产品与在产品之间分配的方法有( )。
 A. 在产品按所耗原材料费计价法   B. 约当产量比例法
 C. 定额比例法   D. 在产品按定额成本计价法

2. 产品成本计算的品种法适用于( )。
 A. 大量大批的单步骤生产企业
 B. 小批单件单步骤生产企业
 C. 管理上不要求分步骤计算产品成本的大量大批多步骤生产企业
 D. 管理上不要求分步骤计算产品成本的小批单件多步骤生产企业

3. 企业生产类型按照产品的生产工艺特点,可分为( )。
 A. 大量生产   B. 简单生产
 C. 成批生产   D. 复杂生产

4. 马克思在《哥达纲领批判》中对企业理论成本阐述的两条基本原理为( )。
 A. 劳动不是一切财富的源泉   B. 劳动是一切财富的源泉
 C. 要实行不折不扣的劳动所得   D. 不能实行不折不扣的劳动所得

5. 下列有关制造费分配的表述中,错误的有( )。
 A. 制造费应在企业范围内统一分配
 B. 制造费应在全厂或整个总厂的各个产品之间分配
 C. 制造费应在所有车间范围内统一分配
 D. 制造费应按车间分别在各车间生产的产品之间分配

6. 广义的在产品包括的内容有( )。
 A. 尚在本步骤加工中的在产品   B. 等待返修的废品
 C. 对外销售的自制半成品   D. 未验收入库的成品

7. 在原材料费占产品成本比重较大,而且单位材料消耗定额比较准确、稳定的情况下,可以将成本计价方法结合起来运用的方法有( )。
 A. 在产品按所耗原材料成本计价法   B. 在产品按定额成本计价法
 C. 约当产量比例法   D. 在产品按年初固定成本计价法

8. 采用分批法计算产品成本,如果批内产品跨月陆续完工的情况不多,完工产品数量占全部批量的比重很小,先完工的产品可以( )。

    A. 按计划单位成本计算结转

    B. 按定额单位成本计算结转

    C. 按近期同种产品实际单位成本计算结转

    D. 暂不结转,待全部完工后一并计算结转

9. 基于( )需要,要求计算半成品成本。

    A. 半成品可能对外销售的企业

    B. 半成品可能转作其他产品原料的企业

    C. 半成品不对外销售的企业

    D. 管理上要求严格考核各步骤耗费的企业

10. 逐步综合结转分步法中的成本还原方法有( )。

    A. 完工比例法　　　　　　B. 双倍余额递减法

    C. 成本结构比重法　　　　D. 标准成本还原法

### 三、判断题

1. 成本报表是内部报表,主要为企业内部管理的需要而编制的,不对外公布。( )

2. 采用分类法计算产品成本,每类产品中的各种产品的生产耗费,无论是直接计入耗费还是间接计入耗费,均采用分配方法分配计算。( )

3. 采用分类法计算出的类内各种产品的成本具有一定的假定性。( )

4. 采用分步法计算产品成本,基于成本分析与考核的需要,均须进行成本还原。( )

5. 采用平行结转分步法计算产品成本的条件下,期末在产品成本是按耗费发生地反映的。( )

6. 采用逐步分项结转分步法计算产品成本时,后续步骤各成本项目在完工产品与在产品之间分配时,上步骤转入与本步骤发生的同一耗费项目,在产品的约当产量是不同的。( )

7. 采用定额比例法分配完工产品与月末在产品生产费时,定额费与实际费的差异,由完工产品与在产品共同负担。( )

8. 采用在产品按所耗费原材料费计价法时,某种产品月末在产品只计算所耗费的材料费,不计算直接人工等其他加工费,产品的直接人工等其他加工费全部计入完工产品成本。( )

9. 某工序在产品完工率为该工序工时定额与完工产品工时定额比率。( )

10. 在不单独核算废品损失的企业中,合格产品的各成本项目中都可能包括不

可修复废品的生产成本和可修复废品的修复费用。 ( )

### 四、业务题

1. 某企业本月新投产甲产品,该产品连续经过三个步骤制作而成,第一步骤投产 2 000 件,本月完工入半成品库 1 900 件,月末在产品 100 件;第二步骤从半成品库零用 1 700 件,完工入半成品库 1 620 件,月末在产品 80 件;第三步骤从半成品库领用 1 500 件,完工产成品 1 460 件,月末在产品 40 件。

要求:分别计算在采用平行结转分步法下(各步骤总耗费在完工与在产品之间分配采用约当产量比例法),分配三个步骤各项耗费时的广义在产品实物数量。

2. 某制造企业设有运输和机修两个辅助生产车间。202×年 8 月,该企业有关辅助生产车间分配的资料见表 1。

表 1　　　　　　　　　辅助生产车间分配资料表

| 辅助生产车间 | | 运输车间 | 机修车间 |
|---|---|---|---|
| 待分配耗费 | | 23 200 元 | 58 800 元 |
| 供应劳务数量 | | 4 640 吨公里 | 2 450 小时 |
| 计划单位成本 | | 7.50 元/吨公里 | 26.10 元/小时 |
| 耗用劳务数量 | 运输车间<br>机修车间<br>销售部门<br>行政管理部门 | <br>640 吨公里<br>3 000 吨公里<br>1 000 吨公里 | 450 小时<br><br>1 750 小时<br>250 小时 |

注:辅助生产车间不设"制造费用"账户。

要求:采用一次交互分配法分配辅助生产费,并据以编制有关的会计分录。

3. 某企业基本生产车间 202×年制造费计划发生额为 11 700 元,全年各种产品的计划产量为:甲产品 950 件,乙产品 300 件,丙产品 400 件。单件产品工时定额为:甲产品 5 小时,乙产品 8 小时,丙产品 6.5 小时。202×年 1 月,该车间实际发生的制造费为 1 025 元,实际产量为:甲产品 90 件,乙产品 25 件,丙产品 25 件。202×年年末,"制造费用"账户有借方余额 1 200 元,全年甲产品、乙产品和丙产品各自分配的制造费分别为 7 200 元、2 800 元和 2 000 元。

要求:

(1) 计算年度制造费计划分配率。

(2) 按年度计划分配率分配 1 月份的制造费,根据计算结果编制会计分录。

(3) 分配"制造费用"账户的年末余额,并编制相关的结转分录。

## 五、综合题

某企业本月新投产丙产品,连续经过两个生产步骤制作,原材料在开始生产时一次投入,半成品在各步骤之间直接转移,月末在产品按约当产量法计算,各步骤在产品在本步骤完工程度均为50%,有关产量及生产耗费记录分别见表2和表3。

表2　　　　　　　　　　　产 量 记 录　　　　　　　　　　　单位:件

| 项 目 | 一 步 骤 | 二 步 骤 |
|---|---|---|
| 月初在产品 | | |
| 本月投产(或上步转入) | 2 000 | 1 600 |
| 本月完工 | 1 600 | 1 400 |
| 月末在产品 | 400 | 200 |

表3　　　　　　　　　　　生产耗费记录　　　　　　　　　　　单位:元

| 成本项目 | 本月发生耗费 | |
|---|---|---|
| | 一 步 骤 | 二 步 骤 |
| 原材料 | 400 000 | |
| 加工费 | 270 000 | 150 000 |
| 合 计 | 670 000 | 150 000 |

要求:根据上述资料,分别采用平行结转分步法、逐步综合结转分步法计算丙产品成本,并对逐步综合结转分步法的计算结果进行成本还原。

## 试 卷 五

### 一、单项选择题

1. 辅助生产费的交互分配法中的交互分配是指( )。
   A. 在各辅助生产车间之间的分配
   B. 在各基本生产车间之间的分配
   C. 在各生产车间之间的分配
   D. 在各基本生产与辅助生产车间的分配

2. 某车间采用按年度计划分配率方法分配制造费。该车间全年制造费计划为3 780元。全年各产品的计划产量为：甲产品200件、乙产品400件。单位产品的工时定额为：甲产品5小时、乙产品2小时。据此计算该车间制造费年度计划分配率是( )。
   A. 5.4    B. 6.3    C. 2.1    D. 0.9

3. 某产品4月份在生产过程中发现的不可修复废品的生产成本为800元,入库时发现的不可修复废品的生产成本为400元,可修复废品的修复费为300元,回收废品残料的价值为100元。据此计算的4月份废品净损失是( )元。
   A. 1 000    B. 1 100    C. 1 400    D. 1 500

4. 区别各种产品成本计算基本方法的标志是( )。
   A. 成本管理要求          B. 成本计算期间
   C. 成本计算对象          D. 间接费的分配方法

5. 下列方法中,属于产品成本计算辅助方法的是( )。
   A. 品种法    B. 分类法    C. 分步法    D. 分批法

6. 下列各项中,属于分项结转法优点的是( )。
   A. 能直接提供按原始成本项目反映的产品成本资料
   B. 各步骤可以同时计算产品成本
   C. 便于进行各步骤完工产品成本分析
   D. 简化半成品收发凭证计价和记账工作

7. 某工业企业生产的甲产品从本月1日起修订原材料消耗定额,每件产品旧的和新的定额分别为100元、80元。甲产品上月末在产品的原材料定额费为20 000元。据此计算的本月甲产品月初在产品定额变动差异是( )元。
   A. 4 000    B. —4 000    C. 5 000    D. —5 000

8. 工业企业各种要素耗费中的税金应计入( )。
   A. 税金及附加          B. 财务费用

C. 产品销售费用　　　　　　D. 管理费用

9. 辅助生产车间采用计划成本分配法分配时,为了简化分配工作,将辅助生产成本差异全部调整计入(　　)。

A. 制造费用　　　　　　　　B. 生产费用

C. 辅助生产成本　　　　　　D. 管理费用

10. 可修复废品返修前发生的生产耗费属于(　　)。

A. 废品损失

B. 非废品损失

C. 废品损失,但留在"基本生产成本"账户

D. 废品损失,但不必计算其生产成本

## 二、多项选择题

1. 下列各项中,不作为废品损失核算的有(　　)。

A. 可降价出售的不合格品的降价损失

B. 产品入库后因保管不善造成的变质损失

C. 不可修复废品的生产成本

D. 产品出售后发生的三包费用

2. 下列各项中,不必进行成本还原的有(　　)。

A. 按实际成本综合结转　　　B. 按计划成本综合结转

C. 平行结转分步法　　　　　D. 分项结转法

3. 下列各项中,属于制造费分配方法的有(　　)。

A. 生产工人工时比例分配法　B. 生产工人工资比例分配法

C. 机器工时比例分配法　　　D. 按年度计划分配率分配法

4. 在采用定额法计算产品成本的产品成本明细账中,本月生产耗费由(　　)组成。

A. 脱离定额差异　　　　　　B. 定额成本

C. 材料成本差异　　　　　　D. 定额变动差异

5. 在确定完工产品与月末在产品之间耗费分配的方法时,应考虑的条件有(　　)。

A. 各月末在产品数量的多少　B. 各月末在产品数量变化的大小

C. 各成本项目所占比重的大小　D. 企业定额管理基础的好坏

6. 下列各项中,可以采用分类法计算产品成本的有(　　)。

A. 品种规格繁多,但可按规定标准分类的产品

B. 联产品

C. 由于人工操作原因所造成的质量等级不同的产品

D. 品种、规格繁多,且数量少、耗费比重小的一些零星产品

7. 主要产品单位成本表反映的单位成本一般包括( )。
   A. 历史先进水平          B. 本年计划
   C. 本月实际              D. 本年累计实际平均

8. 在成本构成中,理论成本是指( )。
   A. 生产中已耗费的用货币表现的生产资料转移的价值
   B. 生产中劳动者为自己劳动所创造的价值
   C. 企业为组织管理生产经营活动而发生的管理费用
   D. 劳动者在生产过程中为社会创造的价值

9. 影响可比产品成本降低率变动的因素有( )。
   A. 产品品种比重变动      B. 产品单位成本变动
   C. 产品产量变动          D. 产品单价变动

10. 企业在组织成本会计工作时,应考虑( )。
    A. 企业自身规模的大小    B. 企业机构的设置
    C. 企业生产经营业务的特点  D. 干部力量的配备

## 三、判断题

1. 资金耗费与资金回收持续性的假设是指企业的任何付出都能收回。( )
2. 降低产品成本,有助于提高企业产品的销售价格。( )
3. 大量大批多步骤生产的企业往往以产品生产周期作为成本计算期。( )
4. 产品的成本计算期主要与生产的组织方式有关,而与产品的工艺过程无关。( )
5. 分类法是一种独立的成本计算方法,因而无须与品种法、分步法等成本计算的基本方法结合起来使用。( )
6. 只要产品的品种、规格繁多,就可以采用分类法计算产品成本。( )
7. 不论采用何种分配方法,制造费分配后,"制造费用"账户期末都没有余额。( )
8. 生产车间内不论是生产人员、技术人员、检验人员还是管理人员的工资及福利费,均应记入"制造费用"账户。( )
9. 可修复废品返修以前发生的耗费不是废品损失。( )
10. 采用分类法计算产品成本,每类产品中的各种产品的生产耗费,无论是直接计入耗费还是间接计入耗费,均采用分配方法分配计算。( )

## 四、业务题

1. 某工业企业大量生产甲、乙、丙三种产品,这三种产品耗用原材料相同、生产工艺过程相近,只是规格不同。为简化计算,将三种产品归为一类(A类)。原材料在

生产开始时一次投入。A 类产品按产品单位定额成本制定综合系数，选定乙产品作为标准产品，采用系数法计算各种产品成本。A 类产品月初在产品成本及本月发生的生产耗费见表 1。

表 1　　　　　　　　　　A 类产品资料表　　　　　　　　　　单位：元

| 项　　目 | 直接材料 | 直接人工 | 制 造 费 | 合　计 |
|---|---|---|---|---|
| 月初在产品成本 | 50 000 | 10 700 | 8 500 | 24 500 |
| 本月生产耗费 | 93 100 | 29 080 | 18 020 | 140 200 |

甲、乙、丙三种产品单位定额成本及产量资料见表 2。

表 2　　　　　　　甲、乙、丙三种产品资料表

| 产品名称 | 单位定额成本（元） | 完工数量（件） | 月末在产品 | |
|---|---|---|---|---|
| | | | 数量（件） | 完工率 |
| 甲产品 | 147.2 | 450 | 100 | 50% |
| 乙产品 | 230.0 | 120 | 50 | 60% |
| 丙产品 | 276.0 | 300 | 60 | 75% |

要求：

（1）填制标准产量计算表（表 3），计算甲、乙、丙三种产品完工产品和在产品的标准产量。

（2）分别计算甲、乙、丙三种产品完工产品总成本和在产品成本，并填制 A 类产品成本计算单（表 4）。

表 3　　　　　　　　　标准产量计算表　　　　　　　　　单位：件

| 产品 | 系数 | 产成品 | | 在　产　品 | | | | |
|---|---|---|---|---|---|---|---|---|
| | | 产量 | 标准产量 | 数量 | 完工率 | 约当产量 | 标准产量 | |
| | | | | | | | 按约当产量折合 | 按实际产量折合 |
| 甲 | | | | | | | | |
| 乙 | | | | | | | | |
| 丙 | | | | | | | | |
| 合计 | — | | | | | | | |

表 4　　　　　　　　　A 类产品成本计算单　　　　　　　　单位：元

| 成本项目 | 生产耗费合计 | 期末在产品成本 | 产成品成本 | | | | | |
|---|---|---|---|---|---|---|---|---|
| | | | 甲产品 | | 乙产品 | | 丙产品 | |
| | | | 总成本 | 单位成本 | 总成本 | 单位成本 | 总成本 | 单位成本 |
| 直接材料 | | | | | | | | |
| 直接人工 | | | | | | | | |
| 制造费 | | | | | | | | |
| 合　计 | | | | | | | | |

2. 某企业本月甲产品所耗原材料费为：计划 1 500 元，实际 1 512 元。单位产品原材料消耗量为：计划 30 千克，实际 36 千克。原材料单价为：计划 50 元，实际 42 元。

要求：分别采用连环替代分析法和差额计算分析法，分析计算原材料消耗量及材料单价变动对原材料费的影响。

3. 某制造企业有供水和供电两个辅助生产车间。202×年 8 月，该企业供水车间供水 15 000 吨，全月发生的生产耗费为 13 500 元，每吨水计划成本为 1.4 元；供电车间供电 43 000 度，全月发生的生产耗费为 25 000 元，每度电计划成本为 0.80 元。水、电均为一般消耗用。

本月各车间、部门消耗水、电情况见表 5。

表 5　　　　　　　　　水、电消耗情况表

| 耗用 | 单位 | 供水车间 | 供电车间 | 基本生产车间 | 行政管理部门 |
|---|---|---|---|---|---|
| 水 | 吨 | — | 4 000 | 8 000 | 3 000 |
| 电 | 度 | 10 000 | — | 28 000 | 5 000 |

注：辅助生产车间不设置"制造费用"账户。

要求：按计划成本分配法分别计算供水车间和供电车间的成本差异。

五、综合题

某企业属大量大批多步骤生产企业，产品顺序经过两个步骤加工制作（第一步骤完工半成品直接交给第二步骤），采用平行结转分步法计算产品成本。生产耗费在完工及在产品之间分配采用定额比例法（直接材料项目采用定额材料比例分配，加工费项目采用定额工时比例分配）。有关乙产品定额资料见表 6。

表 6　　　　　　　　　　　乙产品定额资料

| 车间份额 | 月初在产品 | | 本月投入 | | 本月产成品（200 件） | | | |
|---|---|---|---|---|---|---|---|---|
| | | | | | 单件定额 | | 总定额 | |
| | 定额材料（元） | 定额工时（小时） | 定额材料（元） | 定额工时（小时） | 材料（元） | 工时（小时） | 材料（元） | 工时（小时） |
| 第一车间 | 21 120 | 9 760 | 12 800 | 5 600 | 100 | 60 | | |
| 第二车间 | | 5 200 | | 13 820 | | 80 | | |
| 合　　计 | 21 120 | 14 960 | 12 800 | 19 420 | 100 | 140 | | |

要求：根据有关资料，采用平行结转分步法，登记第一车间和第二车间的产品成本明细账（表 7 和表 8），并填制乙产品成本汇总表（表 9）。

表 7　　　　　　　　　　　产成品成本明细账

第一车间　乙产品　　　　　　　　　　　　　　　　　　　金额单位：元

| 摘　　要 | 产成品产量（件） | 直接材料 | | 定额工时（小时） | 加工费 | 成本合计 |
|---|---|---|---|---|---|---|
| | | 定额 | 实际 | | | |
| 月初在产品 | | | 22 420 | | 19 620 | |
| 本月生产耗费 | | | 14 892 | | 12 636 | |
| 生产耗费总计 | | | | | | |
| 耗费分配率 | | | | | | |
| 产成品成本中本步骤份额 | | | | | | |
| 月末在产品 | | | | | | |

表 8　　　　　　　　　　　产成品成本明细账

第二车间　乙产品　　　　　　　　　　　　　　　　　　　金额单位：元

| 摘　　要 | 产成品产量（件） | 直接材料 | | 定额工时 | 加工费 | 成本合计 |
|---|---|---|---|---|---|---|
| | | 定额 | 实际 | | | |
| 月初在产品 | | | | | 9 740 | |
| 本月生产耗费 | | | | | 14 986 | |
| 生产耗费总计 | | | | | | |
| 耗费分配率 | | | | | | |

(续表)

| 摘 要 | 产成品产量（件） | 直接材料 | | 定额工时 | 加工费 | 成本合计 |
|---|---|---|---|---|---|---|
| | | 定额 | 实际 | | | |
| 产成品成本中本步骤份额 | | | | | | |
| 月末在产品 | | | | | | |

表9　　　　　　　　　　　乙产品成本汇总表

202×年×月　　　　　　　　　　　　　　金额单位：元

| 车间份额 | 产量（件） | 直接材料 | 加工费 | 成本合计 |
|---|---|---|---|---|
| 第一车间 | | | | |
| 第二车间 | | | | |
| 合　　计 | | | | |
| 单位成本 | | | | |

# 各章练习题参考答案

## 第 一 章

**(一) 单项选择题**
1. C  2. C  3. B  4. A  5. C  6. B  7. D  8. C  9. A  10. C

**(二) 多项选择题**
1. ABC  2. ABD  3. ABCD  4. ABC  5. ABC  6. ABD  7. ABD  8. ABCD  9. AB  10. ABD

**(三) 判断题**
1. ×  2. ×  3. ×  4. √  5. √  6. √  7. ×

## 第 二 章

**(一) 单项选择题**
1. B  2. A  3. B  4. D  5. B  6. A  7. B

**(二) 多项选择题**
1. ABCD  2. ABCD  3. AB  4. ABC  5. ABCD  6. ABCD  7. ABCD

**(三) 判断题**
1. ×  2. ×  3. √  4. √  5. ×  6. ×  7. √

## 第 三 章

**(一) 单项选择题**
1. B  2. C  3. A  4. D  5. C  6. B  7. C  8. A  9. B  10. B

**(二) 多项选择题**
1. ACD  2. ABD  3. ABCD  4. ABC  5. ABCD  6. AB  7. ABC  8. ABCD  9. ABC  10. AC

**(三) 判断题**
1. ×  2. ×  3. ×  4. ×  5. √  6. ×  7. √  8. ×  9. √  10. ×

## 第 四 章

**(一) 单项选择题**
1. C  2. C  3. C  4. B  5. B  6. A  7. B  8. C  9. A  10. C

(二) 多项选择题

1. ABCD  2. ACD  3. ACD  4. ABCD  5. AB  6. CD  7. BCD  8. ABCD  9. AB
10. ABCD

(三) 判断题

1. √  2. ×  3. √  4. ×  5. ×  6. ×  7. √  8. ×  9. D √  10. ×

(四) 业务题

【业务题一】

A 产品应分配材料费 8 000 元, B 产品应分配材料费 12 000 元。

【业务题二】

甲产品应分配材料费 70 400 元, 乙产品应分配材料费 105 600 元。

【业务题三】

直接人工分配数: 甲产品 136 800 元, 乙产品 102 600 元, 丙产品 34 200 元。

| 借: 基本生产成本——甲 | 136 800 |
| --- | --- |
| ——乙 | 102 600 |
| ——丙 | 34 200 |
| 制造费用 | 45 600 |
| 管理费用 | 68 400 |
| 销售费用 | 22 800 |
| 贷: 应付职工薪酬 | 410 400 |

【业务题四】

甲产品应分配的外购燃料费为 3 900 元, 乙产品分配的外购材料为 3 250 元。

甲产品应分配的外购动力费为 187 500 元, 乙产品分配的外购动力费为 112 500 元。

| 借: 基本生产成本——甲产品 | 191 400 |
| --- | --- |
| ——乙产品 | 115 750 |
| 辅助生产成本 | 32 000 |
| 制造费用 | 20 000 |
| 管理费用 | 8 000 |
| 贷: 银行存款 | 367 150 |

# 第 五 章

(一) 单项选择题

1. B  2. D  3. C  4. A  5. B  6. C  7. D  8. A  9. A  10. B

(二) 多项选择题

1. AD  2. ABCDE  3. AB  4. ABE  5. ABDE  6. CE  7. ABCE  8. CDE  9. AD
10. ABC

(三) 判断题

1. √  2. √  3. ×  4. √  5. ×  6. ×  7. √  8. √  9. ×  10. √

(四) 业务题

**【业务题一】** 直接分配法：

运输车间对外分配率＝19 200÷(3 300－100)＝6

基本生产车间第一车间成本＝1 400×6＝8 400(元)

基本生产车间第二车间成本＝1 000×6＝6 000(元)

企业行政管理部门成本＝800×6＝4 800(元)

机修车间对外分配率＝39 600÷(1 618－34)＝25

基本生产车间第一车间成本＝730×25＝18 250(元)

基本生产车间第二车间成本＝600×25＝15 000(元)

企业行政管理部门成本＝254×25＝6 350(元)

相关会计分录如下：

| | |
|---|---:|
| 借：基本生产成本——第一车间 | 26 650 |
| 　　　　　　　　——第二车间 | 21 000 |
| 　　管理费用 | 11 150 |
| 　　贷：辅助生产成本——运输车间 | 19 200 |
| 　　　　　　　　　　——机修车间 | 39 600 |

**【业务题二】** 对内分配：

运输车间对内分配率＝48 000÷9 600＝5

机修车间对内分配率＝94 000÷4 700＝20

机修车间分配的运输费用＝1 600×5＝8 000(元)

运输车间分配的机修费用＝700×20＝14 000(元)

相关会计分录如下：

| | |
|---|---:|
| 借：辅助生产成本——机修车间 | 8 000 |
| 　　　　　　　　　　——运输车间 | 14 000 |
| 　　贷：辅助生产成本——运输车间 | 8 000 |
| 　　　　　　　　　　——机修车间 | 14 000 |

对外分配：

运输车间对外分配率＝(48 000＋14 000－8 000)÷(9 600－1 600)＝6.75(元/公里)

机修车间对外分配率＝(94 000＋8 000－14 000)÷(4 700－700)＝22(元/工时)

基本生产车间分配的运输费＝5 600×6.75＝37 800(元)

企业行政管理部门分配的运输费＝2 400×6.75＝16 200(元)

基本生产车间分配的机修费＝2 600×22＝57 200(元)

行政管理部门分配的机修费＝1 400×22＝30 800(元)

相关会计分录如下：

| | |
|---|---:|
| 借：基本生产成本 | 95 000 |
| 　　管理费用 | 47 000 |

|  贷：辅助生产成本——运输车间 | 54 000 |
|  ——机修车间 | 88 000 |

**【业务题三】** 分配计划成本：

运输车间：

运输车间计划总成本＝12 000×5.5＝66 000(元)

机修车间计划总成本＝1 000×5.5＝5 500(元)

基本生产车间计划成本＝8 000×5.5＝44 000(元)

行政管理部门计划成本＝3 000×5.5＝16 500(元)

机修车间：

机修车间计划总成本＝6 000×22＝132 000(元)

运输车间计划成本＝700×22＝15 400(元)

基本生产车间计划成本＝3 500×22＝77 000(元)

行政管理部门＝1 800×22＝39 600(元)

计算实际成本：

运输车间实际发生成本＝50 400＋15 400＝65 800(元)

机修车间实际发生成本＝126 960＋5 500＝132 460(元)

差额处理：

运输车间成本差异＝65 800－66 000＝－200(元)(节约)

机修车间成本差异＝132 460－132 000＝460(元)(超支)

按计划成本分配，相关会计分录如下：

| 借：辅助生产成本——运输车间 | 15 400 |
|  ——机修车间 | 5 500 |
| 基本生产成本 | 121 000 |
| 管理费用 | 56 100 |
|  贷：辅助生产成本——机修车间 | 132 000 |
|  ——运输车间 | 66 000 |

调整辅助生产成本差异，相关会计分录如下：

| 借：管理费用 | 260 |
|  贷：辅助生产成本——机修车间 | 460 |
|  ——机修车间 | 200 |

**【业务题四】** 设运输车间的单位成本 X，机修车间的单位成本 Y，则：

$$\begin{cases} 31\,050+900Y=11\,000X \\ 98\,900+800X=5\,000Y \end{cases}$$

解得：

X＝4.5，Y＝20.5

机修车间承担的运输费＝800×4.5＝3 600(元)

基本生产车间承担的运输费=6 000×4.5=27 000(元)
行政管理部门承担的运输费=4 200×4.5=18 900(元)
运输车间承担的机修费=900×20.5=18 450(元)
基本生产车间承担的机修费=2 400×20.5=49 200(元)
企业行政管理部门承担的机修费=1 700×20.5=34 850(元)
相关会计分录如下:

| | |
|---|---|
| 借:辅助生产成本——运输车间 | 18 450 |
| ——机修车间 | 3 600 |
| 基本生产成本 | 76 200 |
| 管理费用 | 53 750 |
| 贷:辅助生产成本——机修车间 | 102 500 |
| ——运输车间 | 49 500 |

**【业务题五】**

运输车间费用分配率=34 700÷10 000=3.47
机修车间费用分配率=92 000÷4 000=23
运输车间为机修车间提供的劳务费=1 000×3.47=3 470(元)
机修车间为运输车间提供的劳务费=800×23=18 400(元)
可见,运输车间接受机修车间劳务少,先分配。
按顺序分配辅助生产费用:
运输车间费用分配率=34 700÷10 000=3.47
机修车间承担的运输费用=1 000×3.47=3 470(元)
基本生产车间承担的运输费用=5 000×3.47=17 350(元)
企业行政管理部门承担的运输费用=4 000×3.47=13 880(元)
相关会计分录如下:

| | |
|---|---|
| 借:辅助生产成本——机修车间 | 3 470 |
| 基本生产成本 | 17 350 |
| 管理费用 | 13 880 |
| 贷:辅助生产成本——运输车间 | 34 700 |

分配机修车间的辅助生产费用:
机修车间辅助生产费用分配率=(92 000+3 470)÷(4 000−800)=29.834375
基本生产车间承担的机修费用=2 000×29.834375=59 668.75(元)
行政管理部门承担的机修费用=1 200×29.834375=35 801.25(元)
相关会计分录如下:

| | |
|---|---|
| 借:基本生产成本 | 59 668.75 |
| 管理费用 | 35 801.25 |
| 贷:辅助生产成本——机修车间 | 95 470 |

# 第 六 章

**(一) 单项选择题**
1. A  2. C  3. B  4. B  5. B  6. C

**(二) 多项选择题**
1. ACD  2. ABC  3. ABCD  4. BCD  5. AB  6. AC

**(三) 判断题**
1. ×  2. ×  3. ×  4. √  5. ×  6. ×  7. ×  8. ×  9. √  10. √

**(四) 业务题**

【业务题一】
年度计划分配率为 20。

【业务题二】
按生产工人工时比例分配法和机器工时比例法分配制造费的分配率分别为 3.5 和 4。

【业务题三】
(1) 年度制造费用计划小时分配率＝234 000÷195 000＝1.2。

12 月份甲产品制造费用为 10 800 元,乙产品制造费用为 4 800 元,丙产品制造费用为 3 900 元,应追加分配 6 000 元(246 000－240 000)。

甲产品应追加分配数为 3 600 元,乙产品应追加分配数为 1 200 元,丙产品应追加分配数为 1 200 元。

(2) 借：基本生产成本——甲产品                    10 800
          ——乙产品                              4 800
          ——丙产品                              3 900
      贷：制造费用                              19 500
    借：基本生产成本——甲产品                     3 600
          ——乙产品                              1 200
          ——丙产品                              1 200
      贷：制造费用                               6 000

【业务题四】
分配率＝161 500÷(1 000＋400＋600)＝80.75
甲产品、乙产品、丙产品各自分配制造费 80 750 元、32 300 元、48 450 元。

借：基本生产成本——甲产品                       80 750
      ——乙产品                                32 300
      ——丙产品                                48 450
  贷：制造费用                                 161 500

# 第 七 章

**(一) 单项选择题**
1. A  2. B  3. B  4. B  5. C

**(二) 多项选择题**

1. BCD  2. ABD  3. AC  4. AB  5. ABC

**(三) 判断题**

1. ×  2. √  3. ×  4. ×  5. ×  6. ×  7. ×  8. √  9. ×  10. √

**(四) 业务题**

**【业务题一】**

停工损失＝8 500＋9 500＝18 000(元)

**【业务题二】**

不可修复废品的生产成本＝100×5＋20×5×(8＋5)＝1 800(元)

废品净损失＝2 100＋1 900＋1 300＋1 800－250－200＝6 650(元)

**【业务题三】**

不可修复废品的生产成本＝(12 000＋10 800＋22 500＋7 200)÷300×8＝1 400(元)

废品净损失＝1 400－50＝1 350(元)

**【业务题四】**

不可修复废品的生产成本＝50×10＋150×10×(5＋18＋12)＝53 000(元)

废品净损失＝53 000－800－500＝51 700(元)

# 第 八 章

**(一) 单项选择题**

1. D  2. D  3. D  4. B  5. D  6. B  7. B  8. B  9. A  10. C

**(二) 多项选择题**

1. ABCD  2. AB  3. BC  4. ACD  5. ABC  6. CD  7. ABD  8. AD  9. AC  10. ABCD

**(三) 判断题**

1. ×  2. ×  3. √  4. ×  5. √  6. √  7. √  8. ×  9. ×  10. ×

**(四) 业务题**

**【业务题一】** 在产品成本 22 500 元；完工产品成本 97 500 元。

**【业务题二】** 在产品成本 24 000 元；完工产品成本 75 800 元。

**【业务题三】** 在产品成本 20 540 元；完工产品成本 87 300 元。

**【业务题四】** 在产品成本 13 728 元；完工产品成本 85 400 元。

**【业务题五】** (1) 定额总成本为 255 000 元。

(2) 在产品成本 35 000 元；完工产品成本 216 000 元。

(3) 完工产品成本等于完工产品定额成本加减本月成本差异。

**【业务题六】** 在产品成本 77 100 元；完工产品成本 232 128 元。

**【业务题七】** 完工产品成本 306 600 元；在产品成本 56 892 元。

**【业务题八】** 在产品成本＝316×65＋316×50％×(50＋70)＝39 500(元)

完工产品成本＝(6 500＋7 300＋5 900)＋1 140×(65＋50＋70)＝230 600(元)

**【业务题九】** 在产品成本＝316×50％×(72＋53＋73)＝31 284(元)

完工产品成本＝1 200×(72＋53＋73)＝237 600(元)

**【业务题十】** 加权平均法：完工产品成本 314 415 元；在产品成本 49 324 元；先进先出法：完工产品成本 319 555.2 元；在产品成本 44 184.8 元。

# 第 九 章

(一) 单项选择题

1. A  2. A  3. C  4. B  5. B  6. A  7. C  8. A  9. D  10. C

(二) 多项选择题

1. CD  2. ABC  3. ABC  4. ACD  5. AC  6. AC  7. ABC  8. BC  9. BCD  10. CD

(三) 判断题

1. √  2. ×  3. ×  4. ×  5. ×  6. √  7. ×  8. √  9. ×  10. ×

(四) 业务题

**【业务题一】** 完工 A 产品成本 506 700 元；完工 B 产品成本 203 900 元；A 在产品成本 40 000 元。

**【业务题二】** 甲产品完工产品总成本 104 800 元，月末在产品成本 32 200 元；

乙产品完工产品总成本 63 000 元，月末在产品成本 27 000 元。

**【业务题三】** 甲产品完工产品总成本 36 075 元，月末在产品成本 4 995 元；

乙产品完工产品总成本 26 464 元，月末在产品成本 4 192 元。

**【业务题四】** 完工甲产品总成本为 1 128 340 元；单位成本为 37.61 元。

# 第 十 章

(一) 单项选择题

1. A  2. B  3. C  4. B  5. C  6. A  7. A  8. C  9. C  10. D

(二) 多项选择题

1. BCD  2. BCD  3. ABC  4. ACD  5. ABD  6. AC  7. ABC  8. AD  9. BCD  10. AC

(三) 判断题

1. ×  2. ×  3. ×  4. ×  5. ×  6. ×  7. ×  8. √  9. √  10. ×

(四) 业务题

**【业务题一】**

A 完工产品成本为 451 000 元，单位成本为 5 637.5 元。

B 完工产品成本为 34 880 元，单位成本为 872 元。

**【业务题二】**

直接人工分配率＝0.4  制造费分配率＝0.6

7720 批产品总成本为 27 020 元，7721 批完工产品成本为 23 600 元。

# 第 十 一 章

(一) 单项选择题

1. B  2. C  3. C  4. C  5. B  6. B  7. A  8. B  9. C  10. D

(二) 多项选择题

1. AB  2. BC  3. BC  4. ABC  5. ABC  6. ABC  7. ABCD  8. ABC  9. AC  10. ABC

(三) 判断题

1. ×  2. ×  3. √  4. √  5. √  6. √  7. √  8. √  9. ×  10. √

(四) 业务题

【业务题一】

第一步骤广义在产品数量 540 件,第二步骤广义在产品数量 240 件,第三步骤广义在产品数量 40 件。

【业务题二】

完工产品总成本 68 000 元。其中：

一车间份额：直接材料 22 000 元,加工费 25 200 元。

二车间份额：加工费 20 800 元。

【业务题三】

第一车间分配时约当总产量为 6 960 件(直接材料 3 500 件,加工费 3 460 件);应计入产成品的份额为 19 500 元(直接材料 12 000 元,加工费 7 500 元)。

第二车间分配时约当总产量为 8 000 件(直接材料 4 000 件,加工费 4 000 件);应计入产成品的份额为 12 957 元(直接材料 10 032 元,加工费 2 925 元)。

第三车间分配时约当总产量加工费项目为 3 240 件;应计入产成品的份额 2 400 元。

完工产品总成本 34 857 元(其中：直接材料 22 032 元,加工费 12 825 元)。

【业务题四】

成本还原率：第一次还原 0.9;第二次还原 0.585;第三次还原 0.693 333 33。

还原后的直接材料 393 120 元,加工费 1 106 880 元。

【业务题五】

第一次还原：将 1 170 000 元分解为 702 000 元和 468 000 元。

第二次还原：将 702 000 元分解为 561 600 元和 140 400 元。

第三次还原：将 561 000 元分解为 393 120 元和 168 480 元;还原后：直接材料 393 120 元,加工费 1 106 880 元。

# 第 十 二 章

(一) 单项选择题

1. D  2. B  3. C  4. B  5. C  6. D  7. C  8. C  9. C  10. B

(二) 多项选择题

1. ABCD  2. ACD  3. ABCD  4. ABC  5. AB  6. ABCD  7. ABC  8. ABCD  9. ABC  10. AB

(三) 判断题

1. ×  2. ×  3. √  4. √  5. ×  6. ×  7. √  8. ×  9. ×  10. √

(四) 业务题

【业务题一】
原材料分配率＝0.6 其他耗费分配率＝0.95

【业务题二】
(1) 采用系数法的分配率＝9.375
(2) 采用实物量分配法的分配率＝10
(3) 采用销售价值分配法的分配率＝0.375
(4) 采用净实现价值分配法的分配率＝0.4

# 第 十 三 章

(一) 单项选择题
1. C 2. A 3. A 4. A 5. B 6. C 7. A 8. D 9. C 10. C

(二) 多项选择题
1. AB 2. BCD 3. ABCD 4. AB 5. ACD 6. AC 7. ACD 8. ABCD 9. ABC 10. ABC

(三) 判断题
1. × 2. √ 3. × 4. √ 5. √ 6. × 7. × 8. √ 9. √ 10. √ 11. × 12. √ 13. √ 14. × 15. √ 16. × 17. √ 18. × 19. √ 20. ×

(四) 业务题

【业务题一】 直接材料定额成本为140元,直接人工定额成本为84元,制造费定额成本为76元。

【业务题二】 本月投产量为550台,直接材料定额成本为16 500元,直接材料脱离定额差异为400元。

【业务题三】 本月丙产品投产量450件,直接人工定额成本3 600元,直接人工脱离定额差异－400元。

【业务题四】 月初在产品定额成本为150元,定额变动差异为50元。

【业务题五】 折算系数为0.95,月初在产品定额变动差异为400元。

【业务题六】 月初在产品定额变动差异为2 000元,本月材料脱离定额差异为4 180元,材料成本差异为－3 283.6元,完工产品材料定额成本为144 000元,月末在产品材料定额成本为32 000元,差异分配率为0.011 25;完工产品应负担的材料脱离定额差异为1 620元,月末在产品应负担的脱离定额差异为360元,完工产品直接材料实际成本为144 336.40元,月末在产品直接材料实际成本为32 360元。

# 第 十 四 章

(一) 单项选择题
1. D 2. B 3. B 4. A 5. B 6. D 7. B 8. A 9. B 10. A

(二) 多项选择题
1. BCD 2. ABD 3. ACD 4. AB 5. BD 6. ABD 7. ABD 8. AC 9. ACD 10. ABC

**(三) 判断题**

1. √  2. √  3. √  4. ×  5. √  6. √  7. ×  8. √  9. ×  10. ×  11. ×  12. ×  13. √  14. ×  15. ×  16. √  17. √  18. ×  19. √  20. ×

**(四) 业务题**

【业务题一】 A 材料价格差异为 10 500 元,A 材料用量差异为 12 000 元;B 材料价格差异为 9 750 元,B 材料用量差异为 -3 750 元。

【业务题二】 直接人工工资率差异 -350 元,直接人工耗费差异 733 元。

【业务题三】 直接材料价格差异为 -1 020 元,用量差异为 2 520 元,直接人工工资额差异为 4 200 元,效率差异为 -2 400 元,变动制造费耗费差异为 1 260 元,效率差异为 -1 200 元。

【业务题四】 固定制造费耗费差异为 1 700 元,固定制造费能量差异为 4 000 元。

【业务题五】 固定制造费耗费差异为 1 000 元,固定制造费能量差异为 -1 000 元,固定制造费效率差异为 3 000 元,固定制造费能力差异为 -4 000 元。

【业务题六】 直接材料价格差异为 96 元,直接材料用量差异为 -160 元,直接人工工资率差异为 -205 元,直接人工效率差异为 100 元。

# 第 十 五 章

**(一) 单项选择题**

1. C  2. D  3. A  4. C  5. C  6. B  7. C  8. D  9. A  10. A

**(二) 多项选择题**

1. ABCD  2. AC  3. AD  4. AB  5. ABCD

**(三) 判断题**

1. ×  2. √  3. ×  4. ×  5. ×  6. √  7. √

# 第 十 六 章

**(一) 单项选择题**

1. C  2. B  3. A  4. D  5. D  6. B  7. C

**(二) 多项选择题**

1. AC  2. AB  3. ABCD  4. BC  5. ABCD  6. ABCD  7. AB

**(三) 判断题**

1. √  2. ×  3. √  4. √  5. √

# 第 十 七 章

**(一) 单项选择题**

1. A  2. C  3. B  4. A  5. B  6. C  7. D  8. B  9. A  10. B  11. B  12. C

**(二) 多项选择题**

1. ABCD  2. ACD  3. AB  4. CD  5. ABCD  6. ACD  7. ABC  8. ABC  9. ABCD  10. ABCD  11. ABD  12. ABC  13. ABCD  14. ABC  15. ABCD  16. ABC  17. BCD

各章练习题参考答案

18. ABC  19. ABCD  20. ABCD

(三) 判断题

1. √  2. ×  3. √  4. √  5. ×  6. √  7. √  8. √  9. ×  10. √

## 第 十 八 章

(一) 单项选择题

1. C  2. D  3. B  4. D  5. B

(二) 多项选择题

1. ABCD  2. ABCD  3. ABCD  4. ACD  5. ABCD

(三) 判断题

1. √  2. √  3. ×  4. √  5. √  6. ×  7. √  8. ×  9. √  10. ×

(四) 业务题

【业务题一】 实际成本 1 168 000 元,计划成本 1 179 000 元,总差异－11 000 元。

【业务题二】 可比产品按上年实际单位成本计算的本月总成本 29 280 元,本月实际总成本 28 840 元。

## 第 十 九 章

(一) 单项选择题

1. D  2. C  3. D  4. A  5. C  6. D  7. B  8. D  9. B  10. B  11. D  12. C  13. A  14. C  15. D

(二) 多项选择题

1. ABCD  2. BCD  3. ABCDE  4. ABCD  5. ABCD  6. ACE  7. AE  8. BCE  9. ABCDE  10. ABCDE  11. AB  12. CD  13. BE  14. BCD  15. ABC

(三) 判断题

1. √  2. ×  3. ×  4. ×  5. ×  6. √  7. ×  8. √  9. ×  10. √  11. ×  12. ×  13. √  14. ×  15. √

(四) 业务题

【业务题一】

实际与计划相比:可比产品成本降低额为 400 000 元,降低率为 7.27%;不可比产品成本降低额为－184 000 元,降低率为－10.82%。

【业务题二】

实际与计划相比:直接材料上升 9 000 元,上升率为 2.17%;直接工资降低 5 500 元,降低率为 2.64%;制造费用上升 25 000 元,上升率为 8.93%。

【业务题三】

(1) 可比产品成本计划降低额为 72 000 元,计划降低率 5.84%;可比产品成本实际降低额为 90 000 元,实际降低率 7.35%。

(2) 可比产品成本超计划降低额为 18 000 元,超计划降低率为 1.51%。

243

(3) 影响超计划降低额 18 000 元的因素包括：产量变动影响－467.2 元,品种结构变动影响 518.4 元,单位成本变动影响 18 000 元。影响超计划降低率 1.51% 的因素包括：品种结构变动影响 0.042%,单位成本变动影响 1.47%。

**【业务题四】**

(1) 定基发展速度计算结果表明,2019 年的单位成本比 2018 年降低了 0.8%,2020 年比 2018 年降低了 4%,2021 年比 2018 年降低了 10%,2022 年比 2018 年降低了 15%。

(2) 环比发展速度计算结果表明,2019 年的单位成本比 2018 年降低了 0.8%,2020 年比 2019 年降低了 3.23%,2021 年比 2020 年降低了 6.25%,2022 年比 2021 年降低了 5.56%。

**【业务题五】**

张小明应该按产品品种编制公司全部产品成本计划；计算全部产品成本降低额和降低率,对全部产品成本计划完成情况进行分析；计算可比产品成本的计划降低额、计划降低率、实际降低额、实际降低率、超计划降低额、超计划降低率,对可比产品成本降低任务完成情况进行分析；采用因素分析法,分别从产品产量、品种结构、单位成本等三个因素影响,对可比产品成本降低任务情况的原因进行深入分析。

**【业务题六】**

第一次替代 126 000 元(产品产量变动影响为 6 000 元)。
第二次替代 117 600 元(材料单耗变动影响为－8 400 元)。
第三次替代 135 240 元(材料单价变动影响为 17 640 元)。
合计总差异影响为 15 240 元。

**【业务题七】**

产品产量变动影响为 6 000 元。
材料单位消耗变动影响为－8 400 元。
材料单位价格变动影响为 17 640 元。
合计总差异影响为 15 240 元。

**【业务题八】**

可比产品计划成本为 20 000 万元；可比产品实际成本为 25 000 万元；可比产品成本降低任务完成情况：超计划降低额为 0,超计划降低率为 1%。

**【业务题九】**

按本年计划单位成本计算：全部产品计划总成本为 79 715 元,其中,甲产品计划成本为 61 875 元、乙产品计划成本为 15 600 元、丙产品计划成本为 2 240 元。

**【业务题十】**

全部产品成本降低额为 1 000 元、降低率为 1.17%。其中：甲产品降低额为－1 200 元、降低率为－2.02%；乙产品降低额为 2 400 元、降低率为 10.26%；丙产品降低额为－200 元、降低率为－7.14%。

# 第 二 十 章

(一) 单项选择题
1. C  2. B  3. D  4. B  5. D

(二) 多项选择题
1. AB  2. AC  3. AD  4. ABC  5. ABC

(三) 判断题
1. √  2. ×  3. √  4. ×  5. √

# 模拟试卷参考答案

## 试 卷 一

**一、单项选择题**

1. C  2. A  3. B  4. C  5. C  6. D  7. B  8. A  9. D  10. C

**二、多项选择题**

1. ACD  2. ABC  3. ABCD  4. ABC  5. ACD  6. ABC  7. ABC  8. AD  9. ABC  10. ABD

**三、判断题**

1. ×  2. ×  3. ×  4. √  5. ×  6. ×  7. √  8. ×  9. √  10. √

**四、简述题**

逐步结转分步法与平行结转分步法相比较，它们之间的主要区别表现在：

第一，成本管理的要求不同。平行结转分步法只分步骤提供产成品成本资料。而逐步结转分步法还能提供半成品成本资料。

第二，完工产品及在产品的含义不同。逐步结转分步法下的在产品是狭义的在产品，即就某步骤来说，期末正在加工的产品；而平行结转分步法的在产品是广义的在产品，涵盖了本步骤正在加工以及本步骤之后无论在其他步骤正在加工、还是滞留在半成品仓库或正在返修的废品等尚未最终完工并验收入库的产品。

第三，各计算步骤成本账反映的耗费范围不同。采用逐步结转分步法下，后续步骤（一步骤除外）账中各成本项目反映的是截至本步骤的累计耗费；而平行结转分步法账中各成本项目则只反映在本步骤发生的耗费。

第四，资金和实物的关系不同。在逐步结转分步法下，各步骤月末在产品成本按其所在地点登记，资金占用与实物相一致；而在平行结转分步法下，在产品的耗费在最后产成以前，不按其所在地点登记，而按其发生地点登记，资金占用与实物相互分离。

第五，账户设置和应用不同。在采用逐步结转分步法下，需要设置和应用"自制半成品"账户，而采用平行结转法，则不需设置此账户。

**五、业务题**

1. 运输车间费用分配率＝38 220÷6 000＝6.37

运输车间为企业销售部门提供的劳务费＝3 600×6.37＝22 932(元)

运输车间为行政管理部门提供的劳务费＝2 400×6.37＝15 288(元)

机修车间费用分配率＝40 320÷3 600＝11.20

企业销售部门承担的机修费用＝2 160×11.20＝24 192(元)

行政管理部门承担的机修费用＝1 440×11.20＝16 128(元)

编制会计分录如下：

借：销售费用 47 124
　　管理费用 31 416
　贷：辅助生产成本——运输车间 38 220
　　　　　　　　　——机修车间 40 320

2. (1) 计划分配率 $=\dfrac{765\,000}{3\,300\times 30+5\,700\times 15+3\,300\times 60}=\dfrac{765\,000}{382\,500}=2$

(2) 12月份甲产品负担制造费$=600\times 30\times 2=36\,000$(元)
　　12月份乙产品负担制造费$=750\times 15\times 2=22\,500$(元)
　　12月份丙产品负担制造费$=450\times 60\times 2=54\,000$(元)

编制会计分录如下：

借：基本生产成本——甲产品 36 000
　　　　　　　　——乙产品 22 500
　　　　　　　　——丙产品 54 000
　贷：制造费用 112 500

(3) 制造费全年累计实际发生额$=682\,497+90\,000=772\,497$(元)
制造费全年累计分配额$=652\,500+112\,500=765\,000$(元)
差额$=772\,497-765\,000=7\,497$(元)

差额追加分配率$=\dfrac{7\,497}{(162\,000+36\,000)+(148\,500+22\,500)+(342\,000+54\,000)}$

$=\dfrac{7\,497}{198\,000+171\,000+396\,000}=\dfrac{7\,497}{765\,000}=0.009\,8$

甲产品追加负担制造费$=198\,000\times 0.009\,8=1\,940.40$(元)
乙产品追加负担制造费$=171\,000\times 0.009\,8=1\,675.80$(元)
丙产品追加负担制造费$=396\,000\times 0.009\,8=3\,880.80$(元)

编制会计分录如下：

借：基本生产成本——甲产品 1 940.40
　　　　　　　　——乙产品 1 675.80
　　　　　　　　——丙产品 3 880.80
　贷：制造费用 7 497.00

3. 直接材料成本分配率$=42\,480\div(300+20\times 50\%+180\times 90\%)=90$
完工产品应负担的直接材料成本$=300\times 90=27\,000$(元)
在产品应负担的直接材料成本$=162\times 90=14\,580$(元)
不可修复废品应负担的直接材料成本$=10\times 90=900$(元)
直接人工成本分配率$=82\,400\div(300+20\times 20\%+180\times 60\%)=200$

完工产品应负担的直接人工成本＝300×200＝60 000(元)

在产品应负担的直接人工成本＝108×200＝21 600(元)

不可修复废品应负担的直接人工成本＝4×200＝800(元)

制造费用成本分配率＝109 180÷(300+20×20%+180×60%)＝265

完工产品应负担的制造费用＝300×265＝79 500(元)

在产品应负担的直接人工成本＝108×265＝28 620(元)

不可修复废品应负担的直接人工成本＝4×265＝1 060(元)

完工产品的总成本＝27 000+60 000+79 500+(900+800+1060-150)＝169 110(元)

月末在产品总成本＝14 580+21 600+28 620＝64 800(元)

## 试 卷 二

一、单项选择题

1. C  2. A  3. A  4. D  5. C  6. B  7. C  8. C  9. D  10. C

二、多项选择题

1. AC  2. ABC  3. AB  4. ABC  5. AB  6. ABC  7. ABCD  8. ABCD  9. ABC  10. ABC

三、判断题

1. ×  2. ×  3. ×  4. ×  5. ×  6. ×  7. ×  8. √  9. ×  10. √

四、业务题

1. 直接材料成本分配率＝17 600÷(600+200×100%+300×100%)＝16

完工产品应负担直接材料成本＝600×16＝9 600(元)

月末在产品应负担直接材料成本＝(200×100%+300×100%)×16＝8 000(元)

直接人工成本分配率＝8 075÷[600+200×4×50%÷10+300×(4+6×50%)÷10]＝9.5

完工产品应负担直接人工成本＝600×9.5＝5 700(元)

月末在产品应负担直接人工成本＝[200×4×50%÷10+300×(4+6×50%)÷10]×9.5
　　　　　　　　　　　　　　＝2 375(元)

制造费用分配率＝4 250÷[600+200×4×50%÷10+300×(4+6×50%)÷10]＝5

完工产品应负担制造费用＝600×5＝3 000(元)

月末在产品应负担制造费用＝[200×4×50%÷10+300×(4+6×50%)÷10]×5
　　　　　　　　　　　　＝1 250(元)

完工产品总成本＝9 600+5 700+3 000＝18 300(元)

月末在产品总成本＝8 000+2 375+1 250＝11 625(元)

2. ①＝12 350÷9 500＝1.3；②＝14 250÷9 500＝1.5；③＝2 500；④＝20 000÷20×15＝15 000；⑤＝3 250；⑥＝3 750；⑦＝22 000；⑧＝7 000；⑨＝51 000；⑩＝9 100；⑪＝10 500；⑫＝70 600；⑬＝1.3；⑭＝1.5；⑮＝15 000；⑯＝3 250；⑰＝3 750；⑱＝22 000；

⑲=1 000;⑳=216.67;㉑=250;㉒=1 466.67;㉓=540;㉔=5 000。

**基本生产成本二级账**  单位：元

| 202×年 | | 摘 要 | 生产工时 | 直接材料 | 直接人工 | 制造费 | 合 计 |
|---|---|---|---|---|---|---|---|
| 月 | 日 | | | | | | |
| 7 | 31 | 在产品 | 5 000 | 61 000 | 6 000 | 7 000 | 74 000 |
| 8 | 31 | 本月发生 | 4 500 | 5 000 | 6 350 | 7 250 | 18 600 |
| 8 | 31 | 累计 | 9 500 | 66 000 | 12 350 | 14 250 | 92 600 |
| 8 | 31 | 累计间接计入耗费分配率 | | | 1.3 | 1.5 | |
| 8 | 31 | 结转完工产品总成本 | 2 500 | 15 000 | 3 250 | 3 750 | 22 000 |
| 8 | 31 | 在产品 | 7 000 | 51 000 | 9 100 | 10 500 | 70 600 |

**产品成本明细账**

批号：7006  
产品名称：丁产品  批量：20 件  
投产日期：7 月 15 日  
完工日期：8 月 31 日完工 15 件  
单位：元

| 202×年 | | 摘 要 | 生产工时 | 直接材料 | 直接人工 | 制造费 | 合 计 |
|---|---|---|---|---|---|---|---|
| 月 | 日 | | | | | | |
| 7 | 31 | 本月发生 | 960 | 20 000 | | | |
| 8 | 31 | 本月发生 | 2 080 | | | | |
| 8 | 31 | 生产耗费累计数及累计间接计入耗费分配率 | 3 040 | | 1.3 | 1.5 | |
| 8 | 31 | 完工产品总成本 | 2 500 | 15 000 | 3 250 | 3 750 | 22 000 |
| 8 | 31 | 完工产品单位成本 | | 1 000 | 216.67 | 250 | 1 466.67 |
| 8 | 31 | 在产品 | 540 | 5 000 | | | |

3. (1) 不可修复废品的生产成本＝100×5＋20×5×(8＋5)＝1 800(元)。

(2) 废品净损失＝2 100＋1 900＋1 300＋1 800－250－200＝6 650(元)。

(3) 编制会计分录如下：

借：废品损失——甲产品　　　　　　　　　　　　　　　　1 800  
　　贷：基本生产成本——甲产品(直接材料)　　　　　　　　　500  
　　　　　　　　——甲产品(直接人工)　　　　　　　　　　　800  
　　　　　　　　——甲产品(制造费)　　　　　　　　　　　　500

借：废品损失——甲产品　　　　　　　　　　　　　　　　5 300
　　贷：原材料　　　　　　　　　　　　　　　　　　　　　2 100
　　　　应付职工薪酬——工资　　　　　　　　　　　　　　1 900
　　　　制造费用　　　　　　　　　　　　　　　　　　　　1 300

登记废品残料价值：

借：原材料　　　　　　　　　　　　　　　　　　　　　　250
　　贷：废品损失——甲产品　　　　　　　　　　　　　　　250

登记应收赔款：

借：其他应收款　　　　　　　　　　　　　　　　　　　　200
　　贷：废品损失——甲产品　　　　　　　　　　　　　　　200

结转废品损失：

借：基本生产成本——甲产品（废品损失）　　　　　　　　6 650
　　贷：废品损失——甲产品　　　　　　　　　　　　　　　6 650

## 五、综合题

### 丙产品成本明细账

完工产量：100 件
在产品：40 件

202×年 8 月

单位：元

| 成　本　项　目 | | 直接材料 | 直接人工 | 制造费 | 合　计 |
|---|---|---|---|---|---|
| 月初在产品成本 | 定额成本 | 3 440 | 800 | 1 280 | 5 520 |
| | 脱离定额差异 | －40 | 16 | 20 | －4 |
| 月初在产品定额变动 | 定额成本调整 | －240 | | | －240 |
| | 定额变动差异 | 240 | | | 240 |
| 本月生产耗费 | 定额成本 | 6 400 | 3 600 | 5 760 | 15 760 |
| | 脱离定额差异 | 100 | 28 | 68 | 196 |
| 生产耗费累计 | 定额成本 | 9 600 | 4 400 | 7 040 | 21 040 |
| | 脱离定额差异 | 60 | 44 | 88 | 192 |
| | 定额变动差异 | 240 | | | |
| 分配率 | 脱离定额差异 | 0.625 | 1 | 1.25 | |

(续表)

| 成 本 项 目 | | 直接材料 | 直接人工 | 制造费 | 合 计 |
|---|---|---|---|---|---|
| 本月产成品成本 | 定额成本 | 8 000 | 4 000 | 6 400 | 18 400 |
| | 脱离定额差异 | 50 | 40 | 80 | 170 |
| | 定额变动差异 | 240 | | | 240 |
| | 实际成本 | 8 290 | 4 040 | 6 480 | 18 810 |
| 月末在产品成本 | 定额成本 | 1 600 | 400 | 640 | 2 640 |
| | 脱离定额差异 | 10 | 4 | 8 | 22 |

## 试 卷 三

**一、单项选择题**

1. B  2. C  3. B  4. C  5. D  6. C  7. B  8. B  9. B  10. B

**二、多项选择题**

1. ABCD  2. AB  3. ABCD  4. AC  5. ABCD  6. ACD  7. AB  8. BC  9. ABC  10. ABD

**三、判断题**

1. √  2. √  3. ×  4. ×  5. √  6. ×  7. ×  8. ×  9. √  10. ×

**四、业务题**

1. (1) 2019年：

平均年限法：年折旧费＝[3 000 000×(1－3％)]÷5＝582 000(元)

双倍余额递减法：年折旧费＝(3 000 000×2÷5×8÷12)＋(3 000 000－1 200 000)×2÷5
　　　　　　　　　　　×4÷12＝1 040 000(元)

年数总和法：年折旧费＝[3 000 000×(1－3％)×5÷15×8÷12]＋[3 000 000×(1－3％)
　　　　　　　　×4÷15×4÷12]＝905 333.34(元)

工作量法：年折旧费＝[3 000 000×(1－3％)÷200 000]×42 000＝611 100(元)

2022年：

平均年限法：年折旧费＝582 000(元)

工作量法：[3 000 000×(1－3％)÷200 000]×43 000＝625 650(元)

年数总和法：年折旧费＝[3 000 000×(1－3％)×2÷15×8÷12]＋[3 000 000×(1－3％)
　　　　　　　　×1÷15×4÷12]＝323 333.34(元)

双倍余额递减法：年折旧费＝[(3 000 000－1 200 000－720 000－432 000)－90 000]÷2
　　　　　　　　　　＝279 000(元)

(2) 2019年9月：

平均年限法：年折旧费＝582 000÷12＝48 500(元)

工作量法：年折旧费＝[3 000 000×(1－3％)÷200 000]×3 600＝52 380(元)

双倍余额递减法：年折旧费＝279 000÷12＝23 250(元)

年数总和法：年折旧费＝3 000 000×(1－3％)×2÷15×1÷12＝32 333.33(元)

2. 直接材料成本分配率＝(12 600＋157 000)÷(600＋200)＝212

完工产品应负担的直接材料成本＝600×212＝127 200(元)

月末在产品成本＝200×212＝42 400(元)

完工产品成本＝127 200＋18 000＋30 200＝175 400(元)

3. 第一次还原：成本还原率＝1 170 000÷1 300 000＝0.9

780 000×0.9＝702 000(元)

520 000×0.9＝468 000(元)

第二次还原：成本还原率＝702 000÷1 200 000＝0.585

960 000×0.585＝561 600(元)

240 000×0.585＝140 400(元)

第三次还原：成本还原率＝561 600÷810 000＝0.69333333

567 000×0.693 333 33＝393 120(元)

243 000×0.693 333 33＝168 480(元)

还原后的直接材料为393 120元，加工费为1 106 880元(1 684 80＋140 400＋468 000＋330 000)。

## 五、综合题

第一车间：分配材料的约当总产量＝3 000＋(400＋100)＝3 500(件)

分配加工费的约当总产量＝3 000＋(400＋100×60％)＝3 460(件)

直接材料分配率＝(2 480＋11 520)÷3 500＝4

加工费分配率＝(5 000＋3 650)÷3 460＝2.5

完工产品成本＝(3 000×4)＋(3 000×2.5)＝19 500(元)

广义在产品成本＝(500×4)＋(460×2.5)＝3 150(元)

第二车间：分配材料及加工费的约当总产量＝3 000＋(400＋1 000×60％)＝4 000(件)

直接材料分配率＝(4 200＋9 176)÷4 000＝3.344

加工费分配率＝(780＋3 120)÷4 000＝0.975

完工产品成本＝(3 000×3.344)＋(3 000×0.975)＝12 957(元)

广义在产品成本＝(1 000×3.344)＋(1 000×0.975)＝4 319(元)

第三车间：分配加工费的约当总产量＝3 000＋(400×60％)＝3 240(件)

加工费分配率＝(352＋2 240)÷3 240＝0.8

完工产品成本＝3 000×0.8＝2 400(元)

广义在产品成本＝(240×0.8)＝192(元)

**产品成本汇总表**　　　　完工产量：3 000 件

产品名称：甲产品　　　202×年 8 月　　　单位：元

| 车间名称 | 直接材料 | 加工费 | 合　计 |
|---|---|---|---|
| 第一车间 | 12 000 | 7 500 | 19 500 |
| 第二车间 | 10 032 | 2 925 | 12 957 |
| 第三车间 |  | 2 400 | 2 400 |
| 合　计 | 22 032 | 12 825 | 34 857 |

## 试 卷 四

**一、单项选择题**

1. B　2. B　3. B　4. D　5. D　6. A　7. A　8. B　9. D　10. B

**二、多项选择题**

1. ABCD　2. AC　3. BD　4. AD　5. ABC　6. ABD　7. AB　8. ABC　9. ABD
10. ACD

**三、判断题**

1. √　2. √　3. √　4. ×　5. √　6. √　7. √　8. √　9. ×　10. √

**四、业务题**

1. 第一步骤广义的在产品数量＝100＋200＋80＋120＋40＝540(件)

  第二步骤广义的在产品数量＝80＋120＋40＝240(件)

  第三步骤广义的在产品数量＝40(件)

2. 交互分配：

  运输车间分配率＝23 200÷4 640＝5　　　机修车间耗用运输＝640×5＝3 200(元)

  机修车间分配率＝58 800÷2 450＝24　　运输车间耗用机修＝450×24＝10 800(元)

  编制会计分录如下：

  借：辅助生产成本——运输车间　　　　　　　　　　　　　　　　10 800

  　　　　　　　　——机修车间　　　　　　　　　　　　　　　　 3 200

  　　贷：辅助生产成本——机修车间　　　　　　　　　　　　　　10 800

  　　　　　　　　　　——运输车间　　　　　　　　　　　　　　 3 200

  对外分配：

  运输车间分配率＝(23 200＋10 800－3 200)÷4 000＝7.70

  企业销售部门耗用运输车间＝3 000×7.70＝23 100(元)

  行政管理部门耗用运输车间＝1 000×7.70＝7 700(元)

  机修车间分配率＝(58 800＋3 200－10 800)÷2 000＝25.60

  企业销售部门耗用机修车间＝1 750×25.60＝44 800(元)

行政管理部门耗用机修车间=250×25.60=6 400(元)

编制会计分录如下：

| | |
|---|---|
| 借：销售费用 | 67 900 |
| 　　管理费用 | 14 100 |
| 　贷：辅助生产成本——运输车间 | 30 800 |
| 　　　　　　　　　——机修车间 | 51 200 |

3.(1) 年度制造费计划分配率=11 700÷(950×5+300×8+400×6.5)=1.2

(2) 甲产品应分配的制造费=90×5×1.2=540(元)

乙产品应分配的制造费=25×8×1.2=240(元)

丙产品应分配的制造费=25×6.5×1.2=195(元)

编制会计分录如下：

| | |
|---|---|
| 借：基本生产成本——甲产品 | 540 |
| 　　　　　　　　——乙产品 | 240 |
| 　　　　　　　　——丙产品 | 195 |
| 　贷：制造费用 | 975 |

(3) 制造费差异分配率=1 200÷(7 200+2 800+2 000)=0.1

甲产品应分配的制造费=7 200×0.1=720(元)

乙产品应分配的制造费=2 800×0.1=280(元)

丙产品应分配的制造费=2 000×0.1=200(元)

编制会计分录如下：

| | |
|---|---|
| 借：基本生产成本——甲产品 | 720 |
| 　　　　　　　　——乙产品 | 280 |
| 　　　　　　　　——丙产品 | 200 |
| 　贷：制造费用 | 1 200 |

### 五、综合题

1. 平行结转法：

第一步骤：

材料分配率=400 000÷[1 400+(200+400)]=200

1 400×200=280 000(元)

600×200=120 000(元)

加工费分配率=270 000÷[1 400+(200+400×50%)]=150

1 400×150=210 000(元)

400×150=60 000(元)

第二步骤：

加工费分配率=150 000÷[1 400+(200×50%)]=100

1 400×100＝140 000(元)

100×100＝10 000(元)

完工产品总成本＝280 000＋210 000＋140 000＝630 000(元)

2. 逐步综合结转法：

第一步骤：

材料分配率＝400 000÷[1 600＋400]＝200

1 600×200＝320 000(元)

400×200＝80 000(元)

加工费分配率＝270 000÷[1 600＋(400×50％)]＝150

1 600×150＝240 000(元)

200×150＝30 000(元)

完工半成品成本＝320 000＋240 000＝560 000(元)

月末在产品成本＝80 000＋30 000＝110 000(元)

第二步骤：

自制半成品分配率＝560 000÷[1 400＋200]＝350

1 400×350＝490 000(元)

200×350＝70 000(元)

加工费分配率＝150 000÷[1 400＋(200×50％)]＝100

1 400×100＝140 000(元)

100×100＝10 000(元)

完工产成品成本＝490 000＋140 000＝630 000(元)

月末在产品成本＝70 000＋10 000＝80 000(元)

成本还原：

还原率＝490 000÷560 000＝0.875

成本还原额：

材料＝320 000×0.875＝280 000(元)

加工费＝240 000×0.875＝210 000(元)

还原后的总成本＝280 000＋210 000＋140 000＝630 000(元)

## 试 卷 五

一、单项选择题

1. A　2. C　3. C　4. C　5. B　6. A　7. A　8. D　9. D　10. B

二、多项选择题

1. ABD　2. CD　3. ABCD　4. ABCD　5. ABCD　6. ABD　7. ABCD　8. AB　9. AB　10. ABC

三、判断题

1. ×　2. ×　3. ×　4. ×　5. ×　6. ×　7. ×　8. ×　9. √　10. √

## 四、业务题

1.

**标准产量计算表**  单位：件

| 产品 | 系数 | 产成品 | | 在产品 | | | 标准产量 | |
|---|---|---|---|---|---|---|---|---|
| | | 产量 | 标准产量 | 数量 | 完工率 | 约当产量 | 按约当产量折合 | 按实际产量折合 |
| 甲 | 0.64 | 450 | 288 | 100 | 50% | 50 | 32 | 64 |
| 乙 | 1.00 | 120 | 120 | 50 | 60% | 30 | 30 | 50 |
| 丙 | 1.20 | 300 | 360 | 60 | 75% | 45 | 54 | 72 |
| 合计 | — | — | 768 | — | — | — | 116 | 186 |

**A 类产品成本计算单**  单位：元

| 成本项目 | 生产耗费合计 | 期末在产品成本 | 产成品成本 | | | | | |
|---|---|---|---|---|---|---|---|---|
| | | | 甲产品 | | 乙产品 | | 丙产品 | |
| | | | 总成本 | 单位成本 | 总成本 | 单位成本 | 总成本 | 单位成本 |
| 直接材料 | 143 100 | 27 900 | 43 200 | 96.0 | 18 000 | 150 | 54 000 | 180 |
| 直接人工 | 39 780 | 5 220 | 12 960 | 28.8 | 5 400 | 45 | 16 200 | 54 |
| 制造费 | 26 520 | 3 480 | 8 640 | 19.2 | 3 600 | 30 | 10 800 | 36 |
| 合　计 | 209 400 | 36 600 | 64 800 | 144.0 | 27 000 | 225 | 81 000 | 270 |

2.（1）连环替代分析法：

1 512－1 500＝12(元)

30×50＝1 500(元)

36×50＝1 800(元)

36×42＝1 512(元)

材料消耗量变动影响＝1 800－1 500＝300(元)

材料价格变动影响＝1 512－1 800＝－288(元)

300－288＝12(元)

(2) 差额分析法：

材料消耗量变动影响＝(36－30)×50＝300(元)

材料价格变动影响＝(42－50)×36＝－288(元)

300－288＝12(元)

3. 供水车间的成本差异＝(13 500＋10 000×0.8)－15 000×1.4＝500(元)

供电车间的成本差异＝(25 000＋4 000×1.4)－43 000×0.80＝－3 800(元)

## 五、综合题

### 乙产品定额计算

| 车间份额 | 月初在产品 | | 本月投入 | | 本月产成品(200件) | | | |
|---|---|---|---|---|---|---|---|---|
| | 定额材料（元） | 定额工时（小时） | 定额材料（元） | 定额工时（小时） | 单件定额 | | 总定额 | |
| | | | | | 材料（元） | 工时（小时） | 材料（元） | 工时（小时） |
| 第一车间 | 21 120 | 9 760 | 12 800 | 5 600 | 100 | 60 | 20 000 | 12 000 |
| 第二车间 | | 5 200 | | 13 820 | | 80 | | 16 000 |
| 合　　计 | 21 120 | 14 960 | 12 800 | 19 420 | 100 | 140 | 20 000 | 28 000 |

### 产成品成本明细账

第一车间　乙产品　　　　　　　　　　　　　　　　　　　　　金额单位：元

| 摘　　要 | 产成品产量（件） | 直接材料 | | 定额工时 | 加工费 | 成本合计 |
|---|---|---|---|---|---|---|
| | | 定额 | 实际 | | | |
| 月初在产品 | | 21 120 | 22 420 | 9 760 | 19 620 | |
| 本月生产耗费 | | 12 800 | 14 892 | 5 600 | 12 636 | |
| 生产耗费总计 | | 33 920 | 37 312 | 15 360 | 32 256 | 35 987 |
| 耗费分配率 | | | | 1.1 | 2.1 | |
| 产成品成本中本步骤份额 | | 20 000 | 22 000 | 12 000 | 25 200 | 47 200 |
| 月末在产品 | | 13 920 | 15 312 | 3 360 | 7 056 | 22 368 |

## 产成品成本明细账

第二车间　乙产品　　　　　　　　　　　　　　　　　　　　　　　单位：元

| 摘　要 | 产成品产量（件） | 直接材料 定额 | 直接材料 实际 | 定额工时 | 加工费 | 成本合计 |
|---|---|---|---|---|---|---|
| 月初在产品 | | | | 5 200 | 9 740 | 9 740 |
| 本月生产耗费 | | | | 13 820 | 14 986 | 14 986 |
| 生产耗费总计 | | | | 19 020 | 24 726 | 24 726 |
| 耗费分配率 | | | | | 1.3 | |
| 产成品成本中本步骤份额 | | | | 16 000 | 20 800 | 20 800 |
| 月末在产品 | | | | 3 020 | 3 926 | 3 926 |

## 乙产品成本汇总表

202×年×月　　　　　　　　　　　　　　　　　　　　　　　　　　单位：元

| 车间份额 | 产量（件） | 直接材料 | 加工费 | 成本合计 |
|---|---|---|---|---|
| 第一车间 | 200 | 22 000 | 25 200 | 47 200 |
| 第二车间 | 200 | | 20 800 | 20 800 |
| 合　计 | 200 | 22 000 | 46 000 | 68 000 |
| 单位成本 | | 110 | 230 | 340 |